쿠바 하바나 헤밍웨이카페에서 체 게바라와 함께

쿠바리브레 한잔 할래요?

Cuba Libre

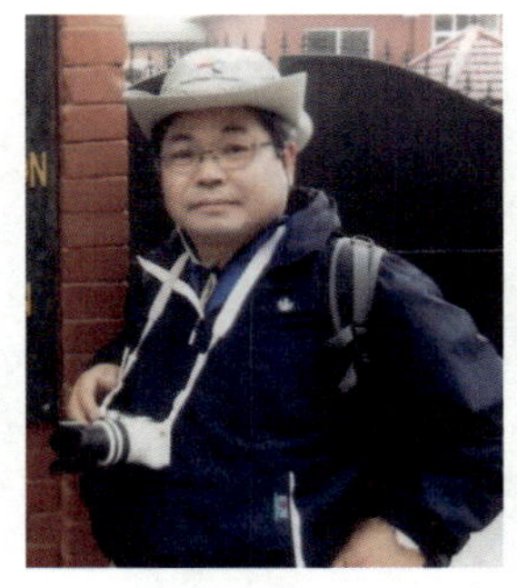

저자 윤기관(현재 충남대학교 무역학과 교수 겸 대전 다문화센터 명예이사장 겸 운영위원장)은

대전대흥국민학교(23회), 대전중학교(18회), 대전고등학교(50회), 성균관대학교 경상대학 무역학과(경제학사), 동 대학교 무역대학원 무역학과(경제학 석사), 영남대학교 대학원 무역학과(경제학 박사)를 거쳐 일본 나고야대학교 대학원 국제동태연구소 객원연구원 및 미국 샌프란시스코주립대학교 객원교수를 지냈으며, 현재 충남대학교 경영경제연구소 아프리카개발연구센터(AfDRC)센터장, 러시아 국제경영대학원(FESIB) 명예교수, 몽골 국립공상대학(현 몽골국립대학교 상경대학) 객원교수, 몽골 울란바토르대학교 객원교수로 활약하고 있으며, 최근에는 〈아시아-아프리카장학회〉와 〈아프리카미래포럼 : AFF〉회장을 맡아 활약하고 있다. 또한, 저자는 〈한-아프리카민관합동경제사절단〉, 〈한-중미민관합동경제사절단〉, 〈한-남미민관합동경제사절단〉의 일원으로 참여한 바 있으며, 한국국제통상학회 회장, 한국동북아경제학회 회장, 서울평양학회 회장,한국무역전시학회 회장을 역임하였다. 저자는 무역학원론〈법문사〉, 현대 무역의 이해〈법문사〉, 국제통상론〈법문사〉, 현대 국제통상의 이해〈법문사〉, FTA 비즈니스 전략〈궁미디어〉, 현대 국제통상론〈궁미디어〉, 수출보험론, 통일정책으로서의 북한이탈주민정책, 세계화시대하의 중소기업비즈니스전략 등을 저술하였으며, WTO나 FTA관련 등 100여 편의 논문을 발표하였다.

저자는 특히 개도국 국민 교육에 크게 관심을 가지고 있는 바, 〈아시아 · 아프리카 장학회〉를 운영하여 이 지역 소속 대학교 교수 중 박사학위가 없는 유능한 인재를 발굴하여 충남대학교 박사과정에 입학시켜 가르치고 있으며, 〈아프리카 미래포럼, AFF〉을 통하여 아프리카 방문 경험자들과의 정보교류를 수행하고 있으며, 〈아프리카 개발연구센터, AFDRC〉를 설치하여 학문적으로 연구한 결과를 공유하고자 발표회도 개최하고 있다. 자원봉사동아리로서 〈나눔과 보탬〉(Together Wis Us)를 운영하고 있으며, 개인적으로는 정부자원봉사포탈사이트(www.1365.go.kr)에 2015년 말 현재 900시간을 등록하여 대전 시장으로부터 〈봉사은장〉을 수여받았으며 2016년 말에는 1004시간을 넘게 되어 〈봉사금장〉을 수여받아 드디어 〈살아있는 天使〉가 될 꿈을 꾸고 있다.

저자 애칭

아기공룡 둘리(무역학과 여학생들이 부른 애칭)
창공을 시원하게 나르는 독수리(본인이 정한 상징 동물)
퍼스트 펭귄(First Penguin)(솔선수범하는 리드형 인간이라는 의미)
착한 윤교수, FM 윤교수, 미스터 아이디어 윤(예외보다도 원칙을 강하게 집착하고, 아이디어가 매우 풍부하다고 동료교수들이 지어준 별명)
돈키호테(저자를 싫어했던 어떤 지인이 오랜 전에 부정적인 마인드로 불렀으나 최근에는 긍정적인 의미로 변함)
스테반 윤(해외선교하다가 순교자로서 생을 마감하겠다는 각오로 본인이 지음)

쿠바리브레

Cuba Libre

발행일 2016년 02월 28일 발행인 오덕성 지은이 윤기관
펴낸곳 궁미디어(충남대학교출판문화원) 주소 대전광역시 유성구 대학로 99
전화 042-821-6045 홈페이지 http://cnupress.co.kr E-mail cnupress@cnu.ac.kr

ISBN 978-89-7599-566-8 03940
정가 22,000원

이 책을 포함하여 저자가 출판한 모든 저서의 인세는 자동적으로 〈아시아 · 아프리카 장학회〉로 기부됨
- 장학금 기부 통장 : 농협 355-0037-9077-13(대전다문화센터) 연말정산시 15% 인정

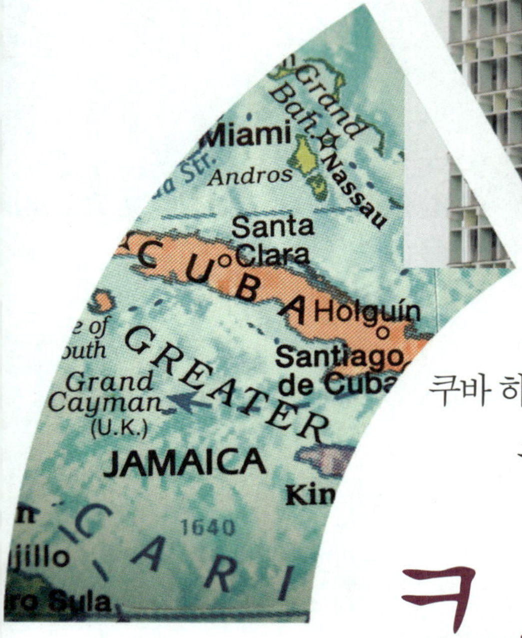

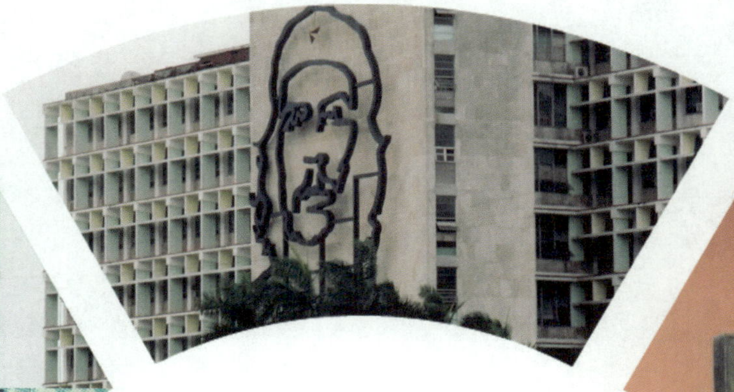

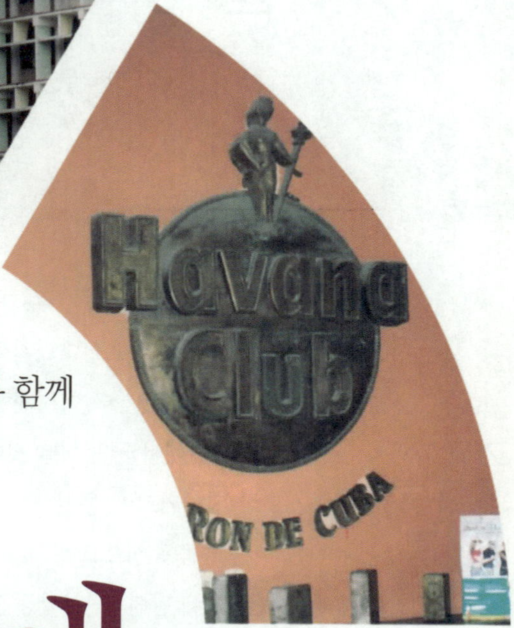

쿠바 하바나 헤밍웨이카페에서 체 게바라와 함께

쿠바리브레 한잔 할래요?

쿠바리브레

Cuba Libre

윤기관

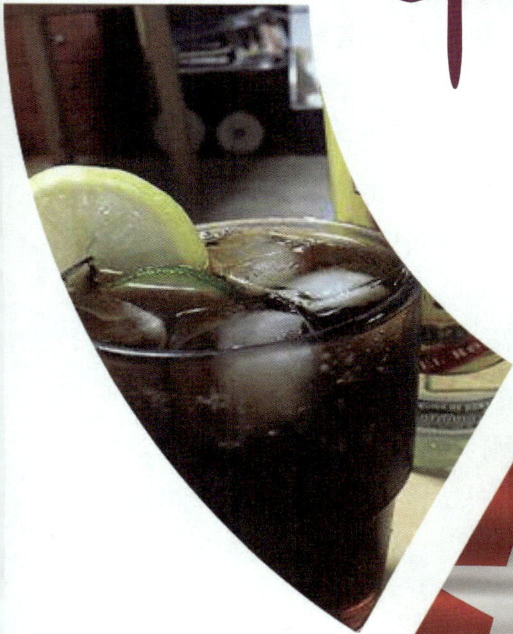

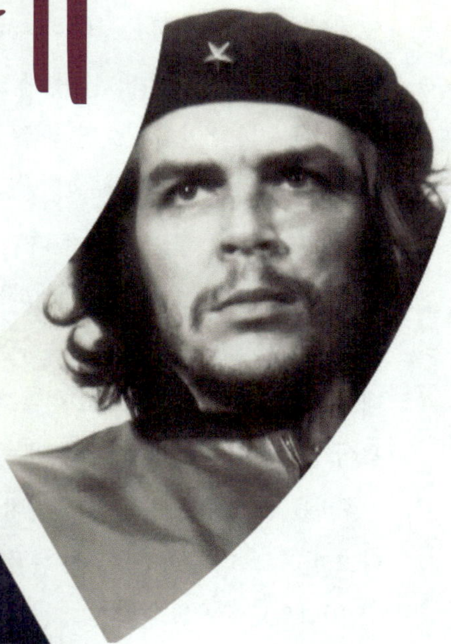

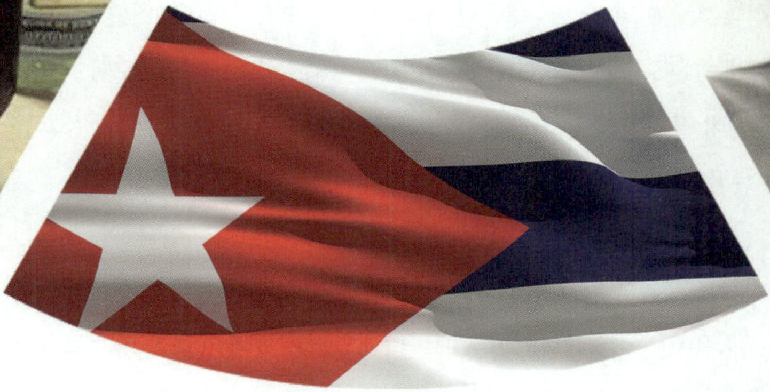

궁미디어
GUNGMEDIA

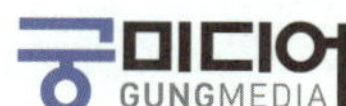

머리말

1959년 미국의 철저한 봉쇄조치 이전까지 남미에서는 나름대로 부국이었던 쿠바. 그러나 그 이후 현재까지 50년이 넘도록 지속된 미국의 봉쇄조치로 말미암아 어렵게 살아오고 있는 쿠바에게 드디어 희망이 찾아왔다. 저자가 2006년 쿠바를 첫 방문하고서 쿠바가 미국의 봉쇄조치에서 곧 벗어날 것이라고 예언(?)한 것이 현실로 나타난 것이다.

저자는 개도국 정상외교에 올인한 노무현정부때 남아프리카와 D.R.콩고를 중심으로 한 〈한-아프리카경제사절단〉, 코스타리카 · 과테말라 · 쿠바를 중심으로 한 〈한-중미경제사절단〉, 그리고 콜롬비아 · 페루 · 칠레 · 트리니다드 토바고를 중심으로 한 〈한-남미경제사절단〉등 세 번의 〈민관합동경제사절단〉에 교육서비스 분야로 동참하였다.

〈한-중미경제사절단〉 때, 쿠바를 방문하기 위해서는 파나마를 경유해야 했다. 한국에서 파나마까지 직항이 없기 때문에 파나마를 가기 위해서는 미국 LA공항이나 마이애미공항을 경유하여 파나마로 들어가야만 했다. 우리 일행은 LA를 거쳐 파나마로 들어갔고, 파나마에서 쿠바 아바나공항에 도착하였다. 물론 여권상에는 쿠바 비자가 보이지 않았고, 별지로 발급받아 소지하고 있었다. 여권상에 쿠바 비자가 있으면 미국에 입국할 수가 없었기 때문이었다.

쿠바 아바나공항에 도착하여 첫 공식방문지는 현대중공업이 벌이고 있었던 소규모 전력발전소 사업현장이었다. 쿠바 피델 카스트로가 아무리 철권통치를 한다고 해도 전기가 부족하다보니 국민들의 원성이 이만저만이 아니어서 통치차원에서 전국 지역에 53개 644기 소규모 발전소를 건설하는 프로젝트이었다.

쿠바는 국제유동성(경화)이 부족하였기 때문에 모든 수입자금은 D/A나 D/P의 외상거래였으나 현대가 시행하는 전기발전소 건설대금만큼은 대통령의 지시로 현금결제조건이었다. 대단한 특혜였던 것이다. 그런데, 왜 중국이나 일본 기업들이 한국보다 먼저 들어와 쿠바시장을 선점하고 있었는데도 불구하고 현대중공업이 이 사업권을 거머쥐었을까?

쿠바는 전기가 부족하여 국민들이 절전형 냉장고가 절실했고, 그 중에 LG와 삼성전자의 냉장고가 절전형으로 널리 알려져 있었다고 한다. 그래서 카스트로는 한국의 중공업을 선택했다는 것이다. 수년 후에 이 발전소가 완공되어 쿠바의 전기사정이 좋아졌고, 기념우표도 발행되었다.

이러한 일련의 계기를 통하여 한국 제품의 인기가 크게 올라가게 되었다. 물론 지금은 한류까지 전파되어 쿠바 국영방송국(카날아바나)에서는 한국드라마 방영에 심혈을 기울이고 있다. 미국 오바마대통령과 쿠바의 라울 카스트로 국가평의회 의장이 2014년 12월 양국의 국교를 정상화하기로 선언하더니 2015년 4월 11일에는 직접 만나 정상회담을 했기 때문이다.

저자는 쿠바 방문 이후 한동안 체 게바라의 행적에 빠져 국내에서 출간된 쿠바와 체 게바라에 관한 책을 완전히 섭렵하였고, 쿠바의 역사에 대해 깊이 빠져버렸다.

1956년 11월 25일 새벽 1시 30분 멕시코 남부 해안을 출발한 82명의 쿠바혁명몽상가들이 보트를 개조한 '그란마'(Granma)호를 타고 쿠바해안을 상륙한 이후 쿠바혁명 게릴라부대원들이 온갖 고초를 겪으면서 아바나 함락을 위해 진군할 때 만난 미국타임지(The Times)기자 허버트 매튜스(Herbert L. Mattews)가 쓴 기사 내용("바티스타정부군은 피델 카스트로반군을 토막시키기는 어려울 것이다")이 몰고 올 파문이 거세지자 바티스타정권의 국방장관은 매튜스 기자의 인터뷰는 쿠바국민을 선동하기 위하여 터무니없이 조작된 사기극이라는 담화문을 발표하였다. 이에 대해 피델 카스트로는 즉각 성명서를 발표하였는데, 그 성명서의 제목이 '쿠바국민에게 고함'이었다. 쿠바국민들에게 자신이 건재함을 증명한 것이다.

쿠바국민들이 스페인(1899년 12월 10일)과 미국(1902년 5월 20일)으로부터 독립한 이래 실질적으로 미제국주의자의 조정을 받아오던 부패한 바티스타정권을 무너뜨리고 1959년 혁명을 완수하면서 '쿠바리브레'를 마시며 환호성을 울렸다지만, 이제 쿠바국민들은 1959년 이래 56년만인 2015년부터 미국의 구속에서 해방되면서 '진정한 쿠바리브레'를 마실 수 있게 된 것이다.

그러나 이제 미국과 쿠바가 수교를 하는 단계에 도래했고 그래서 한국도 곧 수교를 한다고 한다. 참으로 엄청난 변화가 우리 목전에서 벌어지고 있는 것이다. 미국 정부는 미국인들의 쿠바 일반여행을 제외한 목적여행을 허용한다고 발표하고 있으나 이미 미국인들은 쿠바를 자유롭게 일반여행을 하고 있다.

이에 한국도 신속하게 쿠바와 수교하기 위한 작업에 착수했으며 곧 수교가 이루어질 것으로 예상된다. 쿠바가 미국 · 한국과의 수교가 이루어지면 지금보다 더 많은 관광객들이 쿠바를 찾을 것으로 예상된다.

저자는 지금까지 약 60개국을 방문한 경험이 있는데, 그 중에서 다시 방문하고 싶은 나라가 어디냐고 물으면 단연코 쿠바를 지목하고 싶다. 경제적으로 어려운 삶을 이어가면서도 웃음과 즐거움을 잃지 않는 그들의 특유의 품성은 어디서 비롯되는 것일까? 자기네들을 못살게 구는 미국을 상징하는 오성국기 모양을 한 청바지를 입고 시내를 활보해도 전혀 이상이 없는 것은 어디서 나오는 저력일까? 이러한 의구심을 풀기 위하여 저자는 조만간 제2차 방문하고자 한다.

이 책은 쿠바로 여행가는 분들이라면 누구나 필독해야 할 내용들이 수록되어 있다. 차근차근 밑줄을 그어가며 정독하기 바라지만 시간이 넉넉하지 못하다면 10시간이 넘는 쿠바행 비행기 안에서 숙독한다면 쿠바여행은 완벽하게 준비된 셈일 것으로 자부한다. 만일 시간이 쫓기는 분이라면 제1장만 읽고 쿠바를 가도 된다. 왜냐하면 제1장은 전체의 축소판 성격이 짙게 집필했기 때문이다. 쿠바에 관한 모든 것을 이 책으로 파악하고 현지에서 확인하는 차원에서 집필하였다. 이 점이 지금까지 시중에 나온 쿠바관련 어떠한 책들보다 실용적인 책임을 강조하고 싶다. 부디 쿠바 방문이 단순한 소비적인 여행에 그치는 것이 아니라 생산적인 여행이 되기를 기원한다. 생산적인 여행이란 쿠바를 방문한 경험에 곧 자신과 나라 발전에 보태임이 되는 여행이라는 것을 의미한다.

특이할 만한 사항 하나는 이 책은 쿠바의 입장에서 즉 쿠바사람이 쿠바를 소개하듯이 긍정적인 시각에서 집필했다는 점이다. 즉, 마치 저자가 쿠바 애국자처럼 쿠바를 세상에 널리 알리기 위해 긍정적인 마음을 가지고 집필했기 때문에 독자들은 이 책의 내용을 심도있게 숙독하고 실제로 쿠바를 방문하여 하나하나 '사실관계'를 확인하는 '생산적인 여행'이 되기를 기대한다. 각자의 비평과 논쟁이 이어지기를 기대한다.

쿠바는 중고차와 주택의 매매를 허용하고, 농산물의 직거래를 허용하고, 해외여행을 자유화하고, 자동차 수입을 자유화하고, 부동산 임대시장을 개방하고, 그리고 2014년 6월 27일부터 신외국인투자법을 발효시키는 등 2011년 이후 지금까지 개혁과 개방정책을 실시해 오면서 미국과의 관계개선을 차근차근 준비해 오고 있었다.

미국과 쿠바간의 53년만의 화해

여기에서 잠깐 타임머신을 타고 과거로 되돌아 가보자.

1898년 발발한 〈미국-스페인 전쟁〉에서 패배한 스페인이 쿠바를 미국에 넘겨주자 쿠바는 사실상 미국의 식민지가 되었다. 그러나 쿠바는 피델 카스트로와 체 게바라 등을 중심으로 한 핵심혁명가들이 1959년 쿠바 혁명을 통해 군사 독재를 무너뜨리고 피델 카스트로 정부가 들어서고 사회주의를 선언하자, 미국은 수차례에 걸쳐 쿠바를 미국으로 편입하기 위해 쿠바 정부의 전복을 시도했다.

특히 1961년 미국의 존 F. 케네디 전 대통령이 CIA의 도움을 받는 쿠바 망명자들을 지원하여 쿠바 피그스만을 침공하려다 실패한 사건(피그스만침공사건)으로 쿠바와의 갈등이 고조되었다. 위협을 느낀 쿠바가 결국 소련의 핵미사일을 들여오는 도중에 해상에서 미국 정찰기에 의해 발각되면서 최악의 위기 상황(쿠바미사일위기)까지 도달하여 제3차 세계대전(핵전쟁)의 지경에 이르렀다.

그 사건 이후 미국은 쿠바에 대한 강력한 경제봉쇄 정책을 전개해 왔고, 1989년말 소련의 붕괴로 인하여 사회주의 국가들이 연쇄적으로 붕괴되면서 쿠바의 상황도 점점 악화되어 갔다. 불안감을 감추지 못한 수많은 쿠바인들이 뗏목 등을 타고 바다를 건너 미국으로 망명(The Rafters Crisis)을 시도했다.(.....) 세월이 지나면서 다행히 쿠바 내에서도 개방의 물결이 일기 시작했다.

그리고 드디어 미국의 버락 오바마 대통령은 2014년 12월 17일 미국과 쿠바가 53년 만에 국교를 정상화하였다. 그는 "미국은 지난 50년간의 대쿠바고립 정책은 효과가 없었다. 이제 새로운 시도를 할 때이다"라며 쿠바와 국교를 정상화할 것임을 선언한 것이다. 이에 화답하는 신호탄으로 쿠바 정부는 2009년 쿠바에서 미국 국제구호원으로 근무하던 중 위성 전화와 인터넷 장비를 불법적으로 소지했다는 이유로 체포한 알란 그로스를 석방했다.

양국은 각국에 수감된 상대 국가의 죄수를 석방하고, 상대 국가에 대사관을 설치하고, 경제 제재를 완화하는 등의 변화를 시행에 옮기고 있다. 북한과는 혈맹관계인 쿠바의 이러한 변화가 미국과 북한 간의 관계에는 어떠한 영향이 미칠까?

끝으로 이 책이 각 장마다 균일하게 이루어지지 않고 있음은 앞으로 계속해서 독자들의 지도편달을 이행하기 위해 남겨놓은 독자들을 위한 빈 자리이다. 독자의 공통된 궁금증을 경청하여 빈자를 채워나갈 예정이다. 독자들의 애정어린 지도편달을 기다린다. 특히 쿠바 방문을 마친 분들의 진심어린 충고를 기다린다.

2016년 1월 대전 신성동 연구실에서 탈고하다.

Contents

Contents

쿠바리브레

Cuba Libre

chapter 01

미국과 쿠바간의 국교정상화

1 미국과 쿠바간의 국교정상화

1 쿠바의 식민 역사

크리스토퍼 콜럼부스(Christopher Columbus: 1450년 또는 1451년 제노바 출생 ~ 1506년 5월 20일 바야돌리드 사망)는 이탈리아 제노바 출신의 탐험가이자 항해가이다.

콜럼버스는 1484년 포르투갈의 왕(주앙 2세)에게 대서양 항해 탐험을 제안하고 지원을 요청하였으나, 희망봉 루트를 준비 중이어서 왕이 허락하지 않자 그는 할 수 없이 에스파냐로 갔다. 당시 에스파냐는 카스티야와 아라곤으로 구분되어 있어서 카스티야 여왕(이사벨 1세)과 아라곤 왕(페르난도 2세)이 카스티야를 공동 통치하고 페르난도가 아라곤을 단독 통치하는 상태였다. 정치 · 지리 · 종교적 통일을 이룩하고 국가의 비상을 꾀하던 이사벨과 페르난도 부부는 해외 진출에 관심을 갖고 있었다.

그러나 이사벨과 페르난도 부부는 콜럼버스가 기사와 제독 작위, 발견한 땅을 다스리는 총독의 지위, 얻은 총수익의 10분의 1일이라는 실현가능성이 없는 조건을 제시하자 포르투갈에서와 마찬가지로 받아들이지 않았다. 이 때, 당시 에스파냐 교회의 성직자들은 포르투갈교회에 대한 경쟁의식으로 더 넓은 선교지를 필요로 했기 때문에 콜럼버스를 위해 여왕을 설득하여 결국 이사벨은 콜럼버스를 등용하였다.

이사벨 여왕은 콜럼버스를 해군제독에 임명하였고, 그가 발견하는 땅의 10퍼센트(%)를 콜럼버스의 소유로 등기 이전한다는 조건 하에 선박 2척(핀타호와 니나호)을 내주고 과거에 죄를 지은 자들은 면죄해 준다는 조건으로 승무원 모집에도 협력해 주었으며, 또 팔로스항(Palos)에 사는 핀손이라는 선장이 자기 소유의 선박인 산타 마리아호와 함께 참가하였다. 그러나 계약 후에도 못마땅한 이사벨 여왕이 지원을 계속적으로 지연시켰기 때문에 실질적인 항해까지 걸린 시간은 6년이나 되었다.

콜럼버스가 탐험을 시작한 것은 당대 유럽인이 가지고 있던 중요한 사명이었던 기독교의 전파 혹은 미지의 세계에 대한 순수한 탐구심이 아니었다. 오직 각종 향신료의 수입을 위한 교역으로 얻을 수 있는 금과 보물이 가장 큰 이유였다. 실제로 그의 항해 일지를 보면 금과 보물에 대한 언급이 수백 차례나 등장한다. 또한 이사벨 여왕과의 계약 내용에서도 알 수 있듯이 가장 중요한 목적은 부의 축적이었다. 그는 총 4차례나 유럽에서 아메리카 대륙을 항해하였는데, 아메리카에 상륙한 것은 그 가운데 제1 항해였다.

당시는 유럽 전역이 중상주의(Mercantilism)에 사로잡혀 있었던 시기였다. 중상주의란 16세기에서 18세기 기간중에 주로 유럽에서 국부(Wealth of Nation)의 증강을 위해 취해진 일련의 사상 · 철학 · 신념이었다. 이러한 사고방식에 의해 국부의 상징이었던 귀금속(금과 은)을 축적하기 위해서 새로운 금(金)이나 은(銀)광을 찾아 신대륙을 경쟁적으로 발견하러 항해하던 시기였다.

콜럼부스의 제1회 항해의 출범은 1492년 8월 3일이었으며, 같은 해 10월 12일 현재의 바하마제도(Bahamas)의 하나인 '과나하니'라는 섬(추정)에 도달했고, 이 섬을 산살바도르(San Salvador, 구세주의 섬)이라 칭하였다. 이어서 그는 쿠바와 히스파니올라(현재의 아이티, Haiti)에 도달하여, 이곳을 인도의 일부라고 생각하고 원주민을 인디언이라 칭하였다. 이후 항해 도중, 산타마리아호가 파손되어 어떤 섬에 약 40명의 선원을 남긴 후에 이스파니올라(나중에 에스파냐로 개명)라고 이름 지었다.

콜럼부스는 제1회 항해 후 1492년 12월 귀국하여 왕 부부로부터 '신세계'의 부왕(副王)으로 임명되었다. 지금도 영국과 연연방제국 그리고 과거 영국지배국들은 모든 기관의 최고 통치자는 영국 여왕이 정신적으로 chancellor의 기능을 하고, 현지의 실제 통치자는 'Vice chancellor'라는 명칭을 쓰고 있다. 예를 들면 우간다, 방글라데시 등의 대학교 총장은 지금도 'Vice chancellor'라고 부른다. 아무튼 제1회 항해 후 아메리카에서 그가 가져온 금제품이 전 유럽에서 새바람을 일으켰고, '콜럼버스의 달걀'이란 일화도 생겨났다. 17척에다 1,200명의 대선단에 따른 콜럼부스의 제2회 항해(1493년)는 그의 선전에 따라 금을 캐러 가는 사람이 대부분이었다.

히스파니올라에 남겨 두었던 식민지 개척자들은 인디오의 강력한 저항으로 전멸해 버렸으나, 콜럼버스는 이곳에 식민지 행정관청으로서 이사벨라 통치관청을 건설하는 한편, 토지를 에스파냐인 경영자에게 분할해 주고, 인디언에게는 공납(貢納)과 부역(경작과 금 채굴)을 명령하였다. 그러나 금의 산출량이 보잘것없자, 항해자들은 인디언을 학대 · 살육하였으며, 노예화하였다. 이 항해에서 에스파냐로 보낸 산물은 주로 노예였으며, 이 때문에 본국으로 돌아오자(1496년) 문책 당하였다.

콜럼부스의 제3회 항해(1498년 1500년)에서 트리니다드 토바고와 오리노코 강 하구(河口)를 발견하였다. 콜럼버스는 제3회 항해에서 칼데아 신아람어와 히브리어에 능통한 선원 두 명을 데리고 갔다. 목적지인 남아시아에 다다르게 될 경우, 에덴동산의 거주자들이 이 두 언어를 쓸 가능성이 가장 높다고 생각했기 때문이다. 오리노코강 하구(河口)를 에덴동산의 관문이라고 착각했던 것이다. 그러나 신(神의) 명령으로 불꽃의 검(劍)을 들고 그곳을 지키고 있는 케루빔이 자신의 배들을 공격하지 않을까 두려운 마음에 그 강을 거슬러 올라가지는 않았다. 제3회 항해 도중, 히스파니올라에서 내부 반란으로 그의 행정적 무능이 문제화하여 본국으로 송환되었다.

콜럼부스의 제4회 항해(1502~1504)의 허가는 바스코다가마의 성공에 자극을 받은 때문인 것으로 보이지만, 그 정확한 속사정은 분명하게 전해지지 않고 있다. 이 항해에서 그는 온두라스와 파나마 지협(地峽)을 발견하고 귀국한 것으로 알려져 있다.

콜럼버스는 죽을 때까지(1506년) 자기가 발견한 땅을 인도라고 믿었는데, 그의 이 항로 개척으로 인하여 아메리카대륙이 비로소 유럽인의 활동 무대가 되었다. 이는 현재의 미국(United States of America)이 탄생할 수 있었던 근본적인 토대가 생길 수 있었다는 점에서 중요한 의의를 지니고 있다. 현재에도 쿠바 · 아이티 · 자메이카 · 도미니카 등 12,000여 개의 작은 섬들의 집합체를 서인도제도(The West Indies)라고 부르고 있다.

이와 같이 19세기말 쿠바는 스페인의 식민지이었다. 스페인은 쿠바사람을 탄압하였고, 그래서 소요 사태가 끊이지 않았다. 1898년 미국은 스페인과 전쟁하여 식민지 쿠바를 점령하기 시작하였다. 쿠바에 재산을 가지고 있는 미국인을 보호한다는 미명 그리고 당시 잦은 소요사태로 말미암아 쿠바 설탕값이 불안해져 미국경제가 타격을 입게 되자 이를 해소하기 위해 스페인과 전쟁을 선포한 것이다. 오늘날 자유무역시대 하에서도 세계 각국들은 설탕을 할당관세(Quota Tariff) 품목에 편입시키는 등 보호조치를 취하기에 여념이 없다.

미국은 수개월만에 스페인과의 전쟁에서 승리하자 쿠바를 독립시키고, 푸에르토리코 · 괌 · 필리핀 등 다른 스페인령을 미국령으로 편입시켰다. 스페인이 쿠바의 독립을 허용하는 조건으로 1902년에 미국이 쿠바에서 철수했으나, 미국은 이듬해(1903년)년에 쿠바 남쪽 지역의 관타나모항구에 해군기지를 설치하였다. 쿠바는 이때부터 친미파 풀헨시오 바티스타정권이 장악하였다. 이때부터 1959년까지 미국과 쿠바간의 관계는 그런대로 양호한 편이었다.

그러나 쿠바 피델 카스트로가 1959년 체 게바라와 함께 '쿠바혁명'을 성공시킨 후, 미국과 영국소유의 석유회사를 국유화시키고, 친미파 바티스타정권을 축출하였다. 카스트로가 혁명 이후 쿠바내 10억 달러 규모의 미국인 소유 재산을 국유화 조치하자 미국은 1960년 쿠바에 대한 수출금지 조치를 단행하였고, 1961년 쿠바와 단교하였다.

1961년 4월 미국 케네디대통령은 카스트로를 축출하기 위하여 미국으로 망명한 1,500여 명의 쿠바인을 규합해 CIA요원의 자격으로 쿠바 피그스만 침공을 승인했으나 결국 실패하였다. 그러자 1962년 미국은 쿠바에 대해 전면적으로 금수조치를 단행하였고, 소련은 즉시 쿠바에 핵과 미사일기지 건설을 추진하여 〈미사일전쟁〉의 위기가 촉발되었다.

러시아(옛소련)는 1962년 쿠바 아바나 근처 '루르데스'에 가장 큰 비밀군사 정보 감청기지를 건립했다. 설립목적은 잠수함 · 선박 · 위성전파신호의 감시이며, 근무인원은 약 3,000명에 달하였고, 운영기간은 1962년부터 2011년까지이었는데 2014년에 재가동하였다.

옛 소련제 핵무기와 미사일을 실은 선박이 쿠바에 거의 접근하자 케네디대통령은 소련 선박을 폭격함으로써 제3차 대전을 핵전쟁으로 시작할 것인가를 결정해야 하는 시간이 다가오고 있었다. 긴박했던 이 순간 양측 전쟁 참모들끼리 막후협상으로 미국 케네디대통령은 니키타 흐루쇼프 소련 공산당 서기장에게 다시는 쿠바를 침공하지 않겠다는 약속을 받고 미사일선박의 기수를 소련으로 돌림으로써 미사일위기를 극복하였다.

1977년 양국은 수도에 각각 이익대표부(Interest Section)를 설치하였고, 1980년에는 쿠바 카스트로가 쿠바인들의 미국 이주를 허용하자 12만 5000여 명이 보트를 타고 미국 플로리다주 마이애미에 불법 상륙하였다.

1982년 미국 도널드 레이건대통령은 쿠바를 테러지원국으로 지정하였다. 1989년 소련이 붕괴하자 소련경제에 의존하고 있었던 카스트로정권은 결정적인 타격을 입게 되었다. 1996년에는 쿠바 미그기가 미국 민간항공기를 격추시키는 사건이 발생하여 미국인 3명 등 총 4명이 사망하였다. 1999년부터 2000년까지 미국 플로리다해안에서 구조된 쿠바 출신 소년의 송환문제로 외교분쟁이 발생하였다.

미국은 1992년에 '토리첼리 법'(Torricelli Act)을 제정하여 1960년대에 쿠바에 가했던 경제 제재를 더욱 강화했다. 이 법에 따라 해외 자회사를 포함한 그 어떤 미국 기업도 쿠바와 거래를 못하도록 하는 엄격한 금지 조치가 내려졌다. 이어서 미국은 1996년 '헬름스-버튼 법'(Helms-Burton Act)을 제정하였다. 목적은 쿠바와 무역을 하거나 통상에 관여한 외국 회사를 처벌하는 데 있었다.

2002년 5월 미국 지미 카터대통령이 미국 지도자로서는 처음으로 쿠바를 방문하였다. 2004년 5월 조지 부시대통령은 쿠바계 미국인의 쿠바 방문을 3년에 1회로 제한하였고, 쿠바는 미달러화 통용을 금지하는 조치를 취했다.

2006년 7월 피델 카스트로는 건강악화로 동생 라울 카스트로에게 권력을 이양하였다. 2008년 남미와 카리브해 연안국가들이 미국에게 쿠바에 대한 금수조치를 해제하도록 촉구하였다. 2008년 5월 민주당 대통령 후보였던 버락 오바마는 "당선되면 라울과 만나겠다"고 발표하였다. 2009년 2월 쿠바가 미국인 앨런 그로스를 간첩혐의로 체포하자 양국 이민협상은 단절되었다. 동년 4월 오바마대통령은 쿠바계 미국인의 쿠바여행 및 송금 제한을 완화하였다.

2011년 지미 카터 전 대통령이 쿠바 수도 아바나에서 피델 및 라울 카스트로와 회동하였다. 2012년 12월 쿠바는 미국인 앨런 그로스와 미국에 잡혀있던 쿠바 정보요원과 맞교환 석방을 제의하였다. 2013년 7월 양국은 이민협상을 재개하였고, 동년 12월 오바마와 라울 카스트로가 넬슨 만델라 남아프리카공화국 대통령 장례식장에서 악수를 나누었다. 2014년 미국과 쿠바는 앨런 그로스와 쿠바 정보요원의 맞교환 석방에 합의하였다. 2014년 12월 미국 오바마대통령과 쿠바 라울 카스트로 국가평의회 의장이 미주기구(Organization of American States : OAS) 정상회의에서 회동하여 양국 관계 정상화를 선언하였다.

쿠바가 미국 자산을 몰수하는 등의 조치를 취하자 1962년 미국이 쿠바에 대하여 금수조치를 시행함으로써 쿠바의 OAS 회원국 자격을 박탈당하였으며, 2009년에는 다시 회원국 지위를 회복하였다. 그러나 미국이 쿠바 정상을 OAS정상회의에 참석하는 것을 거부함으로써 쿠바는 OAS 정상회의에 참석하지 못하다가 43년만에 참석하게 된 것이다.

미국정상과 쿠바 정상이 만난 것은 1958년 드와이트 아이젠하워 전 미국대통령과 폴 헨시오 바티스타 전 쿠바대통령이 정상회담한 이후 57년만에 다시 양국 정상회담이 열린 것이다. 결국 2015년 오바마는 쿠바를 테러지원국에서 해제하였다.

미국의 쿠바 경제 제재법

2014년 12월 17일 미국과 쿠바는 양국 국교정상화를 발표했다. 그러나 쿠바 국가 평의회 의장 라울 카스트로는 담화문을 통해 '그렇다고 해서 주요 문제가 해결된 것은 아니다'라고 평가했다. 과연 미국의회가 금수조치를 해제할 것인지가 남아있기때문이다. 지난

53년간 미국은 외딴 섬 쿠바의 주위를 봉쇄하여 다른 나라의 물자가 드나들지 못하도록 하여 쿠바 경제를 궁핍하게 몰아갔다. 미국이라는 초강대국이 최빈국 쿠바를 상대로 이렇게 집요하게 괴롭히고 있는 이유는 무엇일까? 쿠바의 피델 카스트로혁명 정부가 기업 국유화 정책을 취하면서 미국의 아이젠하워 공화당 정부는 1960년 처음으로 쿠바에 경제적 제재를 가하였다. 1962년 존 F. 케네디 대통령은 경제제재를 확대 · 강화하고 금수조치를 선포하였다. 1959년까지 쿠바 총수출의 73% 그리고 총 수입의 70%가 미국과의 거래 결과이었기 때문에 미국의 쿠바봉쇄조치는 쿠바에게는 치명적이었다.
미국의 대쿠바 봉쇄조치의 정당성의 근거로 제시했던 것은 쿠바의 형식적으로는 쿠바내의 미국 자산국유화 조치로 인한 강제수용으로 미국 기업이 당한 손실을 회복하기 위함이라고 했으나 사실상이면서도 숨겨진 이유는 쿠바와 러시아와의 친밀관계, 아프리카에서 쿠바의 개입, 소련이 무너진 후에 민주주의 정립과 인권 존중 등을 위해서였다.
1992년 미국의회가 '토리첼리법'이라는 쿠바민주주의법을 통과시켰는데, 이법은 쿠바인들에 대한 경제제재를 더욱 강화하는 법이었다. 이는 전 미국에 들어오려는 모든 선박이 쿠바를 거쳐 올 경우 6개월간 입항을 금지시켜 버리는 내용이다. 자연히 외국선박은 쿠바와는 단절이 되었다.
또한 1996년 클린턴 정부는 치외법권지역에서도 적용되는 헬름스 버튼법(쿠바 자유민주연대법)을 통과시켰다. 이법은 쿠바가 국유화한 토지에 입주한 모든 기업에 제재를 가하는 법이었기 때문에 이에 해당하는 모든 기업이 쿠바와는 단절되었다.
미국의 이러한 일련의 제재들은 점점 집요해져 갔다. 쿠바에 여행제한으로 말미암아 미국인이 쿠바여행을 가려면 쿠바에 직계가족이 거주한다는 것을 증명해야 했으며, 쿠바에 체류하는 동안 하루 50달러 이상 사용을 금지하였다. 일본, 독일, 한국 등의 자동차 제조업체가 미국 시장에 진출하려면 쿠바산 니켈을 전혀 쓰지 않았음을 입증해야 했으며, 미국시장에 진출하려는 프랑스 제과업체도 빵에 쿠바산 설탕이 단 1g도 들어가지 않았음을 증명해야 했다.
일본의 '니콘'은 혈우병을 앓고 있는 13세의 쿠바소년에게 카메라를 선물하기로 했다가 미국이 이것을 쿠바와 교역하는 것으로 간주하게 되면 큰 화를 당하기 쉽기 때문에 포기해야만 했다. 도대체 미국은 무엇을 위해 이렇게 집요한 쿠바를 못살게 굴었을까?
(자료 : http://www.ilemonde.com/news/articleView.html?idxno=2936)

2 쿠바의 사회주의혁명

쿠바는 1952년 군부의 지지를 받은 바티스타가 구테타를 일으켜 권력을 잡았고, 1956년 바티스타에 대항한 쿠테타를 시도한 바르킨은 실패하였으며, 1959년 피델 카스트로가 혁명을 단행하여 성공하였다.

쿠바 혁명(1953년 7월 26일 ~ 1959년 1월 1일)은 피델 카스트로, 체 게바라, 라울 카스트로 등의 사회주의 혁명가들이 두 차례에 걸친 무장 투쟁을 벌여 1959년 1월 1일 완수한 혁명이다. 〈7월 26일 혁명단〉과 쿠바혁명 조직들이 당시 풀헨시오 바티스타 장군의 독재 정권을 전복하여 쿠바는 공산주의 국가가 되었다.

라울 카스트로(왼쪽). 옆에는 체 게바라.

1958년 오리엔테 주의 시에라 데 크리스탈 산지 요새에서의 혁명단원들

쿠바혁명을 위하여 게릴라전을 벌이고 있는 7 · 26 혁명단

'쿠바혁명이 1953년부터 시작했다'라고 하는 것은 당시 쿠바혁명(반란)군 160명이 쿠바「산티아고 병영」을 공격하여 카스트로를 포함한 반란군이 잡혔기 때문에 이 때부터 쿠바혁명은 시작했다고 간주하고 있다. 당시 피델 카스트로는 법정에서 "나를 벌하라, 그건 중요하지 않다. 다만 역사가 나를 용서할 것이다"라는 유명한 말을 남겼다. 그는 15년형을 선고 받았으나 카톨릭 예수회가 앞장서서 그의 석방을 도왔다. 카스트로가 혁명을 성공시킨 후 1961년에 카톨릭교의 모든 재산을 국유화하고 공식적으로 무신론을 주장하며 수백명의 성직자들을 국외로 추방하였다. 인간적으로 보면 배은망덕한 조치였으나 그 당시 피델 카스로는 공산주의 신봉자이었기 때문에 어느 종교도 인정할 수 없었을 것이다.

1956년 12월 2일 피델 카스트로가 이끄는 82명의 무리가 무장저항운동 단체를 설립할 목적으로 쿠바 시에라 마에스트라(Sierra Maestra)에 도착하였다. 1958년말, 그들은 시에라 마에스트라를 빠져나와 쿠바독립을 주장하며 봉기를 일으키자 많은 쿠바사람들이 동참하였다. 이들이 산타 클라라(Santa Clara)를 점령하자, 바티스타는 포르투갈로 도망갔다.

풀헨시오 바티스타

1956년 바티스타에 대항하여 구테타를 일으킨 바르킨은 카밀로 시엔푸에고스(Camilo Cienfuegos), 체 게바라, 라울 카스트로 및 그의 형제 피델 카스트로와 지휘권의 상징적인 변화에 대하여 협상하였다. 이것은 대법원이 그 혁명의 법원성(法源性)을 인정하고, 그 대표자가 명령권을 가진다고 결정한 이후에 나온 것이었다.

카스트로의 군대는 1959년 1월 8일 수도에 입성하였다. 마누엘 우루티아 레오(Manuel Urrutia Lleo)가 권력을 장악한 얼마 후, 피델 카스트로가 그를 공격하였고, 결국 그는 미국으로 탈출하였다.

또한 "쿠바 혁명"이란 표현은 독재 정부를 뒤엎은 뒤 들어선 새 정부가 마르크스주의 정책 등 사회 · 정치적 계획을 실행한 과정을 일컫는다. 즉, 이후 두 차례에 걸쳐 실시된 토지개혁(1959년 5월, 1963년 10월)과 산업국유화(1960년 10월)도 쿠바 혁명에 포함된다.

한편, 카스트로와 체 게바라는 혁명 성공 후 사형제도가 없던 쿠바에 공산주의 강화를 위해 사형제도를 만들어 반공산주의자 · 교수 · 동성연애자 · 신(神)자 등을 구금 후 고문하여 죄를 자백받은 약 2만 명 가량의 공산당 반(反)체재 인사들을 사형 시킨 후 결국 체 게바라도 카스트로에 의해 쿠바를 떠났다.

사진은 혁명 성공 후 1959년1월8일 수도 하바나로 입성하는 장면

피델 카스트로(Fidel Castro, 88)
전 쿠바 국가평의회 의장

결국 피델 카스트로는 1959년 쿠바 총리에 취임했다. 카스트로는 그야말로 전혀 불가능한 상황을 대역전시켜 권력을 거머쥐게 되었다. 그는 1956년 말 쿠바의 서쪽 해안에 단 82명만을 이끌고 상륙하였다. 그의 계획은 사전에 쿠바 정부에 발각되어 카스트로와 그의 동지들은 정부군의 공격을 받았다. 대부분은 죽거나 포로가 되었다. 카스트로와 그의 동생 라울, 그리고 에르네스토 체 게바라를 비롯한 몇 명만이 시에라 마에스트라 산맥 속에 있는 은신처로 피신하는 데 성공했다. 이곳에서 카스트로는 이렇게 말했다. "이제 우리는 승리할 것이다."

1958년 7월, 반정부군은 카르카스에서 회합을 가지고 카스트로를 지도자로 추대하였다. 시에라 마에스트라의 반군에 대한 정부의 맹공격은 실패로 돌아갔고, 카스트로군은 반격에 나섰다. 미국이 마침내 바티스타로부터 등을 돌렸을 때, 혁명군의 숫자는 5만여 명으로 늘어나 있었고, 전국에서 압도적인 지지를 받고 있었다. 1959년 12월 31일 바티스타는 탈출했다. 그 뒤를 이은 군부는 오래 버티지 못하고 무너졌다. 군인들은 전투를 중지했고, 카스트로 지지자들이 아바나로 입성했다. 총리가 된 카스트로는 마르크스-레닌주의 정권을 세우고 러시아와 손을 잡았다.

이와 같이 쿠바가 혁명을 통하여 사회주의국가로 탈바꿈한 두 당사자는 〈피델 카스트로〉와 〈체 게바라〉이다. 그러나 혁명을 완수하여 쿠바를 해방시킨 두 혁명가는 가는 길을 달리했다. 피델 카스트로는 정치를 선택했고, 체 게바라는 민중운동을 계속하였다. 피델 카스트로는 동생이 하나있는데 그 사람이 현재 대통령 라울 카스트로이다.

피델 카스트로는 2015년 현재 51세인 아들(알렉스 카스트로)이 있는데, 55년간 쿠바를 통치하면서 가장 총애한 아들이어서 일찍이 쿠바 농림부장관과 에너지부장관을 역임했다. 그러나 그는 현재 사진작가로서 활동하고 있으며, 한국에 와서 개인 사진전시도 개최한 바 있다.

피델 카스트로의 건강 악화로 말미암아 2013년 임기 5년의 대통령직을 승계한 라울 카스트로는 2018년에 은퇴하겠다고 선언한 바 있다. 그렇다면 라울 카스트로 이후는 누가 쿠바를 이끌어 갈까?

쿠바의 차기 지도자로 부각되고 있는 자로는 카스트로 사촌 형제들, 현 수석 부의장, 호세 라몬 마차도(81세) 혁명세대가 있다. 이 중 이미 교육부장관을 역임한 바 있으며, 현재에는 국가평의회 수석 부의장인 미켈디아스-카넬(53세)은 쿠바 혁명에 가담하지 않은 비게릴라 출신으로서 처음으로 수석부위장에 오름으로써 쿠바 정계의 본격적인 세대교체가 아니냐 하는 데에 큰 관심을 불러일으키고 있다.

3 피델 카스트로

피델 카스트로는 1926년 8월 13일 쿠바 소도시 비란(Biran)에서 태어났다. 라울 카스트로가 유일한 동생이다. 1945년에 아바나대학교 법학부에 입학하여 재학중에 학생운동 지도자가 되어 정치투쟁의 길로 들어섰다. 1949년 대학 졸업 후에는 변호사 활동을 하면서 동시에 정치활동도 계속하였다.

1952년 3월 F. 바티스타가 구데타를 일으켜 정권을 잡자마자 모든 반대파들을 숙청 · 탄압하는 독재정치를 시작하자 바티스타 정권에 대항하는 계획을 모의하였다. 1953년 바티스타정권을 전복시키기 위해 산티아고 데 쿠바(Santiago de Cuba)에 있는 몬카다(Moncada)병사진영(병영)을 습격하였다. 그러나 불행하게도 이 습격이 실패하여 체포되었고, 재판에 회부되었다. 이때 그는 "역사는 나를 무죄라고 할 것이다"라는 유명한 자기변호를 하였으나 결국 15년 형을 선고받았다. 그래서 쿠바에서는 이 몬카다병영 습격사건의 날(1953년 7월 26일)을 쿠바혁명의 원년으로 삼고있는 것이다.

피델 카스트로는 수감된 지 2년만인 1955년 5월 특사로 석방된 뒤 멕시코로 망명하여 바티스타정권 타도 계획을 계속하였다. 멕시코에서 소규모 군대를 조직하였고, 여기에서 역사적인 혁명동지가 된 체 게바라를 만났다. 드디어 반란(혁명)군대는 1956년 쿠바에 잠입하여 치열한 게릴라전을 전개하기 시작하였다.

반란(혁명)군은 탁월한 통솔력을 발휘하여 반란(혁명)군대를 인솔하여 쿠바 오리엔테(Oriente)주 시에라 마에스트라(Sierra Maestra)에 숨어 게릴라전을 전개하였다. 드디어 1959년 1월 혁명군사령관으로 수도 아바나에 입성하였고, 민심을 상실한 바티스타정권을 전멸시킴으로써 쿠바혁명(Revolution of Cuba)을 완수하였다.

피델 카스트로는 동년 2월 쿠바 총리로 취임하여 토지개혁으로 미국 등 외국자본을 몰수하여 국유화조치하여 사회개혁을 단행해 갔다. 동년 제1차 '아바나선언'을 발표함으로써 〈남미해방운동〉을 선언하였다.

피델 카스트로는 쿠바 동부 오리엔테주 바란에서 부유한 사탕수수 농장 소유주의 셋째 아들로 태어났다. 두 형 관련 정보는 잘 알려지지 않고 있으며, 유일한 동생인 라울 카스트로가 혁명동지로 운명을 같이 했다.

피델 카스트로는 예수회 기숙학교에서 수학한 후 1948년에 아바나국립대학교 법학부에 입학하여 무장학생운동 조직에 가담하여 마르크스주의 저서를 탐독하였다. 캠퍼스커플로 철학을 전공한 미르타 디아스 빌라르트를 만나 1948년에 결혼하였으나 1955년에 이혼한 후 현재까지 재혼은 하지 않았다.

피델 카스트로의 정(공식)부인은 마르타 디아스 발라르트이고 그 외 네 명의 비공식 부인이 있다. 피델 카스트로가 혁명과업에 몰입하자 이혼하였는데, 이 사이에서 낳은 아들(피델리토)은 모스크바대학교에서 수학한 후 쿠바로 귀국하였다.

피델의 정부인인 마르타는 바티스타정권 지지자(누네스블랑코)와 재혼하였고, 그녀의 오빠도 바티스타정권의 관리자(라페엘 디아스빌리르트)였다. 마르타는 현재까지 40년이 넘도록 스페인에서 거주하고 있으며, 아들(피델리토)을 만나러 종종 쿠바를 방문하고 있다. 마르타의 새 남편인 누네스 블랑코는 알츠하이머병으로 사망하였다.

피델 카스트로의 네 명의 비공식 부인들로부터 8명의 자녀를 낳았다. 1959년 혁명 직후 만난 마리타 로렌츠(독일 여객선 선장의 딸)는 임신하자마자 강제로 유산시킨 후 헤어졌다.

녹색 군복과 군모, 얼굴을 뒤덮은 무성한 구렛나룻, 큼지막한 시가, 청중을 사로잡는 대중연설 들은 피델 카스트로의 카리스마를 연상하기에 충분하다.

레부엘타(네티)

알리나 페르난데스

이러한 피델 카스트로에게도 숨겨놓은 연인이 있었다. 그녀의 이름은 레부엘타(애칭 : 네티)이다. 그녀가 2015년 3월 28일 폐질환으로 사망(향년 90세)하였다.

네티의 딸이자 피델 카스트로의 딸인 알리나 페르난데스(59)가 지병으로 위독한 어머니 나탈리아 레부엘타(88)를 보려고 2014년 8월에 21년 만에 쿠바를 방문했다. 일리나 페르난데스는 미국 마이애미에서 망명생활을 하고 있다. 페르난데스는 1993년 관광객으로 위장해 마이애미로 망명한 뒤 CNN라디오 진행자로 일하고 있다.

피델 카스트로의 연인 겸 혁명 동지였던 나탈리아 레부엘타는 22세 때 20세 연상의 심장 전문의 오를란도 페르난데스와 결혼했으나 남편은 병원 일로 언제나 집을 비웠다. 그녀는 골프와 요트클럽, 파티를 전전하며 무료함을 달랬다.

이런 그녀를 사로잡은 사람이 바로 젊은 혁명가 피델 카스트로다. 1952년 지인 소개로 그를 만난 레부엘타는 불같은 사랑에 빠졌다. 두 사람 모두 결혼한 상태였지만 둘은 틈만 나면 밀회를 즐겼다. 그녀는 자신의 비상금과 보석 등을 처분해 카스트로의 혁명 자금을 댔고 아름다운 외모까지 겸비해 '쿠바의 연인'으로 불렸다. 1953년 몬카다 군 기지 습격에 실패한 피델 카스트로가 투옥됐다. 레부엘타는 그를 위로하려고 사랑의 밀어(密語)가 담긴 편지, 책, 그리고 두 사람이 거닐던 해변의 모래 등을 소포로 보냈다. "카스트로도 '당신을 생각하니 내 몸이 불타오르는구려. 계속 편지를 보내줘요. 난 당신의 편지 없이는 살 수 없소'"라며 뜨거운 답장을 보냈다. 1955년 출소 직후 부인과 이혼한 피델 카스트로는 계속 레부엘타와 만났다.

그러나 피델 카스트로가 혁명 준비에 몰입하자 레부엘타는 카스트로에게 임신 사실을 숨겼고, 1956년 3월 딸 알리나를 몰래 낳았다. 1959년 카스트로가 정권을 잡을 즈음부터 그의 사랑이 식었다. 피델 카스트로는 레부엘타를 멀리했고 알리나를 딸로 인정하지 않았다. 1959년 남편과 이혼한 레부엘타는 재혼하지 않은 채 죽을 때까지 쓸쓸히 혼자 살았다. 피델 카스트로는 알리나가 열두 살이 되자 뒤늦게 자신의 딸임을 인정했다. 그러나 부녀 사이는 나빴고 알리나는 37세 때인 1993년 미국으로 망명했다. 레부엘타는 1925년 쿠바 수도 아바나에서 태어났다. 출생 직후 부모가 이혼했지만 어머니가 쿠바 재력가와 재혼한 덕에 당시로는 드물게 미국 유학을 포함한 고등교육을 받았다.(출처 : Worldpress.com)

4 라울 카스트로

형 피델 카스로와 운명을 같이 했던 라울 카스트로는 현재 쿠바 국가평의회 의장(대통령)이다.

그에게는 두 가지의 상반된 평가가 나왔다. 그는 '잔인한 사형집행자이며 강경파공산주의자이다' 대(對) '실용주의적 관리자이며, 과묵한 실속형 관리자이며 또한 따뜻한 인간적 지도자이다'로 갈라져 있다.

그러나 보편적인 것은 라울 카스트로는 쿠바 혁명 동지이자 친형인 피델 카스트로밑에서 2인자로서 50년간 쿠바 공산당과 군대를 효율적으로 관리해 온 실무형 지도자라는 평가이다. 조직 관리를 위해 때로는 잔인하기도 하였으나 전반적으로는 인간적인 모습도 보여주었다는 평가이다.

5 체 게바라

체 게바라의 아이콘은 1928년 태생 / 아버지, 에르네스토 게바라 린치 / 어머니, 셀리아 데 라 세르나 / 별명, Che Guevara / 1967년 볼리비아 차코의 작은 마을인 라이게라 La Higuera에 있는 소규모 학교에서 미국 CIA에 의해 체포, 살해됨 / 공산주의자 / 마르크스주의 이론가 / 아르헨티나의 혁명가 /쿠바의 정치인 / 쿠바의 혁명가 / 쿠바의 군인 / 쿠바의 무신론자 / 아르헨티나의 무신론자 / 아르헨티나의 저술가 / 아르헨티나의 의사 / 아일랜드계 아르헨티나인 /스페인계 아르헨티나인 / 민족 해방 운동 / 지폐의 인물 / 부에노스아이레스 대학교 동문 등이다.

체 게바라는 쿠바 공산당 정부가 혁명영웅으로 받들고, 전세계 좌파의 아이콘으로 대접받고 있는 풍운아로 각인되어 있다. 1967년 10월 8일 '라 이게라' 정글마을에서 미국 CIA 의 사주를 받은 볼리비아 정부군에 의해 체포되었다가 다음날인 9일 오후 그란바예에서 사형수로 부름받은 '마리오 테란병장'(당시 39세)에 의해 처형당한 체 게바라. 사형수 역할을 부여받았던 마리오 테란병장은 사형수 후유증으로 고통을 받다가 나중에 무상으로 눈치료를 받기 위해 쿠바를 찾았는데, 쿠바정부는 기꺼이 치료해 주었다.

이러한 체 게바라에게도 긍정적인 평가 대(對) 부정적인 평가가 회자되고 있다. 긍정적인 평가의 예로는 체 게바라가 걸어갔던 혁명의 길을 걸으면서 그의 숨결을 느끼고자한 순례의 길따르기 행사(볼리비아남동부정글탐험)도 있었고, 체 게바라 추종자들이 5일간의 일정으로 그란바예에서 개최한 패스티벌(월드 체 페스티벌)도 진행된 바 있다. 낡은 오토바이를 타고 가난과 불평등에 찌들린 남미대륙을 돌아본 뒤 비장한 표정으로 "저는 더 이상 과거의 제가 아닙니다"라고 내던지고 나서 의사의 꿈도 접고 쿠바로 건너가 혁명가로 변신한 멋진 청년. 그는 의사에다 정치가요, 혁명가였다. 그는 안락한 생활에 부자도 될 수 있었지만 모두 포기하고 민중과 혁명을 위해 목숨을 다 바친 젊은 오빠였다.

이에 반하여 체 게바라를 수많은 반역자들의 처형을 자처한 냉혈 살인마. 게바라는 정글에서 고립되어 있다가 '쏘지마라. 내가 "체"다라며 순수히 투항한 비겁한 자라고도 묘사하기도 했다. 투항 당시 체 게바라는 거지같은 누더기 옷에 몹시 지쳐있어서 혁명영웅 이미지보다 동정받기에 충분한 초라한 모습이었다고 한다.

아바나로 입성한 후 호화 저택에서 새로 결혼한 백인 아내와 함께 귀족적인 삶을 영위한 자. 바티스타정권에 충성한 군인들은 물론 소녀 · 임신부 등 힘없는 양민까지 직접 사살하기를 즐긴 살인마.

카스트로가 전투에 무능한 게바라를 발탁한 이유는 집권 후 숙청작업에서 그와 같은 냉혈적인 인물이 필요했기 때문이고, 혁명완수 후 피델 카스트로와의 권력투쟁에서 밀려 국외로 추방당한 것이라는 등 그를 폄하하는 평가절하의 뒷이야기가 무성하다. 피델 카스트로가 쿠바혁명을 미화하는 과정에서 체 게바라를 과대평가하였다는 것이다.

이와 같이 에르네스토 라파엘 게바라 데 라 세르나(스페인어: Ernesto Rafael Guevara de la Serna, 1928년 6월 14일 ~ 1967년 10월 9일)는 체 게바라(스페인어: Che Guevara)라는 애칭으로 더 잘 알려져 있는 아르헨티나 출신의 공산주의 혁명가 · 정치가 · 의사 · 저술가이자 쿠바의 게릴라 지도자이다.

그는 쿠바혁명 승리 후 쿠바 공산당과 쿠바 혁명정부의 중요한 직책에 있으면서 쿠바혁명에서 얻은 것들을 지키며 혁명을 더욱 전진시키기 위하여 가능한 한 최대의 노력을 기울였다. 그러나 사형제도를 부활시켜 친미 또는 반혁명세력 약 14,000명을 죽였다. 쿠바혁명 승리 후 얼마동안 아바나의 라 까바니아 요새수비대 사령관으로 있다가 산업성장을 조종하는 책임자로 있었으며, 동시에 토지개혁의 준비에 참가하였다. 1959년 11월부터 1961년 2월까지 쿠바 국립은행 총재, 1961년 2월부터 쿠바 산업부장관도 역임하였으며, 1962년에 쿠바통일혁명조직 전국지도부 및 비서국에서 일하여 '쿠바의 두뇌'라 일컬어졌다.

그는 쿠바에서 많은 일들을 했음에도 불구하고, 안주하지 않고 새로운 일을 찾아 떠났다. 1965년 4월, "쿠바에서는 모든 일이 끝났다"라는 편지를 남기고 행방불명되었다. 이 때 쿠바를 벗어나 볼리비아로 투쟁무대를 옮겨 바리엔토스 정권을 상대로 게릴라전을 벌였으나, 1967년 10월 9일 미국이 가세한 볼리비아 정부군에게 잡혀 총살당했다.

총살 후 그의 시체는 정부에 의해 언론에 공개되었으나, 체 게바라의 모습이 예수와 비교되면서 다시 많은 이들의 추앙을 받게 되었다. 그의 시체는 30년 후 볼리비아에서 발굴되어 그가 혁명가로 활동했던 쿠바에 안장되었다.

체 게바라는 사후에 전 세계적으로 '체 게바라 열풍'을 일으킬 정도로 인기를 끌었다. 아르헨티나 의사의 자리를 버리고 전 아메리카의 쿠데타 정부를 타도하기 위해 혁명에 뛰어들었으며, 쿠바에서 최고의 자리에 오르고도 이를 박차고 또 다른 혁명을 위해 헌신하는 숭고한 모습이 사람들을 감동시켰기 때문이다.

하지만 체 게바라가 쿠바 · 콩고 · 볼리비아에서 벌인 일련의 혁명과정에서 반혁명 세력과 수많은 농민들에게 피해를 가해왔다는 비판이 제기되기도 한다.

체 게바라는 별명인데 별명에 체(Che)란 무엇일까? 체(Che)라는 말은 예수 크리스도(Juses Christ)에서 비롯된 것이다. 그러면 체 게바라와 예수의 닮은 점과 다른 점은 무엇인가?

	같은 점		다른 점
	외형	내면	
예수 그리스도	덥수룩한 수염에 바싹 바른 에르네스토 게바라의 모습은 그 옛날 십자가에서 끔찍한 일생을 마감한 또 다른 'che' 즉, 그리스도(Christ)와 너무 흡사하다 하여 '체' 게바라로 부르게 되었음	평등을 위해 투쟁한 박애주의자	팔레스티나의 유태인 예수는 평화로운 느낌
체 게바라			아르헨티나의 의사 체 게바라는 투쟁의 노정

또한 같은 혁명동지인 피델 카스트로와 체 게바라는 어떤 점에서 비슷하고, 어떤 점에서 다를까?

	피델 카스트로	체 게바라
같은 점	· 열정적인 혁명가 · 민중해방운동가로서 자기들의 양심과 열정으로 스페인 바티스타 정권 지배하에서 신음하던 쿠바인민을 해방시킴	
다른 점	· 현실 정치에 참여하여 쿠바를 직접적으로 재건시키는 정책을 추진함으로써 결국 세계 최장기 독재 장기 집권을 하게 됨 · 그러나 독재정권 결과 세계 최빈국 상태에서 벗어나지 못함으로써 혁명 당시의 큰 뜻이 퇴색해져 버림	· 쿠바혁명 성공 이후 현실정치는 국민들이 선택하게 하자고 주장하여 이상이 맞지 않아 결국 피델 카스트로와 결별함 · 폭정에 시달린 다른 남미지역의 혁명을 위해 자기 몸을 희생함 · 오늘날 전세계 젊은이들의 우상이 됨

6 무모한 도전자, 차베스

우고 차베스, 그는 누구인가?

1954년 베네수엘라 서부 농촌마을에서 출생했다. 어린시절부터 남미의 독립 영웅인 '시몬 볼리바르'를 우상처럼 모방했다. 볼리바르는 베네수엘라 군인이며, 정치인이며 동시에 19세기 스페인에 맞서 투쟁한 독립운동가이었다. 차베스는 1975년에 베네수엘라 육군사관학교를 졸업하고 1980년대에 볼리바르 비밀운동 조직에 가담하여 구테타를 준비하기도 하였다.

차베스에게 따라다니는 단어는 '남미의 로빈후드', '괴짜', '독재자' 등이다. 그는 1992년 2월 4일 특수부대 중령시절 구테타를 시도하였으나 실패하여 2년동안 수감되었으나 1994년 2월 특별사면 되었다. 이를 계기로 해서 차베스는 1998년 12월에 대통령에 당선(지지율 56%)되었다. 1999년 7월 대통령임기를 6년으로 개헌하였고, 2000년 12월에 재선(지지율 60%)되었고 2006년 12월에 3선(63%)대통령이 되었다.

차베스의 정치적 야욕은 계속 이어갔다. 2007년 12월 연임제한 철폐조항을 중심으로 한 헌법 개정이 부결되었으나 2009년 2월 다시 시도하여 통과되었다. 이러한 불법 · 탈법 · 위법을 강행한 결과 2011년 6월 악성 종양이 발견되어 암사망 선고를 받고 말았다. 그럼에도 불구하고 그는 2012년 10월 4일 4선 대통령이 되었다. 그의 병 증상이 점점 악화되어 2013년 1월 10일 대통령 취임식을 무기연기할 수박에 없었으며, 2013년 3월 5일 결국 사망하였다. 호찌민 · 레닌 · 마오쩌둥 · 김일성 · 김정일처럼 그의 시신도 방부제 처리하여 베네수엘라 혁명박물관에 안치 되었다.

니콜라스 마두로부통령이 베네수엘라 임시대통령으로 당선되었고, 2013년 4월 4일 대통령선거에서 재선되어 오늘에 이르고 있다.

이러한 정치적 역경을 거쳤던 우고 차베스는 중남미의 반미(反美) 반(反)제국주의 선봉장이었던 피델 카스트로가 '정치적으로 사망'하자마자 스스로 카스트로의 후계자라고 자처하면서 그의 뒤를 이어가려고 부단히도 애썼다.

베네수엘라에는 약 8만 명의 쿠바사람들이 들어와 베네수엘라의 정부와 군대에서 자문을 하게 함으로써 차베스와 피델 카스트로는 밀월을 이어갔다. 이렇게 차베스의 무모한 목표달성을 향한 선심외교에 국가의 엄청난 석유수입금을 허비한 결과 베네수엘라 내부에서는 '엄청난 부자정부 대 가난에 찌들린 백성'이라는 기이한 현상이 지속되어 갔다.

쿠바의 피델 카스로는 미국의 쿠바 경제제재 조치에 맞선 반미(反美) 반(反)세계화정책을 추진하여 국내외 지지자들로부터 정당성을 얻었던 반면에, 베네수엘라의 차베스는 겉으로는 반미(反美) (反)반세계화를 외쳐대면서 현실적으로는 미국에 석유를 수출하여 엄청난 오일달러를 벌어들이고 있다는 비난을 피하지 못하여 왔다. 이러한 차베스에 대한 국민들의 불만을 엎고 베네수엘라 대통령선거에서 구두닦이 출신인 코메디언 벤하민 라우 세오가 우고 차베스에 도전장을 냈었다. 그는 1인 정당인 '피에드라'의 당수(?)이었다.

1998년 우고 차베스가 대통령으로 당선되어 첫집권하기 이전까지 베네수엘라는 석유를 매체로 하여 미국과 정치 · 경제적으로 친미관계를 유지해 왔다. 미국은 석유메이저를 통하여 베네수엘라의 석유개발 이권에 깊숙하게 개입하고 있었다. 한편 베네수엘라는 국영석유공사의 자회사인 CITGO를 미국 본토에 설립하고, 세계 최대의 석유시장인 미국에서 생산과 판매까지 완결된 비즈니스모델을 구축하였다. 이것이 바로 베네주엘라 몰락의 시작이었다. 석유산업은 베네수엘라에 축복이자 저주가 되었다. 〈자원의 저주〉가 현실화되는 장면이 벌어지게 된 것이다. 〈자원의 저주〉란 풍부한 천연자원을 잘 활용하여 경제 발전에 유용하게 하는 것이 아니라 오히려 그 자원때문에 나라경제가 퇴보하게 된다는 의미이다.

베네수엘라는 경제의 대부분을 고수익을 보장하는 석유산업에 집중하고 기타 산업은 수입에 의존하는 기형적인 산업구조(Mono-Industry)로 고착화하기 시작한 것이다. 이에 비하여 아랍 에미레이트(UAE)같은 중동의 산유국들은 오일달러를 통하여 서비스강국으로 탈바꿈하고 있다.

베네수엘라는 결국 세계 최고의 물가수준을 기록하였고, 석유개발 이외의 빈곤층이 급증하기 시작하였으며, 1999년에는 국민의 절반이 최저생계비 미만의 빈곤층으로 전락하였다. 커피와 코코아등 천연의 경쟁력을 갖추었던 농업은 오히려 농산물 수입의존국으로 전락하고 말았다.

이러한 경제적 혼란 와중을 틈타 1998년 반정부구테타의 핵심인사이었고, 야당 지도자였던 우고 차베스가 1998년 대통령선거에서 승리하였다. 1999년 차베스는 국민투표를 통한 사회주의혁명으로 뿌리깊은 사회부조리를 개혁할 기회로 삼았기 때문에 국제사회는 기대가 컸었다.

차베스가 개헌한 1999년 사회주의헌법에서는 "21세기 사회주의"라는 용어를 사용하였다. '20세기 사회주의'는 러시아와 동유럽국가들이 채택한 사회주의로서 자본주의를 제대로 거치지 않았기 때문에 실패하였다고 정의내린 것이다. 이에 비하여 차베스가 새로 도입한 '21세기 사회주의'는 자본주의와 경제 양극화를 경험했기 때문에 근본부터 러시아와 동유럽의 사회주의와 다르다고 설파하였다. 즉 베네수엘라의 사회주의는 다당제와 시장경제를 허용한다는 것이었다.

'21세기 사회주의 = 차베스의 사회주의'를 실현함으로써 공공부문에 대한 정부의 지원은 부패한 민간시장이 자연스럽게 정부주도의 공공시장으로 개편될 것으로 믿었다. 2006년 이후 차베스는 주요 산업을 국유화시켰으며, 공기업이 시장을 지배하도록 유도하였으며, 또한 강력한 외환통제를 통하여 민간분야의 외화유출을 차단하여 소위 국부 축적을 추진하였다.

차베스는 서서히 무모한 도전을 시작했다. 피델 카스트로 사후 남아메리카에서 사회주의의 대부(代父) 자리를 승계받아 군림할 꿈을 꾸기 시작한 것이다. 차베스는 남미와 카리브제도 국가간의 사회 · 정치 · 경제통합의 이상에 기반한 국제협력기구의 성격을 띤 〈아메리카를 위한 동맹〉, 〈새로운 아메리카의 민중을 위한 볼리바르동맹〉(ALBA)을 제안하였다. 동맹의 목적은 석유를 국유화하고, 반미정책을 추구하는 것이었다.

원저자(헨드릭 빌렘 반 룸) 번역(조재선)
출판사(서해문집) 출판 년도(2006.8.5)

볼리바르(Simon Balivar : 1783년 7월 24일~1830년 12월 17일)는 베네수엘라의 독립운동가이자 군인이다. 호세 데 산 마르틴 등과 함께 라틴 아메리카의 해방자(리베르타도르)로 불린다. 체 게바라는 1950년대 쿠바 민중해방운동가이었다. 이 두 인물은 남미에서의 대표적인 스페인 통치하의 독립 및 사회주의 민중해방운동가이다.

시몬 볼리바르(Simon Bolivar, 1783~1830)는 콜롬비아 · 베네수엘라 · 에콰도르 · 페루 · 볼리비아 등 다섯 나라를 스페인 식민 통치에서 해방시킨 독립 영웅이다. 그에 대한 남미 사람들의 사랑과 존경이 어찌나 대단한지 차베스처럼 '볼리바르'라는 이름을 따서 나라 이름(볼리비아)을 짓고, 화폐단위(베네수엘라), 지형, 경제조약(중남미볼리바르동맹)에도 그의 이름을 붙인다. 신념 있는 정치 · 철학자였으며, 평생을 혁명 전장에서 보낸 혁명가였던 볼리바르는 일찍이 중남미 전체를 아우르는 연방공화국이라는 거대한 비전을 제시하기도 했다.

최근 중남미 일대에서 이른바 좌파정권이 잇따라 출범하면서 미국의 패권주의와 신자유주의에 대한 견제동맹이 형성되고 있다. 이러한 정치적 상황을 배경으로 볼리바르라는 이름은 또다시 변혁과 연대의 구심점으로 역사의 무대에 등장하고 있다.

그러나 체베스 사후 새 대통령이 된 니콜라스 마두로(Nicolas Maduro)가 이끌고 있는 베네수엘라는 최근 국제유가 급락으로 매년 100억 달러의 외채를 상환하지 못하고 있어 나라경제가 더욱 심각한 상황인데다가 유가하락으로 2015년만 해도 500억 달러 이상의 감소가 불가피하여 국가부도 위기가 다가오고 있다. 베네수엘라는 최근 국제유가 하락의 책임을 미국으로 전가하고 있다. 미국이 세일유전을 개발하여 석유생산이 증가하게 되어 국제유가 하락을 부채질하고 있으며, OPEC회원국의 생산 감축을 막고 있다는 것이다.

이로 인하여 〈카리브해 석유협정〉과 〈중남미 볼리바르동맹〉이 와해될 징조를 보이고 있다. 거의 무상에 가까운 가격으로 석유를 공급하면서 공을 들여 제2의 쿠바 카스트로의 지위를 노렸던 차베스의 꿈은 비록 그가 현재 살아있다고 해도 현실적으로 불가능하게 되고 말았다. 게다가 사회주의 형제국가로서 동맹을 자처했던 쿠바마저 미국과 손잡고 관계를 개선하고 있으니 고(故)차베스의 무모한 도전은 물론 베네수엘라와 남미 좌파정권들의 미래도 불투명해지고 있다.

결국 차베스가 주도했던 베네수엘라의 무모한 자기식(21세기식) 사회주의는 실패하고 말았다. 정부가 사들인 공장(기업)들은 신규 투자를 중단하고, 효율성은 급락하여 평균 산업가동률이 40%미만으로 하락하였다. 일반적으로 관세를 절감하기 위해 송장금액(Invoice Amount)을 낮추는 방식(Under-Value)을 택하게 되는데 비하여 베네수엘라는 역으로 외화를 유출할 목적으로 송장금액을 높이는 방식(Over-Value)을 자행함으로써 상대국 수출업자로부터 그 차액만큼을 리베이트형식으로 되돌려 받고 있다. 이러한 현상은 국영기업이 대부분이었기 때문에 정부프로젝트의 경우는 리베이트비용이 더욱 높아 외화유출은 심각하게 진행되었다.

결국 차베스가 사망한 이후 베네수엘라경제는 정부의 재정지출이 지나치게 확대되고, 부패에 따른 외화유출이 심각해지게 되었다. 당시 국제유가가 급등하였기 때문에 정부 재정수입이 늘어나야 하는데 오히려 시중 달러화의 공급이 감소한 것이다.

미국은 2014년 2월 베네수엘라 반정부 시위 참가자에 대한 살인과 강제구금등 인권탄압을 자행한 전 · 현직 정부고위 관계자 31명의 미국여행을 제한(비자발급 중지)하고, 미국내 자산을 동결조치한 바 있다.

베네수엘라의 경제가 위기를 맞고 있는 원인에 대하여 베네수엘라 내부에서는 두 갈래로 나타나고 있다. 베네수엘라 정부는 좌파정권의 몰락을 바라는 미국과 베네수엘라 내의 우파들의 작품이라고 인식하고 있는 반면에, 베네수엘라 우파들은 좌파정권의 퍼주기식 서민정책과 중남미 좌파의 좌장격인 피델 카스트로의 후계자가 되고자 주변 국가들에게 저가로 석유를 공급해 온 포퓰리즘 탓이라고 주장하고 있다.

베네수엘라의 경제는 사회주의 경제정책으로서 효율성이 떨어지고, 정부의 경제정책은 이미 실패한 상태이고 게다가 국제유가는 불안한 상태가 지속되고 있어서 아직까지는 적절한 해결책을 찾지 못하고 있다. 베네수엘라의 정부는 현행 고정환율과 가격통제정책을 폐지하려고 해도 서민경제의 파탄이 불가피하기 때문에 우려하고 있다. 이 난제를 어떻게 극복할 수 있을까?

나라경제를 살려내기 위해서는 국민적 합의를 통하여 국민 모두가 고통을 분담해야 한다. 국제유가 하락이 불가피하기 때문에 석유판매수입으로 나라경제를 이끌어가는 사회주의 경제정책은 더 이상 유지하기가 어려울 것으로 예상된다. 따라서 이제 점진적으로 시장경제체제로의 전환의 불가피하며, 휘발류 가격을 소폭적으로 인상하고(소비감소 및 재정수입 확대), 생활필수품 가격에 대해서는 고정환율제도를 유지하고(물가 안정), 재정수지 개선을 위해 정부의 공공부문 수입에 대한 고정환율제도를 폐지하고, 부분적으로 시장환율제도를 도입하고(암시장환율 급증으로 달러구매 증가를 억제하여 외환보유고 증가 및 재정적자 개선), 또한 서민복지제도를 점진적으로 감축해야 할 것이다.

니콜라스 마두로 대통령은 2013년 4월 20일부터 2019년까지 6년간 대통령직을 수행하게 된다. 취임 초에는 지지율이 59%에 육박했으나 최근에는 23%대에 불과하다. 2015년 4/4분기 총선결과 여당이 다수당이 되면 2016년에 실시될 대통령 신임을 묻는 중간선거에 따라 베네수엘라의 경제정책에는 큰 변화가 예상된다. 그러나 반대로 만일 지지율이 더 떨어진다면, 베네수엘라는 환율급등 · 물가 폭등 · 가처분 소득 축소 등 단기적으로는 경제적 충격이 현재보다 더 클 것이다.

대통령 당선증을 들고있는 Nicolas Maduro 대통령

그러나 베네수엘라의 잠재력은 대단하기 때문에 현재의 위기만 잘 극복한다면 경제회복은 충

분히 가능성이 있다. 베네수엘라는 현금 수입이 보장되는 엄청난 석유와 찬연가스가 매장되어 있고, 철 · 알루미늄 등 광물 자원이 풍부하며, 철강 · 시멘트 · 석유화학 등 기초산업이 건전하며, 자동차 등 제조업의 기반을 구축하고 있기 때문이다.

따라서 베네수엘라는 국유화 이후 생산성이 크게 하락한 제조업을 효율적인 경제정책(시장경제제도)을 지속적으로 실시한다면 국제경쟁력을 회복할 수 있을 것이며, 장기적으로는 부존자원의 부가가치를 제고시키고 노후화된 설비를 현대화하는 등 투자를 계속해야 할 것이다. 한국도 최근 베네수엘라의 밝은 미래를 예상하여 대규모 정유플랜트를 수주하고, 천연가스 처리 플랜트 프로젝트를 수주한 바 있다.

7 미국과 쿠바가 서로 화해하게 된 사유

미국과 쿠바 사이에 비밀 회동 등 협상을 통해 국교정상화의 길을 트는데 핵심적인 역할을 수행한 인물은 누구인가?

그는 미국과 쿠바의 외교적 친선관계로의 전환에 있어서 결정적인 역할을 했다. 2014년 12월 17일 미국의 버락 오바마 대통령은 쿠바와의 관계정상화를 선언하고 현행 대(對)쿠바 봉쇄정책을 대폭 완화한다는 방침하에 수개월 내에 쿠바의 수도 아바나에 미국 대사관을 재개설하고 양국 정부의 고위급 교류와 방문을 담당하도록 했다. 미국이 쿠바와의 외교관계를 단절한 것은 1959년 1월 피델 카스트로가 혁명을 통해 쿠바 공산정부를 수립한 지 2년만인 1961년 1월이다. 오바마 대통령의 국교정상화 선언 직후 쿠바의 라울 카스트로 의장은 이날 전국 라디오방송으로 중계되는 특별 성명을 통해 "오바마 미국 대통령과 전화 통화로 양국 관계 정상화를 논의했다"고 밝혔다. 이와 관련 미국 정부의 한 관계자는 그가 양국 지도자들에게 개인적으로 호소했던 것이 상당한 역할을 했다고 말했다고 AFP통신이 보도했다. 그는 지난 여름 버락 오바마 미국 대통령과 라울 카스트로 쿠바 국가평의회 의장에 편지를 보내 상호 차이점을 해소하고자 인도적 해결책을 찾아 바티칸에 제시하라고 권유했다. 그의 노력으로 지난 2014년 10월 바티칸이 주선한 양국 간 접촉에서 최종 협상안이 타결됐다. 블룸버그 통신은 미국 정부 관계자의 말을 인용해 그가 카스트로 의장에게 5년간 수감해 온 미국개발원조청(USAID) 계약직원 앨런 그로스를 석방하라고 요청했고, 오바마 대통령에게는 1998년 플로리다에서 첩보 활동을 한 죄로 투옥된 쿠바 정보요원, 이른바 '쿠바인 5명' 가운데 남아있는 라몬 라바니뇨와 헤라도 에르난데스, 안토니오 게레로를 석방하라고 설득했다고 보도했다. 그는 다음날 새로 임명한 외국 대사들을 만난 자리에서 미국과 쿠바의 관계 정상화에 대해 "외교는 평화를 끌어내는 값진 일"이라며 "오랜 기간 소원했던 둘이 어제 서로 한발짝 가까이 다가가는 모습을 봐서 행복하다"고 말했다.

① 오바마 대통령 ② 피델 카스트로(Fidel Castro)
③ 라울 카스트로(Raul Castro) ④ 프란치스코 교황(Pope Francis)

미국과 쿠바가 서로 화해함으로써 미국은 정치적 이득을 그리고 쿠바는 경제적 실익을 획득하는 성과를 올리게 되었다.

우선 미국의 입장에서 살펴보자.

미국은 전세계를 통치(?)하고 있는 대국으로서 민주적이고 안정적인 세계를 구축하기 위해서는 그렇지 못한 나라를 엄하게 다스려 완전통치하려는 것이 기본적인 대외정책이었고, 실제적으로는 쿠바의 봉쇄(고립)정책이었다. 그러나 중남미지역에서는 좌파정권이 속속 등장함으로써 미국이 오히려 중남미지역에서 고립화되어 가는 양상을 띠게 되었고, 이러다가는 중남미 나머지 나라들도 좌파정권이 들어설 가능성이 커지게 되었다. 중남미 좌파정권들은 ALBA(새벽이라는 의미)〈미주를 위한 볼리바르〉라는 동맹을 결성하였다.

중남미 지역에서의 좌파정권

에콰도르　페루　칠레　브라질　베네수엘라　볼리비아　아르헨티나　우루과이 등

미국의 '신자유주의'로 말미암아 결국 남미국가의 재정과 경제가 파탄지경에 이르렀고, 반미(反美)내지는 사회주의(社會主義)색채가 강한 경제정책을 채택하게 이르렀다.

미국의 신자유주의

신자유주의란 시장원리 준수, 자유경쟁 촉진, 정부규제 철폐, 기업구조 조정, 공공재 폐지 등을 주장하는 새로운 경제사상을 말한다. 그 특징으로는 자유경쟁의 촉진, 극대의 효율성 추구, 이윤의 극대화, 시장경제원리의 준수, 규제 철폐, 기업의 경쟁적 우위 확보, 공기업의 민영화, 노동시장의 유연성 촉진, 실질임금의 하향 경직성 제거, 공공지출 축소, 중앙집권 지양, 정부기구 및 기업구조 조정, 사회복지부문에 대한 공공예산 삭감, 공공재의 개념 철폐 등이다. 신자유주의는 19세기 대영제국과 다른 제국주의 국가들이 경쟁과 '자유무역'이라는 이데올로기를 빌어 그들의 식민주의를 합리화하는데 사용했던 고전적 자유주의의 변형이다.

이러한 남미의 좌파블록들은 2012년 미주기구(OAS)정상회의에 참석하는 것을 거부하는 움직임을 보임으로써 중남미에서의 미국의 영향력 내지는 위신이 추락하는 수모를 겪기도 했다. 남미의 좌파블록은 커녕 친미국가들까지도 쿠바의 봉쇄조치를 해제해 줄 것을 줄기차게 요구하기도 하였다. 심지어는 EU도 쿠바와의 관계도 개선할 움직임을 보였다. 이러한 일련의 국제적 변화로 말미암아 미국은 더 이상 쿠바봉쇄조치 해제를 미루는 것은 국익에 해가 된다는 것을 인식하여 쿠바와의 관계 정상화가 불가피한 상황에 직면하였다.

결국 미국의 역대 대통령들이 해결하지 못한 그러나 반드시 풀어야 할 숙제를 오바마가 해결함으로써 정치적 입지를 강화하는 데 지렛대가 되었다. 오바마 스스로가 지목한 세 불량국가들(쿠바, 이란, 북한)중 쿠바를 해결하였고, 게다가 이란과의 핵협상도 2015년 7월 타결되었기 때문에 오바마로서는 정치적 대성공을 거두었다.

게다가 미국의 정치 판도에 대변혁을 일으킬 가능성이 커졌다. 민주당은 200만평에 달하는 토지를 확보하고 있는 미국 거주 쿠바인들과 쿠바계 후손들을 지지세력으로 끌어들일 수 있을 뿐만 아니라 히스패닉등 남미계 지지세력을 거저 얻을 수 있는 절호의 기회가 왔기 때문이다.

그런데 2015년 11월 22일 아르헨티나에서 대변혁이 일어났다. 남편 네스토르 키르치네르 전대통령에 이어 2007년 집권한 크리스티나 페르난데스 대통령 통치한 지난 12년에 동안 인기영합주의적 좌파정권의 아성이 야당인 '공화주의 제안당(PRO)' 소속인 친기업 및 시장주의자인 마우리시오 마크리가 대통령에 당선된 것이다. 20세기 초 세계 10대 부국이었던 아르헨티나가 전쟁 · 쿠테타 등 특별한 사정없이 100년간 후퇴한 것은 페론정권의 포퓰리즘의 유산에 신물난 국민들이 반기를 든 것이다.

새 대통령이 집권하면 즉시 수출세를 인하하고, 페소화 가치가 절하되면 결국 수출이 증가하고 외국 자본이 유입되어 경제성장 모멘텀이 커질 것을 기대하기에 충분하게 되었다.

이를 계기로 하여 남미지역 좌파연대가 와해되기 시작했다고 보고 있다. 좌파정권들이 부패한 데다가 경제에 너무 무능하다는 실망감이 남미대륙을 휩쓸고 있다. 베네수엘라 마두로대통령(남)의 좌파정부 심판론으로 말미암아 2015년 12월 총선 야당 승리가 확실시되고, 브라질의 호세프 대통령(여)은 경제침체와 정책실패로 말미암아 대통령 탄핵위기에 몰려 있으며 그리고 칠레의 바첼레트 대통령(여)은 좌파 포퓰리즘으로 지지율이 20%로 추락한 상태에 있다.

한편 쿠바의 입장에서 보자.

라울 카스트로 쿠바 국가평의회 의장은 2010년부터 시장경제 요소를 도입하는 등 개혁과 개방을 추진중에 있다. 이러한 조치들은 자국의 경제 회복을 위한 선제조건으로 대두된 사안들이다. 즉, 자영업 허가를 확대하고, 부동산이나 차량의 매매를 허용하고, 자동차 수입 금지와 여행 허가 제도를 폐지하고, 경제특구를 개발하는 등 나름대로 시장경제 체제를 단계적으로 도입하고 있다. 쿠바는 공산주의를 유지하면서 시장경제를 도입하여 개혁과 개방에 성공한 중국과 베트남식 모델을 모방하고 있다. 이를 위해서는 미국의 봉쇄조치가 반드시 해제되어야 했다.

쿠바의 딜레마는 바로 공산주의 혁명의 근간인 '만민평등주의'(Egalitarianism)를 존속시키느냐, 아니면 부의 격차를 인정하는 '시장경제제도'를 수용하느냐 하는 것이다. 쿠바는 결국 밝은 미래를 보장하기 위하여 시장경제를 선택하였으며, 그래서 자영업을 허용하는 등 개혁과 개방을 적극적으로 추진하여 미국의 봉쇄조치 해제의 전제조건을 하나하나씩 풀어나갔다.

이와 같이 쿠바는 1990년 후반부터 일부 자영업을 제한적으로 허가하기 시작하였으나 아직도 쿠바의 사회주의 잔재는 많이 남아 있다. 모든 호텔과 식당의 80%는 국영이며, 총인구 1,100명 중 근로자는 500만 명(취업률 50% 미만)이며, 이중 44만 명 정도(10%미만)만 민간분야에서 일하고 있다. 즉, 근로자 500만 명 중 456만 명(91.2%)이 공무원이며, 44만 명(8.8%)이 민간근로자이다. 의료와 교육은 무상이며, 주택 · 식량 · 전기 등은 거의 무상공급이어서 차별은 없지만 배급과 월급이 너무 적어서 불만이 크다.

또한, 최대 후원국이었던 러시아와 베네수엘라의 2014년 유가 급락으로 자국경제가 어려움을 겪자 쿠바경제에 직격탄을 받게 되어 쿠바경제는 빈사상태에 놓이게 되었다. 특히, 오랜 동맹국이었던 베네수엘라가 경제위기를 겪으면서 쿠바는 베네수엘라에 대한 의존도를 대폭적으로 감축하지 않으면 안 되게 되었다.

쿠바 아바나에 있는 미라마르무역센터빌딩에는 100여 개의 외국기업들이 입주해 있다. 쿠바정부의 각종 규제에 의해 본격적으로 투자를 하지 못하고 있다. 쿠바 경제가 활성화하기 위해서는 우선 먼저 해결해야 할 전제조건이 있다. 그것은 바로 쿠바 정부의 개혁과 개방정책의 성공 여부이다. 개혁과 개방정책으로 말미암아 전 쿠바국민들의 노동생산성을 올리기 위하여 노동의욕을 고취시키고, 이를 위하여 인센티브제도를 도입하는 것이다.

쿠바정부는 쿠바 핵심경제 분야는 국유화의 기조를 유지하고, 식당 · 택시 · 이발소 등 자영업에서는 시장경제를 적극적으로 도입한다는 것이다. 쿠바의 해외직접투자(FDI) 유망분야로서는 관광업 · 해양유전 개발 · 시가를 중심으로한 농업분야이다. 특히 농림 · 식품 · 전자 · 교통 등이 가장 미래가 밝은 분야이다.

쿠바 라울 카스트로 의장과 미국 오바마대통령간의 최후 협상 지원자는 캐나다와 교황이다. 캐나다는 양국 협상의 주무대이었으며, 교황은 쿠바에서 5년간 수감중인 미국인 앨런 그로스와 미국에서 복역중인 쿠바정보요원 3명을 맞교환하여 인도주의적 차원에서 석방하라는 것을 집요하게 설득한 것이다.

미국과 쿠바 협상대표단을 교황청(바티칸성당)으로 초청하여 남미출신인 교황 프란치스코 이외에 제 2인자인 피에트로 파롤린(국무원장, 추기경)이 양국 협상을 주도하고, 하이메 오르테(쿠바출신추기경)가 중재자로 나서서 타결된 것이다.

8 미국과 쿠바간의 비정상의 정상화 조치

오바마 미국 대통령과 라울 카스트로 쿠바 국가평의회 의장은 2014년 12월 17일 양국 국교 정상화를 위한 협상을 시작한다고 선언하였다. 그 오월동주(吳越同舟) 혹은 상전벽해(桑田碧海)주요 내용은 다음과 같다. 미국과 쿠바간 관계정상화의 주요 메뉴는 첫째, 테러지원국 해제이며, 둘째 쿠바 인권보호 대책의 강화이며, 셋째 정치적 자유의 확대이다.

미국과 쿠바의 두 정상이 만나 오월동주 · 상전벽해 장면

양국 정상들의 국교정상화 선언을 통한 미국의 신 쿠바정책 주요 내용

1. 수개월내로 쿠바 수도 아바나에 미국 대사관을 설치한다.
2. 2015년 1월 쿠바 수도 아바나에서 다음을 협의한다.
   - 이민협상
   - 쿠바 여행 확대
   - 쿠바에 대한 송금 한도 상향 조정
   - 미국 기관의 쿠바 금융기관 계좌 개설 허용
   - 양국간 금융거래 활성화 등
3. 1982년부터 지속되어 오고 있는 쿠바에 대한 테러지원국 지정 해제를 검토한다.

* 오월동주(吳越同舟)

중국의 오나라와 월나라가 국경을 맞대어 있으면서 원수처럼 지내다가 어떤 공동의 목적을 위해서는 같은 배를 타고 서로 협력한다는 말이다. 과거 아프리카 에볼라를 퇴치하기 위해 미국과 쿠바가 서로 협력했던 것도 오월동주이다. 미국은 쿠바의 의사와 간호사 160명(나중에 300명 추가 파견)을 아프리카 시에라리온과 라이제리아와 기니에 파견하는데 협조하였다. 이 때 한국도 의료장비 100만 달러어치를 무상으로 제공하였다. 최근에는 영원한 원수로 남아 있을 것 같던 양국이 이제 화해하였다는 말이다.

*상전벽해(桑田碧海)

뽕나무밭이 변하여 푸른 바다가 되듯이 세상 일이 덧없이 심하게 변천한다는 말이다.

미국의 쿠바에 대한 비정상적인 일련의 조치들에 대한 정상화 조치들은 다음과 같다. 즉, 파나마에 본사를 둔 쿠바 소유 혹은 쿠바와 관련된 해운 및 무역회사 혹은 파나마외 지역에 등록된 선박 및 관광사업자 그리고 미국 플로리다주 소재 기업 2개소 및 일부 개인을 테러지원 및 마약 밀매관련 명단(Black List)에서 제외하기로 하였다.

쿠바의 진정한 바램은 테러지원 명단에서 쿠바를 삭제해 주고, 쿠바에 대한 무역이나 금융관련 금수조치를 해제해 주는 것이다. 물론 미국의 대쿠바 금수조치 해제는 공화당(야당)이 장악하고 있는 의회의 승인을 받는 것이 전제조건이다.

미국 현행법에 따르면, 미국 의회는 쿠바에 대한 테러지원국 해제문제는 검토를 거쳐 45알 이내에 의회에 통보한 후(의회는 승인권한이 없고, 테러지원국 해제에 대한 찬반의견만 제시할 수 있기 때문에 비록 의회가 반대하더라도 대통령은 거부권을 행사할 수 있다)테러지원국에서 해제할 수 있다. 이렇게 되면 쿠바시장에 진입하는 것이 가능하기 때문에 미국등 서방 세계 금융사와 기업들은 더 이상 제재위반과 이에 따른 처벌을 걱정할 필요가 없어지게 된다.

EU도 쿠바에 대한 관계정상화를 가속화하고 있다. EU외교안보 고위급 대표가 쿠바를 방문하고, 쿠바의 농업 개발과 경제 현대화를 위해 5,000만 유로(약 609억 원)를 지원하기로 약속하였다.

쿠바의 봉쇄조치가 해제되면 쿠바 스포츠선수들의 외화획득(수출소득)이 엄청나리라 본다. 쿠바는 유달리 배구 · 야구 · 복싱이 강하다. 특히 야구선수들은 1990년대 쿠바의 경제위기가 심해지자 명예와 돈을 벌기 위해 망명하기 시작하였다. 국제대회에 참가하였던 선수들이 숙소를 탈출하여 망명을 신청한 것이다. 아니면 쿠바 말레콘 해변에서 보트를 타고 미국 · 멕시코 · 도미니카공화국 등으로 망명했다. 국제법상 난민인 셈이다. 20여 년간 약 200명의 선수들이 미국에 무사히 도착하였다.

미국 프로야구선수로 망명한 선수 명단

미국 프로야구 구단	소속 선수(쿠바출신)
LA 다이저스	야시엘 푸이그
신시네티 레즈	아롤디스 채프먼
디트로이트 타이거즈	요에니스 세스페데
시카고 화이트 삭스	호세 아브레유
마이애미 발린스	호세 페르난데스
텍사스 레인저스	레오니스 마틴 등

그러나 이들의 망명과정에서 불법이 난무하였다. 쿠바 선수들의 탈출은 곧 범죄조직의 돈벌이 수단이 되었다. 푸이그는 마약조직에게 살해 협박을 받고 연봉 일부를 상납하기로 약속한 것이 2014년에서야 밝혀졌다. 마틴의 경우는 가족들이 인질로 잡혀 연봉과 보너스의 30%를 바치는 강제계약을 체결하기도 하였다.

이번 미국과 쿠바간의 관계개선으로 인적교류가 이루어지면 쿠바 선수들의 미국행렬은 더욱 길어지리라 예상된다. 게다가 미국 메이저리그 구단과의 계약과정도 크게 변화하리라고 본다.

현재는 쿠바선수들이 도미니카공화국등 중남미국가에 망명하면 국제법상 난민 지위를 인정받아 해당 국가의 국적으로 취득하게 된다. 그러면 자유계약선수(FA)방식으로 미국 구단 스카우터들 앞에서 공개 테스트를 하여 계약을 체결하는 방식을 수행하고 있다.

그런데 앞으로는 쿠바 선수들은 쿠바야구협회에 소속되어 미국 메이저리그 사무국과 직접 협상을 벌여 비공개 경쟁입찰로 〈포스팅 시스템 계약〉을 체결함으로써 비싼 이적료를 받을 수 있게 된다. 미국 · 일본 · 한국 등 외국인 운동선수 수요가 많은 나라들로부터 쿠바 운동 선수 수입이 급증하리라고 본다.

미국의 대쿠바 고립화 해제의 주요 내용

1. 가족방문, 공무출장(미국정부, 타국정부, 특정 국제기구 공무상 방문), 취재, 전문 연구, 교육, 종교, 체육 · 워크숍 · 대회 · 전시회, 쿠바주민지원. 인도적 프로젝트, 민간연구 교육재단 활동, 수출입 및 정보교류활동, 특정 수출입거래 등 12개 분야 허용(단, 관광목적의 방금은 여전히 금지)
2. 신용카드 등을 통해 400달러(담배와 주류는 100달러 이내)상당 물품을 구입하여 미국으로 가져갈 수 있음
3. 송금한도 및 쿠바 방문시 소지가능한 금액 상향 조정(기존 분기별 한도를 연간 500달러에서 2,000달러로 증액)
4. 미국의 은행이 쿠바 금융기관과 신용카드 및 체크카드 사용 허용(외환결제 제휴 가능하나 카드회사에 사용 가능 여부 확인 필요함)
5. 미국 공기업이 제3국에서 쿠바와 금융거래 가능
6. 쿠바 방문시 10,000달러 소지 가능
7. 미국 항공사의 쿠바노선 운행 가능(쿠바와 미국간 혹은 쿠바내 노선운행 가능)
8. 수출시 선지급(Cash-in advance)관련 규정 변경(기존에는 미국에서 쿠바로 수출할 때 배송전 선지급을 의무화하였는데 이제 소유권 양도 전 선지급(cash before transfer of title and control)으로 변경하는 것으로 거래방안 개선)

(자료 출처 : https://s3.amazonaws.com/public-inspection.federalregister.gov/2015-00632.pdf)

쿠바가 미국에 백기를 들고 투항하게된 배경은 무엇일까?

1. 국제유가 급락으로 베네수엘라의 원조삭감이 불가피해지자 쿠바는 미국인 억류자 (앨런 그로스)를 석방하여 미국과의 관계개선을 통한 국제적 고립에서 탈피하고자 했기 때문이다.
2. 베네수엘라의 전체 수출액의 95%가 원유인 바, 국제유가의 급락으로 인한 재정악화로 쿠바에게 무상원유 중단이 불가피해졌기 때문이다.
3. 국제 유가 급락으로 인하여 물가급등, 재정적자 급증 등 채무불이행이 불가피해져 디폴트(Default)를 선언해야 하는 위기에 직면하였다.
4. 베네수엘라의 쿠바 하루 원유 원조량 10만배럴(쿠바 전체 소비량의 2/3) 연간 약 32억달러의 원조와 이에 대한 대가로 쿠바의 의사등 전문인력을 베네수엘라에 파견하였는데, 이 금액은 옛 냉전시절 소련으로부터 받은 원조보다 더 많은 액수이었다. 그만큼 쿠바의 경제적 충격이 컷기 때문이다.
5. 1991년 옛 소련 원조 중단의 쓰라린 경험에 비추어 볼 때, 원조 중단의 충격이 재현하는 것을 피하기 위해 백기를 들 수 밖에 없었다.

미국 상무부의 쿠바 경제제재 조치 내용

1. 소비자 통신기기(Consumer Communication Devices)의 상업적 수출 허용
   수출관리규정(Export Administration Regulation)을 수정하여 그동안 기부 형태의 수출만 허용하였던 조치를 해제하여 통신기기의 상업적 수출을 허용한다. 구체적인 수출 허용품은 다음과 같다.
   컴퓨터, 디스크 드라이브 및 저장장치, 입출력 장치, 그래픽 가속기 및 코프로세서(coprocessor), 모니터, 프린터, 모뎀, 네크워크 접근 제어 및 통신 채널 제어기, 키보드, 마우스 등 유사상품, 휴대전화기, 셀룰러 또는 위성 전화기, PDI 및 SIM카드 및 유사품, 메모리장치, 정보보안 장치 및 소프트웨어(암호화소스코드 제외), 디지털 카메라 및 메모리카드, TV 및 라디오, 녹음 및 녹화 장치, 배터리 및 충전기 및 휴대용 케이스 등 주변 제품, 소비자용 소프트웨어(암화화 소스 코드 제외) 등
2. 쿠바인 지원을 위한 수출허용 : 건설, 농업, 자영업 등을 위한 장비 및 자재 수출 허용
   - 민간부문에서 사용되고 있는 개인 건물, 주택, 종교시설, 문화 및 여가시설 등의 건설 및 보수를 위한 건설자재, 장비 도구 등
   - 민간부문이 농업활동에 사용하는 도구 및 장비
   - 민간부문 사업가들이 사용하는 도구, 장비, 자재, 기구
   - 그 외 쿠바 방문객이 필요로 하는 과학, 고고학, 문화, 생물학, 교육, 역사 보존, 스포츠 등 전문연구에 필요한 장비 등의 임시적 수출허용
   - 쿠바의 통신수단 개선을 위해 인터넷 사용에 필요한 제품 또는 통신 인프라 건설 또는 보수를 위한 제품, 일반인들 대상으로 뉴스 수집 및 배포를 수행하는 언론인들이 사용하는 제품들의 수출 허용

(자료 출처 : https://www.federalregister.핣/articles/2015/01/16/2015-00590/cuba-providing-support-forthe-cuban-people)

이러한 미국의 쿠바에 대한 경제제재 완화 조치가 쿠바경제에는 어떠한 긍정적 영향을 미칠 것인가?

피터슨 국제경제연구소(PIIE)와 미국외교협회(CFR) 등 미국 정책연구기관(2015.7.1)들은 미국과 쿠바 간의 경제교류가 정상화되면 양국의 무역규모가 총 130억 달러(약14조5665억원)에 달할 것으로 분석했다. 쿠바에 대한 미국의 연간 수출은 60억 달러, 쿠바의 대(對)미국 수출은 70억 달러로 커질 전망이다. 현재 양국은 무역금지 조치 등 각종 규제로 인하여 미국의 쿠바에 대한 수출은 연간 3~5억 달러이며, 쿠바의 미국에 대한 수출은 사실상 제로(0)이다.

쿠바가 주변 국가들과 비슷한 투자여건을 갖춘다면 국제사회로부터 약 170억 달러 규모의 직접투자를 유치할 수 있을 것으로 전망했으며, 이중 미국으로부터의 투자금은 약 20억 달러로 예상했다.

양국에 존재하는 각종 비정상적 인조치들이 모두 해제된다면, 200만 명의 쿠바인 또는 쿠바계 미국인과 매년 최대 100만 명으로 예상되는 미국인 쿠바 관광객들이 쿠바로 수억에서 수십억달러를 자유롭게 송금할 것으로 예상된다.

9 미국과 쿠바간의 수교와 남북한 관계

UN회원국 193개국 중에서 한국이 아직까지 수교하지 않은 나라는 쿠바, 시리아, 마케도니아, 그리고 북한 등 4개국이다. 그러나 이들 세 나라는 모두 북한과 수교한 상태이다. 그야말로 의리의 동맹국이다.

북한과 쿠바간의 차이를 지적하면, 북한은 과거 공산주의와 독재체제에 매몰된 채 현실감각이 마비된 절망적인 나라인 반면에 쿠바는 개혁과 개방의 열망속에 미래에 투자하고 있는 희망의 나라라는 점이다.

한국은 쿠바가 1959년 쿠바사회주의 혁명 이후 단교하였다가 미국과의 관계 개선을 계기로 2016년 내 수교하기로 하고 절차에 들어갔다. 쿠바가 아직까지 외교관계를 맺지 않은 나라는 시리아, 마케도니아, 코소보 그리고 한국 등이다. 이에 비하여 일본은 이미 쿠바와 수교하였다. 한국은 미국의 눈치 때문에 수교하지 못하고 있지만 일본은 미국의 눈치를 이겨내고 쿠바와 수교하였다.

미국의 이익대표부가 쿠바 아바나에 있지만 은행거래를 하지 못하고 있다. 이란이 이미 미국과 핵협상을 타결지었고, 쿠바와 재수교하려고 분주히 움직이고 있고, 북한의 몇 안 되는 우방국들이 미국과 손잡으려고 하자 북한 이수용외무상은 쿠바와 이란을 분주히 방문하면서 우의를 다짐하고 있다.

2013년 쿠바산 무기를 싣고 가던 선박이 파나마 당국에 의해 나포되어 국제사회에서 〈북한-쿠바 커넥션〉이 화제가 된 바가 있다. 1986년 피델 카스트로는 김일성의 초청으로 평양을 방문하기도 하였다. 쿠바는 UN 북한인권결의안 처리과정에서 "김정은 북한 제1비서를 국제형사재판소에 회부해야한다"는 문구를 삭제한 수정안을 제출할 정도로 북한과 가깝다.

한국과 쿠바는 2001년 국교수립 직전까지 도래했었는데 당시 대미 및 대북한 관계 등으로 물거품이 된 바 있다.

10 오바마의 세 불량국가 : 쿠바, 이란, 북한

미국으로서는 쿠바와의 관계가 개선되었고, 이란과도 관계 개선되었기 때문에 이제 남은 나라는 북한 뿐이다. 미국이 지명한 테러지원국은 시리아 · 이란 · 수단 · 쿠바 등 4개국이었다. 그러나 북한은 1988년 테러지원국으로 지정되었으나 2008년 10월에 영변 핵시설중 냉각탑을 폭파함으로써 해제되었다. 따라서 북한은 미국의 유일한 불량국가이며, 시리아와 수단은 테러지원국으로 남아 있다.

미국이 지정하는 불량국가 : 북한
테러지원국가 : 시리아, 수단

1979년 이란내에서 이슬람혁명과 테헤란주재 미국 대사관 점거사건 직후 미국은 이란과 단교하였다. 이란과의 관계개선의 핵심은 핵문제이다. 바락 오바마대통령은 임기중 이란에 미국대사관 재개문제에 대하여 "불가능하다고 말하지는 않겠다"(Never say never)라고 말한 적이 있다. 미국이 이란과 외교관계를 복원하기 위해서는 우선 핵문제를 해결해야 하고(전제조건), 그 후 미국과 다방면에서 점진적으로 관계를 개선해 나가면서 국제사회와 우호관계를 구축해 나간다면 대사관 상호 재개가 이루어질 수 있다는 것이었다.

쿠바와 이란을 비교해 보면, 이란은 역사적인 면이나 전략적 중요성 측면에서 쿠바보다 더 중요하며, 이란은 과거 국가차원의 테러지원국 이력을 지닌 나라인 게다가 나라도 크고 복잡한 나라이어서 접근방법이 쿠바보다는 고차원적이어야 한다.

지난 2006년 12월 UN안전보장이사회는 이란에 대하여 제1차로 경제제재를 결의하였고, 2012년 1월에는 EU가 이란산 원유 수출금지 결정을 내린 바 있다. 2013년 8월에는 이란 중도온건파 '로하니'가 대통령으로 당선되었고, '로하니' 이란 대통령은 9월에 오바마 대통령과 직접 통화한 바 있다. 그 결과로 11월에 이란과 서방사이에 핵협상을 잠정적으로 합의하였고, 2014년 11월에는 이란과 서방간의 핵협상이 연장되기도 하였다.

'로하니' 이란 대통령은 경제적 고립은 이란경제의 성장을 불가능하게 할 뿐이며, 이란의회는 로하니 대통령의 생각에 반대하고 있기 때문에 그는 "특정한 상황(핵협상)"을 국민투표에 부칠 수 있다고 발언하기도 하였다. 그는 지금까지 정치를 위해 경제가 희생하였기 때문에 이번에는 경제를 위해 정치가 희생할 차례라고 설파하고 있다. 그는 이란경제는 정부가 독점하는 한 번영은 영원히 불가능하기 때문에 이제 정부 독점을 종식시키고 자유경쟁을 추구하게 하여 경제를 투명하게 하면 부패요소와도 싸울 수 있다고 설파하고 있다.

'로하니' 이란 대통령은 '이란 의회는 핵포기에 강경하게 반대하는 보수파가 장악하고 있기 때문에 의회를 통한 핵포기 가능성은 희박하다'고 판단하고 있다. 그래서 그는 특단의 조치로 국민투표에 부쳐 "핵개발 포기"를 이끌어 내겠다는 포석이며, 이를 통하여 이란에 대한 경제제재를 해제시키려고 하고 있다. 그래서 그는 의회에 대하여 이제 한번쯤 국제정치와 국제외교가 국내경제를 위하여 희생하는 것도 필요하다고 역설하고 있는 것이다.

이와 같이 미국이 이란과의 관계개선은 쿠바보다 이란이 훨씬 고차원적이어서 해법이 복잡할 수밖에 없다. 양국의 분위기 조성을 위하여 미국은 이란인 죄수 15명을 석방하고, 대신에 이란은 미국인 아마르 미르자이 헤그마티를 미국으로 송환하는 방안을 논의중에 있다.

미국이 수십년동안 수행해 온 〈고립화 정책〉의 효과는 어떠했으며, 북한에는 어떠한 사사점을 주고 있는가?

미국 오바마대통령은 2009년 대통령 취임사에서 〈적과의 대화원칙〉(Engagement with Adversaries)을 천명하였으며, 그가 말하는 '적'이란 이란 · 쿠바 · 북한을 지칭하였다. 이중에서 이란과 쿠바와는 관계 개선이 이루어졌으나 북한만 아직까지 그런 움직임이 전혀없다.

쿠바 라울 카스트로 국가평의회 의장은 2008년 취임 이후 쿠바의 개혁과 개방정책의 일환으로 자영업 허용, 경제특구 개발 그리고 국민들의 여행 자유화등을 통하여 실용주의 노선으로 미국의 전향적인 조치를 결단하여 개혁과 개방정책을 지속적으로 추진하고 있다.

그러나 북한은 어떠한가? 북한은 최근 미국인 억류자 3명을 석방하고 오바마 대통령의 특사(제임스 클래퍼 국가정보국 국장)가 북한을 방문하여 북한 노동당 제1비서에게 오바마 대통령의 친서를 전달한 적이 있다.

그럼에도 불구하고 북한 김정은은 핵과 미사일 개발을 지속하자 동맹국인 중국 최고 지도자마저 등을 돌리고 있는 상황이다. 북한 김정은은 오바마 행정부의 화해의 손을 거세게 뿌리치고 오히려 오바마 대통령 취임 첫해인 2009년 5월 2차 핵실험을 강행하고, 또한 2012년 미국의 영양(식량)지원 대가로 북한이 우라늄 농축프로그램(UEP)을 중단하기로 한 〈2.29합의〉를 일방적으로 파기하는 행동을 비추어 보면 쿠바와 이란과는 전혀 색깔이 다른 나라이다.

한편, 쿠바-미국간 관계개선이 미국-이란간 관계 개선과 닮은 모습을 보면 다음과 같다.

첫째, 이란은 유가가 급락하자 경제적으로 큰 압박이 가중되어 예산 축소등 부담이 컸다. 마찬가지로 쿠바도 유가하락으로 경제지원국인 베네수엘라가 디폴트위기에 직면하고 있어 더 이상의 지원을 기대하기가 어렵게 되었다.

둘째, 이란은 미국과 포로를 맞교환하는 빅딜을 접촉중인데, 쿠바도 미국과 포로를 맞교환했다.

셋째, 오바마 미국대통령이 2014년 11월에 로하니대통령에게 친서를 보내면서 화해의 무드가 조성되었는데, 오바마도 라울 카스트로에게 친서를 보냄으로써 관계개선의 분위기가 조성되기 시작하였다.

이란의회는 핵포기를 반대하는 보수파가 장악하고 있기 때문에 로하니 대통령은 의회를 통한 핵포기 가능성은 희박하다고 판단하여 특단의 조치(국민투표)로 국민들에게 호소하여 핵포기 대가로 경제제재를 해제하여 국익을 챙기는 실익을 내세워 "핵포기"를 이끌어 내겠다는 의도이다. 그래서 이제 이란은 국제정치와 외교가 국내경제를 위해서 희생하는 것이 국익을 위한 길이라고 주장하고 있는 것이다.

11 한국의 대쿠바 개발협력사업

한국은 2013년 11월 아프리카 에볼라 퇴치를 위해 시에라리온과 기니 등에 파견된 쿠바의료진들에게 100만 달러어치의 개인 보호장비(PPE)를 WHO를 통하여 제공한 바 있다.

한국은 2015년에 들어와 쿠바의 식량 안보를 위한 개발협력사업을 세계식량기구(WFP)와 함께 본격적으로 실시하고 있다. 한국은 2015년 2월 10일 WFP와 공동 협력사업형태로 쿠바의 식량생산성 증대와 빈곤퇴치를 목표로 300만 달러 규모의 식량 안보 사업(2015 및 2017)을 실시하기로 양해각서(MOU)를 체결하였다.

한편, 한국은 1968년 WFP로부터 식량원조를 받을 당시 〈한-WFP 원조협정〉를 체결하여 1960년대부터 20여 년간 1억 달러 이상을 긴급식량지원을 받았었다. 47년만에 한국은 피원조국 상황을 종료하고, 대신 원조제공국이 된 것이다.

식량원조 공여국인 한국이 WFP와 새로운 파트너십 구축인 〈한-WFP기본 협정〉에 정식으로 서명함으로써 개도국 개발협력사업을 시작하게 되었다는 것은 WFP식량안보 사업으로 취약계층에 대한 식량제공 사업과 쿠바의 식량 자립 기반 조성을 지원하게 됨으로써 쿠바의 경제와 사회 개발에 참여하게 되었다는 데 큰 의의가 있다.

WFP

전세계의 개발도상국들이 겪고있는 기아문제를 해결하고 지속가능한 식량안보 지원을 통하여 '기아와 빈곤이 없는 세상'(Zero-hungerWorld)을 중점적으로 추진하는 국제기구이다.

12 아바나 헤밍웨이카페에서 체 게바라와 함께 쿠바리브레 한잔 할래요?

쿠바가 자유의 국가가 되면 세계는 물론 한국 관광객들도 더 많이 찾아갈 것이다. 쿠바에는 무엇을 보러 갈까? 아니 쿠바가 정식으로 자유국가가 되면 미국화가 되어 차별성이 없어져서 한번 쿠바에 다녀온 자는 다시 가지 않을까? 그래서인지 몰라도 옛 아바나거리에는 캐나다 · 프랑스 · 노르웨이 · 러시아 · 폴란드 · 브라질에서 온 여행자들이 지금 1960년 이전의 쿠바를 보러 서둘러서 대거 방문하고 있다.

비숍(상점)거리, 쿠바 명물 미국산 빈티지 자동차, 어니스트 헤밍웨이 하우스 등. 1961년 미국이 금수조치를 내리기 전까지 고급세단이었던 자동차가 지금은 1958년산 캐딜락으로 택시영업을 하는"빈티지택시"로 바뀌었다.

그렇다면 쿠바를 상징하는 볼거리는 무엇일까? 1959년 쿠바혁명 이전의 아바나는 중남미 최고의 관광 및 휴양도시였다. 자연경관 측면에서는 하와이를, 카지노와 매춘측면에서는 라스베가스를, 그리고 역사측면에서는 파리를 혼합해 놓은 천혜의 관광휴양도시였다.

쿠바에는 중남미의 상징처럼 되어버린 마피아갱단도, 마약도, 폭력도 없다. 체 게바라 · 어니스트 헤밍웨이 · 시가 · 럼 · 살사댄스가 있을 뿐이다. 쿠바 아바나거리는 쿠바관광 1번지이다. 헤밍웨이가 머문 맘모스문도스호텔. 헤밍웨이가 자주 들른 선술집 〈Floridita〉에는 그가 평소 즐겨 마시던 '모히토 다이키리'(칵테일의 일종)를 맛보기 위해 언제나 줄서고 있다.

아바나 중심에서 남쪽으로 차를 타고 약 30분 가면 '어니스트 헤밍웨이 하우스'를 만날 수 있다. 헤밍웨이가 7년간 머물면서 〈노인과 바다〉를 집필한 농장이 딸린 저택이다.

그러나 쿠바 여행자라면 흔히 찾는 아바나 소재 '멜리아코 호텔'에서는 아메리칸 익스프레스카드, 씨티카드, 체이스 비자카드, 우리아메리칸 비자카드 모두 결제승인이 거부되어 무용지물이다. 미국관련 회사카드이기 때문이다. 쿠바 자영업자들은 이미 '시장경제 마인드'가 자리잡혔는데 미국 신용카드는 아직 통용되지 못하고 있다.

쿠바의 수도 아바나 북쪽 말레콘 해변에는 언제나처럼 쿠바의 전통음악인 손(Son)이 울려 퍼진다. 여기에는 그 흔한 의자 하나 없어 연인들은 딱딱한 회색의 방파제에 걸터앉아 어깨를 서로 맞대고 기댄 채 손음악 선율에 몸을 맡기고 있다. 이것은 어제도 오늘도 그리고 내일도 있을 일상적인 풍경이다. 무려 50년이 넘도록 경제봉쇄조치 받고 있는 나라답지 않은 참으로 평화스러운 모습이다.

쿠바 수도 아바나 중심가에는 렌트용 클래식 자동차들은 1930~50년대 수입된 차들인데, 지금은 외국 관광객들에게 최고 인기 있는 쿠바 명물이 되었다.

반미를 외쳤던 체 게바라의 얼굴이 그려진 혁명 광장. 쿠바를 '제2의 고국'으로 삼았던 헤밍웨이가 머문 '암보스 문도스' 호텔. 그가 즐겨 마시던 다이키리(칵테일의 일종)와 자주 들른 선술집 '플로리디타'.

그러나 말레콘해변은 쿠바인들의 눈물이 서려 있는 장소이다. 이 해변은 바로 미국 플로리다해협을 사이에 두고 미국과 가장 가까운 곳이기 때문이다. 지난 50여 년간 미국의 금수조치로 말미암아 가난에 찌들린 생활을 겪어 왔던 쿠바인 수만 명이 미국행 보트를 탔다가 목숨을 잃은 그곳이기 때문이다. 그 유명한 보트피플(Boat People)의 출발지다.

아바나 Floridita 술집에서 헤밍웨이와 함께 한 저자

쿠바의 명물이 된 1959년 이전 승용차

시내건물

말레카해안 방파제

쿠바리브레

Cuba Libre

chapter 02

쿠바의 이모저모

2

쿠바의 이모저모

1 쿠바는 어떤 나라인가?

멕시코만 입구에 있는 카리브해에 위치한 쿠바공화국은 쿠바 본섬, 젊은이의 섬(Isle of Youth), 그리고 600개의 작은 섬과 암초로 구성된 군도로 이루어진 나라로서, 총 면적은 42,827제곱 마일(11만 922제곱 미터)이다. 남미와 북미간의 중간에 위치해 있기 때문에 쿠바는 카리브해의 주요 요충지로 알려져 있다.

쿠바 북쪽은 미국 플로리다해협과 오울드 바하마해협으로, 남쪽으로는 가장 근접한 국가로서 케이만섬들과 자마이카가 있는 카리브해로, 서쪽으로는 유카탄해협으로 그리고 동쪽으로는 가장 가까운 국가로서 아이티공화국이 있는 윈드와르드 패시지와 경계하고 있다. 서인도제도(The Western Indies) 중 바하마를 제외한 여러섬을 The Antilles라고 한다.

쿠바 본섬은 서인도제도에서 가장 큰 섬으로서 길이가 775마일(1,250제곱 킬로미터), 폭이 118마일에서 19마일(191미터에서 31미터)이다. 쿠바는 길고 좁은 형태를 하고 있는데, 해안을 따라서 많은 만 · 곶 · 반도로 이루어졌다.

그러나 큰 강이 없고, 해변은 모래가 많고 아름다우며, 매우 매력적이며, 해변의 한쪽 면은 가파른 절벽을 이루고 있다. 쿠바에는 비록 낮기는 하지만 제법 많은 산맥이 있다. 쿠바에는 다양한 식물군과 풍부한 동물군이 서식하고 있다.

1977년, 쿠바는 정치 · 행정을 목적으로 특별자치지인 '젊은이의 섬'을 포함하여 14개 주와 169개 자치시가 있다. 14개 자치주는 서쪽으로부터 동쪽으로 피나 델 리오, 라 아바나, 시우다드 드 라 아바나, 만탄자스, 빌라 클라라, 씨엔후에고스, 산크티 스피리투스, 씨에고 드 아빌라, 카마호에이, 투나스, 홀구인, 그란마, 산티아고 드 쿠바, 그리고 관타나모가 있다.

스페인어가 공식언어이며, 쿠바국기는 빨간색 삼각형 안에 별이 하나 들어 있으며, 다섯줄의 띠(세줄은 파랑색이고 두 줄은 하얀색)가 있다. 국가(國歌)는 "Hymn of Bayamo"이며, 대왕야자수나무는 쿠바 문장(紋章)을 수놓고 있다.

1976년에 16세 이상의 국민들의 97.7%의 지지를 얻어 승인된 국회는 '쿠바공화국은 노동자, 농민, 그리고 기타 상호 지식적인 노동자의 사회주의국가임'을 선언하였다.

2 쿠바의 기후는 어떠한가?

쿠바의 기후는 연평균 화씨 75도(섭씨 24도), 여름에는 평균 화씨 80.5도(섭씨 27도), 겨울에는 평균 화씨 70도(섭씨 21도)의 열대성 기후이다.

쿠바는 서경 74° 7' 52"와 84° 57' 54"사이에 있고, 북위 19° 49' 36"와 23° 17' 9"사이에 있어 북회규선에 매우 가까이에 있는 열대지역이다. 쿠바의 위도는 세계에서 가장 넓은 사막인 사하라와 아라비아반도와 동일한 선상에 있다. 그러나 쿠바의 대부분의 영토는 길고, 좁은 섬으로 이루어졌으며, 조류는 쿠바 날씨에 영향을 미치고 있다. 무역풍이 불어와 비를 내리고 있지만 북대서양 고기압이 쿠바 날씨를 좌우하기 때문에 모든 것은 북대서양 고기압이 어디에 있느냐에 달려있다. 또 다른 저밀도 바람(바닷바람, 해연풍)은 또한 쿠바의 거의 모든 지역에 영향을 미치고 있다.

비는 우기와 건기로 분리시킨다. 건기는 4월부터 11월까지이며, 우기는 10월부터 이듬해 5월까지이다. 자연적으로 비는 매년 반드시 같은 시기에 오지도 않고, 같은 양이 내리지도 않는다. 연평균 강수량은 54인치(1,370밀리미터)이며, 상대습도는 80%이다.

1990년부터 10년간 쿠바에 생태계에 영향을 미쳤던 지진으로 인하여 매우 심각한 기후변화가 일어났다. 그 결과 2000~2004년 기간중 사막화가 증가했으며, 쿠바 지역의 거의 14%정도가 사막으로 변했고, 대부분이 동부지방에 집중되었다.

쿠바의 일부분(카마규에이 주의 트리니다드, 쌍크티 스피리투스 · 플로리다, 남동 카마규에이주, 만자니노, 카우토강 입구, 동부주의 북쪽해안, 산티아고 드 쿠바와 관타나모사이의 해변지대 그리고 아이슬 오브 유스)는 평균온도가 높다. 최대 절대온도는 1999년 4월 17일 그란마주 남동부의 주카리토지역에서 38.8도를 기록하였다. 최저온도는 1996년 2월 18일 라 아바나주 바이노아에서 0.6도를 기록하였다.

그 반대로 트리니다드와 쌍크티 스피리투스산의 북쪽에 있는 지역인 피나르 델 리오, 라 아바나, 그리고 만탄자스의 내륙지방과 산티아고 드 쿠바, 홀구인 그리고 관타나모주의 내륙지역은 평균 온도가 낮다. 12월, 1월 및 2월은 가장 추운 달이고, 7월과 8월은 가장 더운 달이다.

3 쿠바에는 어떤 식물들이 자생하고 있는가?

쿠바에는 약 8,000여 종의 식물이 분포되어 있다. 그 중 대왕야자수나무와 사탕수수는 쿠바 어디에서나 볼 수 있는 전형적인 식물이다. 농업의 다양성으로 말미암아 쿠바에는 현재 감귤류 과일 과수원도 있고, 또한 바나나 · 파인애플 · 곡물 등을 재배하고 있는 드넓은 농장도 있고, 그리고 쌀 · 토마토 · 감자 등 뿌리 · 채소를 심은 넓은 밭이 있다.

가장 유명한 토종 식물중 하나는 아바나엽궐련(Habano Cigars)과 궐련을 만드는데 사용되는 담배이다. 핀나르 델 리오 주(Pinar del Rio Province)에서 생산되는 부엘타바쪼(Vueltabajo)담배농장에서 재배된 담배의 품질이 매우 우수하여 전세계적으로 유명하다.

쿠바의 나무는 우수한 품질로 오랜 전통을 이어오고 있다. 이에는 울타리나무(bully tree), 적갈색의 식탁용 나무(Mahogany tree), 쿠아제니에스(서양 매화나무 *Prunus Occidentalis*), 흑단 나무, 지쿠이에스(배나무, *Pera Bumelifonia*) 등이 서식하고 있다. 혁명승리 이전에는 나무를 마구잡이로 그리고 조직적으로 벌목하였는데 혁명 이후 이를 복원하기 위한 재조림사업을 최고의 우선적인 과업으로 삼게 되었다. 콜럼부스가 처음으로 쿠바를 발견했던 1492년에는 쿠바 면적의 60%가 나무들로 뒤덮혔었던 것으로 추정되지만 20세기 중반까지 벌목으로 말미암아 토지의 약 13%만 나무가 심어졌다.

1980년대에 들어와 산의 재조림에 대한 주장이 제기되었다. 산림재조림에 관한 마나티계획(Manati Plan)이 시범적으로 시행한 지방자치주의 이름(마나티주)을 따서 지어진 계획이다. 그 시범사업 이후 30억 그루 이상의 묘목이 심어졌다. 불행하게도 일부 묘목종자의 품질이 불량하였고, 초기돌보기 단계에서 적절한 기술을 동원하지 못하고 그리고 임산전문가에 의한 지속적인 관리가 이루어지지 않고 묘목심는 것에만 지나치게 강조한 탓으로 반정도만 살아남았다. 특별기간동안 연료와 기타 다른 자원이 부족하여 나무들을 마구잡이로 벌목할 수박에 없었으나 다른 연료자원을 국민들에게 제공함으로써 이러한 무모한 나무벌채는 줄어들고 있다.

1995년부터 2005년까지 10년동안 쿠바는 삼림증가율 1.3%를 유지할 수 있었다. 그러나 나무심은 면적의 증가율로 보았을 때 쿠바의 이 수치는 미국(0.8%)보다 높은 수치이다.

1995년에 나무가 심겨진 삼림을 돌보는 것을 가족에게 전환하기로 한 「묘목과수원 계획」이 착수되어 긍정적인 결과를 얻었다. 2004년 이미 쿠바 전지역에 걸쳐서 848개의 과수원이 새로 생긴 것이다. 당시 쿠바는 거의 5백만 에이커(약 200만 헥타르) 면적에 나무가 심겨졌으며, 2015년까지 지속가능한 삼림개발프로그램을 수행중인데, 이 계획이 완료되면 거의 600만 에이커(250만헥타르, 쿠바면적 약 27%)가 나무로 뒤덮이게 될 것이다. 이 정도의 숫자는 전세계와 비교해 보면 상당한 수준이다.

쿠바 독립 이후 1970년부터 2004년까지 약 30년 동안 쿠바국립대학교에서 1500명 이상의 산림전문가들이 배출되었으며, 대략 4만 명의 산림가들이 쿠바의 녹색화를 위해 고분전투하고 있다.

쿠바의 나라꽃(國花)은 나비백합(Butterfly Lily)인데, 이 꽃나무는 강뚝 · 개울 · 호수 등에서 식생한다. 이 꽃나무는 꽃잎이 흰색이며, 향긋한 냄새를 풍기고 있다.

쿠바는 개발의 압력을 받고 있는 가운데에서도 보존도 촉진하고 또한 직면하고 있는 경제적 위기에 의한 홍망성쇠의 와

중에서도 보존을 촉진시키기 위하여 조직적으로 노력하고 있다.

쿠바 나라꽃(나비백합)

예를 들면 서인도제도 중에서 쿠바는 헌법에서 '국민들은 건전한 환경을 누릴 권리를 갖는다'고 천명하고 있는 유일한 나라이다. 이 헌법조항은 1992년 브라질 리우데자네이로에서 개최되었던 지구환경정상회의(리우회의) 이후에 도입되었다. 1992년 천명한 「지구정상회의」 공약이 개최된 지 상당한 시간이 지났어도 어떤 분명한 결과가 나타나지 않았다. 그러나 쿠바 국회는 환경에 관한 새 법률을 고려하였으며, 이는 쿠바의 환경목표를 달성하기 위한 활동의 폭넓은 틀을 제공해 준 셈이 되었다. 쿠바 국회는 지난 1998년 중반에 삼림법과 연구중에 있었던 토양 사용에 관한 토지규정을 제정하였으며, 쿠바 군도전체에 걸친 보전과 환경보호를 해야겠다는 필요성을 인식하게끔 일깨워 주었다.

4 어떤 동물들이 분포되어 있는가?

쿠바의 국조(國鳥)는 쿠바 트로곤(*Prictelus temnurus*)이다. 쿠바 국조의 깃털은 파랑색, 흰색 그리고 빨강색으로 되어 있다. 쿠바 국기도 마찬가지로 세 가지 색깔이다. 이 새는 쿠바 섬에서 사로잡혀 살다가 죽기 때문에 자유의 상징이다.

이 새는 쿠바삼림에서만 볼 수 있다. 이 새는 나무 속이나 손바닥만한 잎의 줄기위에 둥지를 짓고 날라다니는 곤충을 잡아먹고 산다.

쿠바 나라새 트로곤

쿠바 국기

쿠바의 동물은 풍부하고도 다양하다. 많은 종들의 독특한 아름다움과 함께 동물들의 특징으로 인하여 자연애호가들에게 수많은 연구분야를 제공해 주고 있다.

쿠바는 오직 쿠바에서만 사는 무척추동물, 양서류, 파충류, 조류 및 포유동물 등 육지동물이 약 13,000여 종 서식하고 있다. 가장 귀한 무척추동물은 쿠바 본섬 서쪽의 남족 해안을 따라 해면에서 서식한다. 갑각류는 강과 개천과 바다 해안가에 서식하고 있다. 그들 갑각류중에서 대하(Spiny Lobster), 껍질이 딱딱한 게는 요리용으로 가치가 커서 유명하다.

700종이 넘는 곤충들은 쿠바 전지역에서 발견된다. 어떤 곤충은 해롭기도 하고 질병을 옮기도 한다. 또한 개암나무와 군드라치나무에서 사는 나비와 같은 곤충은 대단히 아름답기도 하고 혹은 꿀과 밀랍을 생산할 뿐만 아니라 특히 수분이 매우 중요한 벌에게는 매우 중요한 곤충이기도 하다.

쿠바는 약 1700여 종의 육지 · 강 · 바다 연체동물이 서식하고 있다. 굴 · 홍합 · 낙지 · 오징어들은 식용가치가 커서 매우 유명하다. 세계에서 가장 아름다운 육상 연체동물인 Polomitas는 쿠바의 동부지역에서 서식하고 있다. 쿠바 군도 주변 바다에는 약 450여 종의 식용 물고기가 살고 있다.

쿠바의 양서류에는 바나나 개구리와 세계에서 가장 작다고 알려진 두꺼비(*Sminthillus Limbatud*)가 있고, 또한 길이가 4미터나 되어 세계에서 가장 큰 뱀인 산타 마리아 구렁이를 비롯한 100여 종의 파충류가 있다.

쿠바는 서인도제도의 중간에 있기 때문에 남미로 이동하는 새들의 중간 기착지로 이용되어 새들이 여기서 겨울을 나게 된다. 따라서 비록 300여종의 새가 발견되어도 전형적인 쿠바 토종새는 그 중 1/3밖에 안 된다.

Roseate Spoonbill
(http://www.sms.si.edu/irlspec/ajaia_ajaia.htm)

그들 중 '붉은 깃털 홍학'이나 '붉은 다리-파랑 개똥지빠귀' 같은 일부의 새는 유난히 아름답다. 아래의 새는 붉은 깃털 홍학(Roseate Flamingo)과 유사한 붉은 깃털 저어새(Roseate Spoonbill)이다. 붉은 깃털 홍학을 보려면 세계 조류도감도 데이터베이스(Avibase)인 http://avibase.bsc-eoc.org/species.jsp?lang=FR&avibaseid=F6504898D84426F5를 검색하면 된다. 또한, 나이팅게일(Nightingale)과 입내새(Mockingbird:조롱하듯 흉내내는 새)같은 새들은 특히 멜로디가 아름답다. 나이팅게일은 '새의 베토벤'이라 불릴 정도로 가장 아름다운 노래를 부른다. '토티'(toti)라고 부르는 새는 해로운 곤충을 많이 잡아먹기 때문에 매우 경제적이며 이로운 새이다. 가장 흥미로운 것중 하나는 꽃의 즙을 한모금마시는 벌새(hummingbird)는 세계에서 가장 작은 새이다.

쿠바에는 약 38종의 포유동물이 살고 있는데, 그 중 70%는 쿠바가 본 고향인 것으로 추정되고 있다. 가장 흥미로운 것은 쿠바산 Solenodon인 알미끼(almiqui)인 바, 이 동물은 현재 거의 멸종되었거나 단지 쿠바 관타나모지방의 산에서만 살고 있다.

쿠바의 자연유산을 보존하기 위하여 국립 동식물보존기업이 1970년대 초 창설되었다. 이 기업은 이미 수백종의 수생 및 육상 종족을 구하고 개체수를 늘리는 성과를 올렸다. 이 기업은 앵무새, 샌드힐 두루미, 쿠바 잉꼬, 매의 일종인 Gavilanes Cagueros, 파랑머리 메추라기 비둘기, Pitirres Reales(쿠바산의 벌레를 잡아먹는 이로운 새), Caos Roncos, 그리고 Torcazas Bobas(비둘기일종) 등을 보호하기 위한 프로그램을 수행해 오고 있다.

이 기업은 아직 위험에 처해있지 않은 것으로 판단되는 기타 종족(예: 홍학)의 보호활동도 동시에 수행하고 있다. 예를 들어서 1980년에는 홍학이 약 20,000쌍이 있었는데 여러해 동안 전개해 온 이 새의 종족보호 활동 결과로 1998년 초에는 무려

약 250,000마리로 증가하였으며 이 숫자는 지금도 증가하고 있다.

5 강과 산들은 어느 것들이 있나?

쿠바에서 가장 긴 강, 가장 높은 산, 그리고 주요한 만은 무엇인가? 쿠바는 큰 강은 없으나 많은 개울과 200개 이상의 작은 강이 전역에 걸쳐 퍼져있다. 가장 긴 강은 쿠바의 동쪽지역에 있는 커토(Cauto)인데, 이 강은 약 210마일(340km)의 길이로 남쪽으로 흐른다. 그 외의 강도 많은데 남쪽으로 흐르는 강으로는 Zaza, Agabama, Jatibonico del Sur, San Pedro, Hanabana, Hondo, Najasa 및 Cuyaguateje가 있고, 북쪽으로 흐르는 강으로는 Sagua la Grande, Caonao, Toa and Mayari가 있다. 이중 구안타노모 지방의 토아(Toa)강의 물이 가장 많다.

쿠바에서 가장 높은 산은 해발 6,470피트(1972m)의 투르키노 피크(Turquino Peak)산 이고, 그 다음 높은 산은 6,142피트(1872m) 높이의 쿠바 피크(Cuba Peak)산과 5,676피트(1730m)높이의 바야메사 피크(Bayamesa Peak)산이다. 이 세 개의 산들은 모두 쿠바의 동쪽의 산티아고 데 쿠바 앤 그란마(Santiago de Cuba and Granma) 지방에 있는 시에라 마에스트라(Sierra Maestra)산맥의 일부이다. 시에라 마에스트라(Sierra Maestra)산맥을 이루는 산으로는 해발 3,983피트(1,214m) 높이의 그란 피에드라(Gran Piedra)가 있는데, 이 산의 꼭대기에는 60,000톤 무게의 바위가 왕관처럼 덮혀있다.

또 다른 산맥으로는 쿠바 동쪽지역의 구안타나모지방의 푸리엘 산, 홀귄 지방의 니페 산, 쌍티 스피리투스지방의 구아무하야 마씨프산이 있다. 쿠바의 중부와 서쪽지방에 있는 산으로는 이스캄브레이, 오르가노스 및 로사리오가 있다.

쿠바 북쪽 해안에 있는 쿠바의 주요 만으로는 혼다 앤 카바나스만 그리고 마리엘, 아바나, 마탄자스, 누에비타스, 푸에르토 파드레, 기바라, 바네스, 니페등이 있다. 쿠바의 남쪽 해안에 있는 만으로는 씨엔푸에고스, 산티아고 데 쿠바 및 구안타나모만이 있다.

쿠바의 주요한 만(gulf)으로는 북쪽에는 구아나하카비베스가 있고, 남쪽에는 바타바노, 안나 마리아 및 구아카나야보가 있다.

6 어느 나라들이 쿠바와 가까이 있는가?

쿠바와 가장 가까이에 있는 나라는 동쪽으로 48마일(77km)떨어져 있는 아이티(Windward Passage와 면함), 남쪽으로는 87마일(140km)

떨어져 있는 자마이카(콜럼부스해협에 면함), 북쪽으로는 112마일(180km) 떨어져 있는 미국 (프로리다해협에 면함) 그리고 서쪽으로는 130마일 (210km) 떨어져 있는 멕시코(유카탄 해협에 면함)이다.

맑은 날이면 쿠바에서 이들 국가들이 모두 보인다. 예를 들면, 자마이카의 블루 마운틴은 쿠바의 투르퀴노산의 북쪽끝에서 보이고, 아이티 해안은 쿠바 마이씨등대에서 볼 수 있다.

7 쿠바의 정치 · 행정단위는 어떠한가?

쿠바혁명을 완수한 1959년 당시에, 쿠바의 정치행정단위는 기본적으로 스페인식민지 시대인 1898년에 수립된 것과 동일한 6개의 주와 132개의 시로 시작하였다.

1877년 인구조사에 따르면, 오리엔테주의 인구는 총인구의 16%를 그리고 마탄자스주의 인구는 17%이었다. 그러나 1970년 인구센서스에 따르면 오리엔테주의 인구는 총인구는 마탄자스인구의 6배나 되었다.

게다가 1963년에 시작한 혁명적인 변혁으로 인하여 주(州)와 시(市)의 중간적인 도시가 생겼으며, 여러 가지 이유로 시(市의) 수가 상당히 증가하였다. 1973년까지 기본적으로 원래의 주(州) 증가는 제약을 받았으나 그럼에도 불구하고 58개 준주(準州, territorial region), 408개의 자치시(municipality)와 군(division)이 있었다. 따라서 행정구조는 국가차원의 주(province), 중간형태의 준주(region)와 시 혹은 군이라는 세 가지로 구성되어 있다.

이러한 것이 의미하는 바는 중앙정부 기관과 산업, 농업단위, 그리고 기타 경제적, 교육 및 서비스 간에 너무나 많은 조직이 존재한다는 것이며, 이로 말미암아 지도자, 조직 및 통제를 복잡하게 만든다는 것이다.

요약하면, 행정구분은 계획된 사회경제적 발전측면에서 보면 합리적이지도 않고 기능적이지 못하다. 인구규모에 비하여 옛날 주, 중간도시 및 시는 너무 다르다.

정치행정 정부구조가 단순화되어야 하고 또한 중간도시를 없애야 한다는 새로운 단계의 요소를 고려하는 조심스런 연구가 이루어졌다. 면적 · 인구 · 생산활동 · 서비스 및 지역사회를 고려하여 상대적인 통일성을 이루기 위하여 더 많은 주가 생겨야한다는 것이다.

결과적으로, 1975년에 개최된 쿠바공산당 제1차의회에서 전체 행정단위에 관한 결의안이 제시되어 승인되었다. 이것은 국민의 힘에 기초하여 좀 더 개선된 조직 및 리더십형태로 진전해 가는 견실한 계기가 되었다.

1977년 초 이래 지금까지 쿠바는 옛날 보다 8개가 더 많은 14개 주(province), 1989개의 군(division) 그리고 옛날 시스템 보다 37개가 더 많은 169개 시(municipality)를 구성하고 있다.

8 인구는 얼마나 되나?

2003년 말에 쿠바의 인구는 11,230,000명이 넘었다. 쿠바 국가통계청(ONE)에 따르면, 2015년까지 12,000,000명에 도달한다고 한다.

가장 많은 인구를 가진 주는 수도인 아바나(Ciudad de La Habana)에는 2,200,000명 이상이 살고, 홀귄(Santiago de Cuba and Holguin)에는 100만 명 이상이 거주하고 있다. 그란마(Villa Clara and Granma)에는 80만 명이 거주하고, 기타 카마귀에(Camaguey), 리오(Pinar del Rio), 라 아바나(La Hanbana)등에는 각각 70만 명 이상이 살고 있다.

쿠바 인구의 평균 나이가 증가하고 있다는 것은 그다지 신비스러운 일이 아니다. 쿠바사람의 기대수명이 1998~2000년 기간중에 76.15세로 점점 늘어나고 있으나, 반면에 출산율(산모가 낳은 아들 수 비율)와 재생산율(산모와 딸 수의 비율)은 계속적으로 떨어지고 있다.

1990년대 중반의 보고에 따르면, 건강관리시스템과 나아진 국민 생활여건에 힘입어 당시 60세가 넘은 대부분의 사람들이 20년 더 살고, 80세의 사람은 6~7년 더 사는 것으로 기대되었다고 한다.

현재는 쿠바에는 65세가 넘은 사람은 140만 명 이상이 되고, 그 중 10만 명 이상은 85세가 넘었다. 한편, 15세 미만의 어린이는 약 250만 명이고, 인구의 거의 반은 여성이다.

9 민족구성은 어떠한가?

역사적으로 쿠바민족은 상당한 정도의 혼혈민족이다. 일찍이 식민지대 이래, 쿠바민족은 스페인, 아프리카, 소인도, 그리고 아시아민족으로 혼합되어 있다. 스페인의 쿠바 정복을 시작으로 하여 인도사람들은 끊임없는 고통속에서 살았다. 그들은 노예로 살았으며, 하루 12시간씩 금을 캐는 노동을 하였으며, 지하 88~275마일(142미터~443미터)광물을 운반하여 녹였다. 그들에게는 음식(소량의 옥수수와 토마토와 함께 물과 카사바빵등)을 조금밖에 주지 않았다.

당연히 인디언원주민들은 죽어나가기 시작했고, 출생률은 하락하였고, 유아사망자도 늘어났다. 도미카공화국의 아버지로 알려진 바르톨로메 데 라 카사스(Bartolome de las Casas)는 당시를 다음과 같이 회상했다.

"어린이들의 어머니들이 일하러 나가야만 했기 때문에 꼭 3개월만에 7천명 이상의 소년 소녀들이 죽어나갔다."

게다가 대량의 살인, 분쟁과 폭동, 게다가 백인들과 흑인들간에 부적절한 성행위로 말미암은 질병이 창궐하였다. 이러한 끔찍한 상황으로 말미암아 한 세기도 채 못 되어 쿠바에 있던 인디언들이 거의 소멸하였다.

16세기 초 아프리카 노예 수가 극도로 줄게 되자 아프리카에서 인디언노예로 대체되기 시작하였다. 노예의 수는 쿠바에 첫 설탕공장이 설립된 16세기 중에 증가했다. 1763년에 총 노예숫자 150,000명 중 60,000명이 흑인이 있었던 것으로 추정되고 있다. 노예들이 당해야 하는 비인간적이고 무자비한 상황은 더욱 악화되어 갔다. 노예들은 도망쳐서 자유를 찾아 황무지로 탈출하는 것을 더 선호하였다. 말을 타고 노예를 추적하는 자들로 말미암아 도망쳐 자유인이 된 노예들은 불안에 떨기 시작하였다.

자유의 몸이 된 흑인들 간에 자신들의 자유를 위해 싸웠던 아이티사람들을 본받아야 한다는 생각이 사로잡혔다. 그렇지만 그들은 일치감(unity)이나 리더십이 부족하여 폭동행위가 자주 발생하였다. 1812년에 흑인들은 쿠바의 여러 곳에서 폭동을 일으켰고, 유혈 폭동도 발생했다. 그러나 그들의 이러한 움직임은 조직력 미약으로 제지를 받기도 하였다. 아폰테(Aponte)와 기타 다른 지도자들이 교수형에 처해졌으며, 감옥은 흑인으로 채워졌으며, 채찍질을 당하는 자도 많았다.

그러나 노예 거래는 돈벌이가 되는 것이어서 계속 증가하였다. 역사가들이 증언하기로는 쿠바에서 노예거래가 공식적으로 금지된 이후 일년에 평균 2만 명의 흑인들이 불법으로 끌려왔다고 한다. 그 결과 1841년에는 쿠바에 백인보다 더 많은 수(자유인이 된 자와 노예 모두 포함한 숫자)의 흑인노예가 있었다. 흑인은 쿠바인구의 58%를 차지하고 있었다.

흑인 인구 증가는 점점 더 증가해 갔으며, 그에 따라 폭동의 발생수도 증가하였다. 사탕수수밭이 불에 타버렸다. 이러한 폭동중 가장 유명한 것으로는 1843년에 발생한 "사다리모반(Ladder Conspiracy)"인데, 이 사건 이후 많은 흑인들이 사형당하였고, 채찍질 당하거나 고문을 당했는데, 이 때 이러한 사실을 다른 흑인들에게 알리는 수단으로 사다리를 시도하였다.

1868년 10월, 법률가인 카를로스 데 쎄스페데스(Carlos de Cespedes)는 라 데마자구아(La Demajagua)설탕공장에 있는 벨(종)을 최후로 울림으로써 그가 소유하고 있었던 노예들에게 그 순간부터 노예들은 자유인이 되었다고 말했다. 이로써 그는 정의와 자유를 달성하기 위한 그의 결심을 증명해 보였다.(아마도 그는 노예를 소집할 때, 벨을 울렸던 모양이다)

노예들이 쿠바에 대한 충성을 맹세한 후, 그는 쿠바 독립선언서(Cuba's facto declaration of independence)를 읽었다. 자유인이 된 노예와 쿠바에서 살고 있는 스페인사람의 후예들은 그들 고국의 자유를 달성하는 시도에 영원히 함께하게 되었다.

19세기 중반에 이미 위험에 처한 노예제도에 따라 수만명의 중국인들이 부족한 노동인구의 일부로서 대체되기 위하여 쿠바로 끌려오게 되었다. 야비한 노동착취로 말미암아 중국인들 중 대다수가 1868년과 1895년의 독립전쟁(Wars of Indepenence)의 해방군(Liberation of Army)대열에 합류하였다.

1862년 쿠바 인구 분포는 다음과 같다 : 백인의 스페인사람 후예들이 601,160명, 스페인사람이 116,114명, 기타 국적의 백인이 11,153명, 중국인이 34,045명, 멕시코 남동부주인 유카탄주 출신이 838명, 그리고 흑인이 594,433명이다.

현재 쿠바는 11,230,000명 이상이 거주하고 있으며, 수도인 아바나에는 200만 명 이상이 살고 있다. 66%가 백인, 33%가 흑인과 메스티조(스페인인과 미국원주민간의 혼열)이고 나머지의 대부분이 중국계이다. 쿠바 최고통수권자인 피델 카스트로(Fidel Castro)가 그들을 지칭했듯이 이들은 쿠바 국민(Latin-African)이다 .

10 국기(國旗)는 무엇을 상징하고 있나?

쿠바 국기는 나르시소 로페즈(Narciso Lopez)가 마탄자스주 카르데나스(Cardenas)에서 상륙하여 쿠바 침략을 주도했던 1850년에 가져왔던 것과 동일한 디자인이다. 1868-1878년 전쟁 중 첫해 사용했던 깃발은 카르로스 마누엘 데 쎄스페데스(Carlos Manuel de Cespedes)가 1868년 10월 10일에 야라(Yara)에서 들어올렸던 깃발과 유사하였다. 그러나 1869년 4월 11일에 육군 쿠바공화국 대표부하우스가 1850년 깃발을 쿠바의 공식 깃발로 채택하도록 결정하였다.

쿠바국기는 1895~98년 전쟁에서도 계속 사용되었고, 쿠바가 스페인으로부터 독립한 1902년에 공식 국기로 선언하여 공식 국기로 재가받았다. 1976년에 채택한 사회주의 헌법은 별하나가 들어있는 깃발이 쿠바의 국가심벌중의 하나임을 선언하였다.

쿠바 국기

세 개의 수평의 파란색 줄무니는 쿠바가 19세기 중반에 나누어진 세 부분(department)을 상징하고, 빨강색의 삼각형은 독립을 달성하기 위하다가 흘린 피를 상징한다. 그리고 흰색의 별은 쿠바의 애국이념을 상징한다.

또한 쿠바의 문장(紋章)은 여러 번의 수정을 거쳐 채택된 1850명의 반정부운동가중의 한사람에 의해 이루어졌다. 맨꼭대기는 쿠바의 전략적 위치 때문에 16세기 이래 캐리비안해협에서 주요한 나라임을 상징한다. 배경에서 우측 반쪽의 태양은 새로운 국가의 탄생을 상징한다.

문양의 오른쪽 아래는 이미 언급한대로 세 부분(Department)을 묘사하고 있다. 왼쪽의 아래는 대왕야자수를 포함한 쿠바의 전형적인 풍경을 묘사하고 있다. 대왕야자수는 헌법에서 또다른 쿠바의 국가상징으로 묘사하고 있다.

쿠바 문장(http://blog.naver.com/PostView.nhn?blogId=yeejooho&logNo=130143742460)

11 국가(國歌)는 어떤 의미를 갖고 있나?

쿠바의 국가 노래(國歌)는 쿠바 독립전쟁 발발 10일 후인 1868년 10월 20일 처음으로 불려졌다. 법률가이며, 음악가이며, 그란마(Granma)주의 주도인 바야모(Bayamo)출신인 페드로(페르초라고도함) 피구에레도(Pedro(Perucho) Figueredo)는 전년도에 국가를 작곡하였는데, 이 국가가 성가(찬송가)이었다는 것을 어느 누구에게도 알리지 않은 채 카돌릭성(聖)축제기간 중에 대교수성당에서 알리게 되었다.

독립을 지지하는 군대가 바야모시를 장악하고 바야모주민들이 바야모시 중앙 광장에 움집했을 때, 페루초 피구에르도(Perucho Figueredo)는 말등에서 현재의 쿠바 나라노래(국가)인 "바야모의 찬송가"(Hymn of Bayamo)라는 단어를 수정하였다. 그 때 기록된 시-공적인 서정시-는 다음과 같다.

Al combate corred, bayameses, *que la Patria os contempla orgullosa,* *no temáis una muerte gloriosa,* *que morir por la Patria es vivir.*	*People of Bayamo, to arms in the battle!* *Write a proud page in Cuba's story.* *O, fear not a death fulled with glory,* *For to die for the homeland is to live.*
En cadenas vivir, es vivir *en afrenta y oprobio sumido,* *del clarín escuchad el sonido,* *a las armas, valientes, ¡corred!*	*To remain in chains is to live* *In dishonor and vile subjugation.* *O, hark to the call of your nation:* *Take up arms, all ye brave sons and true*

12 수도(首都), 아바나는 어떤 도시인가?

쿠바공화국의 수도인 아바나는 동시에 씨우다드 데 라 아바나(Ciudad de La Habana)주(州)이다. 아바나는 1514년에 남부 해안에서 창시되었다가 두 번의 이동을 거쳐 북부로 이전되었는데, 미주에서 가장 오래된 도시 중 하나가 되었다.

과거에 아바나가 요새, 방벽, 해자(도시나 성곽주변의 外護), 대규모로 요새화된 탑을 가지고 해적선들을 끌어들였던 반면에 지금은 아바나는 도시의 일부를 식민지 스타일에 감탄하게 하고, 하바나 시민들에게 알리게 하여 아바나의 거리와 광장을 통과하여 어슬렁어슬렁돌아다니는 여러 대륙에서 온 관광객들은 물론 일반 관광객들의 시선을 끌고 있다.

아바나시내 사진 · 영상광고

아바나는 아름답기도 하고 환영하는 도시로서 과거와 현재가 조화롭게 조합되어 있다. 혁명정부가 새로운 주택, 사회적 목적의 건물, 공원 및 탐험하기에 좋은 분수지 등을 건설했다. 가장 중요한 성(城)과 광장으로는 암스(Arms), 대성당, 혁명과 오울드 광장 및 모로 앤 라 푸에르자 성(城) 등이 있다. 그들의 역사성과 아름다움으로 말미암아 파울라 프로메나데(Paula Promenade)와 프라도 앤 중앙공원도 또한 매우 알려져 있다.

아바나는 제11차 범미주경기(Pan American Games)를 위해 건설한 범아메리칸 스타디움, 복합수영장, 자전거트랙과 여러 가지 고가(高價)의 홀(Hall)등이 건설된 건물, 전세계적으로 유명한 트로피카나 나이트 클럽을 포함하여 50개 이상의 카바레, 수십개의 선술집(이중 몇 개는 스페인정부가 아바나 방어를 위해 세운 요새안에 있음) 및 보데구이타 델 메디오 앤 플로리디타 식당 등이 있으며, 여행자들을 즐겁게 하기 위한 레크리에이션센터, 동물원, 식물원, 아쿠아리움, 사회 클럽, 200개가 넘는 스포츠 시설을 갖추고 있다.

쿠바의 수도 아바나에 있는 분수는 제11차 세계청년학생축제를 위하여 건설된 젊음의 분수(Fountains of Youth), 제6차 비동맹국 정상회의를 위하여 건설된 평화의 분수(Fountains of Peace) 그리고 과거의 흔적이 남아있는 인디언 마이덴 분수 및 사자분수 등이 있다. 아바나에는 중앙공원, 형제우애공원, 인디어 마이덴 공원, 알멘다레스 공원 그리고 거대한 레닌공원 등 많은 공원이 있다. 아바나외곽 땅의 1730에이커(700헥타르)이상의 면적을 소지하고 있는 레닌공원에는 원형경기장, 아쿠아룸, 그림 갤러리, 로데오 스타디움, 유원지, 말타고 하는 수중스포츠지역, 식당 및 기타 볼거리 등이 많이 있다.

또한 아바나에는 국립과학조사센터(CENIC), 유전자공학과 생물(Bio)기술센터(CIGB), 헤르마노스 아메이제이라스 병원과 의학-외과조사센터(CIMQ)와 같은 많은 중요한 과학센터가 있다.

작은 건설업체는 많은 아파트빌딩을 건설했고, 대규모 건설 업체는 트리톤, 넵투노 및 코히바 같은 큰 관광호텔을 지었다.

13 주요 도시는 어디인가?

쿠바에는 다른 도시들보다 한층 돋보이는 특별한 특징 때문에 그 도시의 공식적인 명칭 이외에 별칭으로 "최초의 도시", "국기(國旗)의 도시", "조각의 도시", "다리의 도시", "커다란 질그릇 단지의 도시", "음악의 도시", "공원의 도시" 그리고 "남쪽나라의 진주"라고 불리는 곳이 있다.

바라코아(Baracoa)는 1512년 당시 식민지 개척자들이 기초를 다진 최초의 정착지였기 때문에 "최초의 도시"라고 불린다. 마탄자스주에 있는 카르데나스(Cardenas)는 1850년에 쿠바국기가 최초로 게양된 곳이기 때문에 "국기의 도시"라고 불린다. 라 투나스(La Tunas)는 15편의 기념비적 작품을 소유하고 있기 때문에 "조각의 도시"라고 불린다.

마탄자스(Matanzas)는 싼 후안과 유무리강이 도시를 관통하기 때문에 "다리의 도시"라고 불린다. 카마귀(Camaguey)는 도시 주택 집집마다 물이 부족할 때를 대비하여 빗물을 저장해 둘 뜰에 물항아리를 준비해 두었기 때문에 "거대한 질그릇 항아리 도시"라고 불린다.

트리니다드(Trinidad)는 19세기에 설탕귀족들이 건설한 많은 저택들이 설탕제조 목적으로 사용되었기 때문에 "박물관의 도시"라고 불린다. 홀귄은 모임장소의 숫자와 다양성 때문에 "공원의 도시"라고 불린다. 마지막으로 씨엔푸에고(Cienfuegos)는 화려한 자구아(Jagua)만 해변가에 설치된 아름다운 설치에 대한 찬사 표시로서 "남쪽 나라의 진주"라고 불린다.

● 바라코아

'바라코아(Baracoa)'는 쿠바의 동남쪽에 있는 도시다. 바라코아에는 다른 지역과 다르게 달콤한 음식들이 많다. 그 중에서도 바나나로 만든 '바칸(Bacan)'과 단맛을 좋아하는 이들에게 최고의 음식인 '쿠쿠루초(Cucurucho)', '코코넛으로 만든 잼' 등 이 지역을 대표하는 단맛때문에 사람들은 이곳을 '단맛의 도시(La Ciudad del Chocolate)'라고 부른다. 이곳은 장기 쿠바여행에서 빼놓을 수 없는 코스다. 특히 미각여행, '단맛홀릭'에 빠지고 싶은 여행객은 이곳을 그냥 지나쳐버리면 후회한다.

관타나모가 있는 프로빈시아(Provincia, 우리나라 행정구역의 도(道)에 해당)에 속해 있는 이 도시는 오래전부터 코코넛 · 카카오(초콜렛) · 커피 등의 농산물 산지로 유명하다. 20세기 초, 관광업이 발전하면서 이곳은 농산물의 산지로서 더욱 유명세를 얻었다. 하지만 아직까지도 개발 전의 자연 상태가 그대로 보존돼 있어, 쿠바의 새로운 자연 관광지로 각광을 받고 있다.

이곳은 1511년 8월 15일, 스페인의 정복자 '디에고 벨라께스(Diego Velazquez)'가 만든 도시다. 이곳에는 유명한 '마카구아니구아(Macaguanigua)'와 '미엘(Miel)' 강이 흐르며, 이 강들은 '토아(Toa)'강으로 합류한다. 그리고 1,700m의 '윤께(Yunque)' 봉우리도 이 지역에서 자랑할 만한 관광자원이다.

● 시엔푸에고스

시엔푸에고스는 공업과 자연이 어우러진 항구도시이다. 시엔푸에고스는 스페인이 식민지 항구를 건설하려던 곳이었다. 그러나 이곳보다 더 조건에 맞는 트리니나드 항구를 찾으면서 프랑스인 정착지로 바뀌었다. 그래서 쿠바의 다른 지역은 스페인 식민지였지만 이곳은 예외였다. 이곳은 Jagua항만과 함께 1819년 4월 22일 도시가 세워졌다. 이곳은 역사가 깊어 유네스코가 지정한 '세계문화유산'으로 지정됐다.

'시엔푸에고스'는 쿠바의 중앙에 위치해 있으며, 남쪽은 카리브해, 북쪽은 비야 클라라(Villa Clara)와 인접해 있다. 또 서쪽은 마탄사스, 동쪽은 산끄티 스피리투스(Sancti Spiritus)와 경계를 이룬다. 이 도시는 '쿠바의 남쪽 진주'라 불리며, '아바나'로부터는 245km, '산티아고 데 쿠바'(쿠바의끝)로부터는 658km 떨어져 있다.

이 도시에는 쿠바에서 두 번째로 크고 중요한 역할을 하는 항구가 있다. 여러 가지 공업이 발전된 도시이지만 한편으로는 자연이 잘 보존돼 있어 관광객들이 즐겨 찾는 여행지다.

이곳에 방문하면 꼭 들려야할 핵심 여행 포인트는 1989년 10월 20일에 세워진 공식적인 국가 기념탑 엘 하르딘 보따니꼬 데 시엔푸에고스(El Jardín Botánico de Cienfuegos), 엘 파르께 호세 마르티(El parque "José Martí":호세 마르티)공원, 라 엔트라다 데 라 바이아 데 하구아(la entrada de la Bahía de Jagua:하구아항만), 파세오 델 말레콘 데 시엔푸에고스(Paseo del Malecón de Cienfuegos)방파제, 엘 오텔 에스타탈 "팔라시오 아술"(El Hotel Estatal "Palacio Azul", de Cienfuegos:푸른궁)호텔이다.

● 산티아고 데 쿠바

피산티아고 데 쿠바는 피델 카스트로 혁명의 시작점이다. '산티아고 데 쿠바'는 쿠바 제2의 도시다. 이곳은 해가 뜨는 동쪽, '오리엔트' 지역에 있으며, 중심도시(provincia)와 지역도시(municipio) 이름 모두 '산티아고 데 쿠바'다. 북쪽으로는 '올긴'이라는 지역과 근접해 있으며, 동쪽은 '관타나모', 서쪽은 '그란마', 남쪽은 '카리브해'가 이 도시를 둘러싸고 있다. 이 도시에는 '콘트라 마에스트레(Contramaestre)'와 '바코나오(Baconao)' 강이 흐르고, 쿠바에서 제일 유명한 '시에라 마에스트라' 산이 위용을 자랑한다. 이 산의 최고봉은

1,974m의 '피코 레알 데 투르퀴노(Pico Real del Turquino)'이며, 쿠바에서 가장 높은 봉우리이기도 하다.

'산티아고 데 쿠바'는 두 가지로 유명하다. 하나는 피델 카스트로가 혁명을 시작하면서 습격한 '몬카다 병영'이 이곳에 있다. 피델 카스트로는 '몬카다 병영 습격사건'이 실패하면서 멕시코로 추방당했고, 그곳에서 '체 게바라'를 만나 다시 쿠바혁명을 '시에라 마에스트라'에서부터 시작하게 됐다. 나머지 하나는 이곳이 '철광석'과 '니켈'의 최고 산지라는 점이다. 하지만 이 지역의 경제기반은 바나나, 코코넛, 커피 등 '농업'이다.

이곳은 '아바나'(쿠바의 수도)와 견줄만큼 경제가 발달했고, 관광상품이 많이 소개돼 있다. 쿠바에 대해 자세하게 알고 싶은 관광객이라면, 이곳은 충분히 매력적으로 다가올 것이다. 특히 장기간 쿠바 여행을 계획 중이라면 이곳은 놓칠 수 없는 보물이다.

14 젊음의 섬이란 무슨 섬인가?

시인들은 라 아바나주의 바로 남쪽에 위치한 772제곱마일(2000㎢)의 섬을 노래했다. 또한 이 섬은 해적선과 해적들의 피난처이기도 하고, 작가들간의 논쟁의 원인을 제공한 곳이기도 하고, 국제공산주의의 발생지이기도 하였다. 그러나 지금은 감귤류 과수원, 수제공업제품 및 모험 체험의 장(場)이 되었다.

크리스토퍼 컬럼부스가 두 번째 아메리카를 항해했던 1494년에 이 섬을 발견하였을 때, 그는 이 섬을 에반젤리스타(Evangelista)라고 불렀으나 나중에 '소나무섬'이라고 불렀다. 그 섬은 그 자체로서 '로버트 루이스 스티븐슨의 보물섬'을 위한 무대였다. 그 다음 1978년에 쿠바에서 개최된 제11차 세계청년축제 때 '젊음의 섬'이라고 다시 이름지어졌다.

이 섬은 남미로부터 귀한 것(rihes)들을 실어 나르기 위해 스페인함대가 사용한 해상교통로 근처의 전략적 지점이었기 때문에 이전에는 해적들과 해적선들의 피난처로 이용되었으나, 지금은 수세기동안 버림받아 불모지로 남아있다.

1800년에 스페인은 이 섬을 피추방자들을 위한 중심지로 사용하기 시작하였고, 30년 후에 스페인은 이 섬을 요새화하기로 결정되었는데, 누에바 제로나(Nueva Gerona)가의 정착지로 발견되었다. 그 때부터 스페인은 이 섬에 점점 더 많은 사람들을 추방시켰다. 예를 들어서 친독립적인 견해로 감옥살이 했던 그 젊은 호세 마르티(Jose Marti)는 1870년 10월 13일부터 '소나무 섬'에서 살기 시작하였다가 그가 스페인으로 보내지기 전인 1871년 1월 15일까지 살았던 곳이다.

1926년, 아이러니컬하게도 가장 사악한 미국죄수들의 복사판이었던 델 프리즌(Model Prison)이름으로 모종의 일이 시작되었다. 그들은 쿠바지배자들에게 항명했다는 이유로 감옥살이했던 자들이었기 때문에 비록 일반범죄를 저질렀지만 장기수로 판결받고 그 감옥에 갇혔다. 그러나 이들은 결국 몬카다 개리슨(Moncada Garrson)을 공격했던 피델 카스트로와 그의 당원들, 해외 쿠바인 그란마로 복귀한 부하들의 일부, 지하운동 출신 전투원 그리고 산악지대에서 활동한 게릴라들을 포함해서 총 309명이나 되었다.(나중에 이어서 10명이 추가로 혁명당원에 가담하였다.) 지금 이 혐오스런 건물들은 새로운 세대들을 가르치고 여행자들에게 과거를 가르치는 박물관이 되었다.

"소나무 섬"은 혁명의 승리와 더불어 새로운 삶을 시작하였다. 수천명의 젊은이들이 감귤 과수원, 대리석 채석장, 도자기 공장에서 공부하면서 일하였다. 또한, 아프리카, 아시아, 남미에서 온 수만명의 젊은이들이 초등, 중등, 고등학교 교육과 기술-전문훈련을 받으러 갔는데, 이 모두는 수업과 더불어 감귤 과수원 근방에서 동일한 프로그램 하에서 이루어진다.

귀금속으로 세팅한 금팔찌가 섬 근처에 있는 산호에서 발견되었다고 한다. 전해내려 오는 얘기에 따르면, 프랑스 해적이었던 라트로베(Latrobe)가 그를 추적해오는 자들로부터 잡히지 않기 위해 도망가고 있었을 때, 싱구아네아 소만(小灣) (Singuanea Cove)해안가를 따라 어딘가에서 스페인식 큰 돛배를 포획했는데 거기서 획득된 금과 보석화물을 매장했다고 한다.

이 섬의 매력포인트는 쿠바군도에서 두 번째로 크다는 것 이외에도 검은 모래사장으로 된 비비자구아(Bibijagua) 해변(이 해변의 검은 모래는 바다가 덮치고 있는 대리석 바위가 떨어져 생김), 푼타 델 에스테 동굴(동굴 벽에서 발견된 원주민들의 상형문자 때문에 국가기념물로 지정됨) 및 국립 스쿠바다이빙 센터(깊이 56미터)등이 있다는 점이다.

15 군도(群島) 암초는 어떤 곳이 있나?

버지니아랜드 비치에는 매우 미세한 모래, 불규칙한 특유식물, 야생식물, 그리고 산호초 같은 해저가 있고, 쿠바에서 가장 큰 섬인 쿠바섬의 남북쪽 모두에 퍼져있는 암초에는 믿기가 어려울 정도의 아름다운 것들이 숨어있다. 따라서 암초는 관광객에게는 스쿠바 다이빙, 낚시, 사냥, 생태관광 및 사회 여행등에 더 할 나이 없이 좋다.

군도 암초 탐방은 본섬을 따라서 남쪽과 거의 중간쯤에서 라르고 암초(Largo Cay)부터 시작하자. 여기에는 6개의 아름다운 비치들이 있는데, 그중 하나에는 수백마리의 거북이가 알을 까러 해변가로 가는 토루투가스(Tortugas)해변이 있다.

이 해변의 산호해저는 수정같이 깨끗한 물로 인해 다양한 물고기들을 많이 볼 수 있기 때문에 스쿠바 다이빙 애호가(Buffet)

들을 매료시키기에 충분하다. 게다가 다이버들이 약 115피트(35미터) 더 내려가면 검은 색을 띤 산호군체를 볼 수 있다.

씨에고 드 아빌라 주(州)의 남쪽에 가면 아직 미개척된 비치가 있고, 거기에 아주 작은 섬과 작은 소만(灣)으로 하나의 집단을 형성하고 있는 자르디네스 델 라 레이나 아르치펠라고(Jardines de la Reina Archipelago)가 있다. 홍학, 갈매기, 펠리컨, 이구아나 및 기타 동물들이 아름답고 평화로운 장면을 연출하고 있다.

쿠바의 주요 섬의 북쪽의 작은 소만(灣)은 빌라 클라라주, 씨에고 데 아빌라 주 및 카마규이(Villa Clara, Ciego de Avilla and Camaguey)주에 걸쳐있다.

씨에고 데 아빌라주의 북쪽에 가면 '자르디네스 델 레이'라는 매력적인 지역이 있는데, 거기에 가면 코코만, 길레르모만, 안톤만, 그리고 파레돈 그란데만을 볼 수 있다. 이들 모든 소만(小灣)들은 17km짜리 바위로 주섬까지 연결되어 있다.

불과 몇 년 지나지 않아 자르디네스 델 레이(Jardines del Rey)는 쿠바에서 가장 빠르게 성장하는 관광리조트가 되었다. 2004년 초에 총 3600객실 이상의 수용능력을 갖춘 12개 호텔(4-5성급), 리조트호텔에서 10km떨어진 곳에 현대식 국제공항 터미널이 있고, 엘 바가(El Bga)라는 이름의 매력적인 국립공원이 있으며 그리고 해양활동 거리가 많이 있다.

카미규티주 북쪽에 있는 사비날(Sabina)은 얕은 수로가 있어서 본 섬으로부터 분리되어 있다. 산타 마리아는 쿠바에서 매우 멀리 세워진 가장 긴 도로로 본 섬에 연결되어 있다.

쿠바의 동쪽에 있는 홀귄주 북쪽에는 사에티아(Saetia)암초는 아주 작고, 매력적이고, 조개껍질모양의 비치가 있는데 훌륭한 사냥과 낚시터가 되고 있다.

캐리비안 해수로 해수욕하는 군도인 쿠바는 쿠바 전체를 통틀어서 매력적이고 아름다운 섬이다.

16 생물권 보존지역으로는 어느 곳이 있나?

쿠바는 관리되는 자원에 따라서 6개의 보호지역으로 분류되고 있는데, 이를 '생물권보존지역'이라고 부르고 있다. 이러한 분류는 이들 지역의 환경과 정의에 관한 쿠바 법률(1971년 제정)을 따르고 있는 것인데, 이 법률에는 이 지역을 "이 지역과 연관된 생물학적 다양성과 자연적 · 역사적 · 문화적 자원을 보호하고 유지하기 위하여 그리고 이들의 보전을 보장하기 위하여 적합한 관리에 의하여 특별히 계획된 쿠바를 위한 혹은 어떤 경우에는 세계를 위한 생태적 · 사회적 · 역사적 · 문화적 중요성"을 갖는 지역으로 정의하고 있다.

이들 지역에는 다음과 같은 곳들이 있다.

101,500헥타르에 걸쳐있는 과나하카비베스반도는 피나르 델 리오주의 서부에 위치해 있다. 거기에 있는 해양이든 육지든 모든 동식물들은 매우 다양하다. 광활한 해안가, 토탄 습지, 맹그로브 서생 습지는 쿠바 지질학의 특징을 나타내고 있

다. 이 지역의 기후는 건조한 열대성이다. 과나하카비베스 국립공원도 거기에 있다.

또한, 피나르 델 리오에 위치해 있는 25,000헥타르 넓이의 씨에라 델 로사리오는 1985년에 지정한 쿠바 최초의 '생물권보존지역'이다. 이 지역은 본질적으로 산이 많은데, 여기에는 열대성 우림 · 관엽수 · 소나무삼림 및 나무가 없는 대초원(사바나) 가지 형태의 식물이 발견되고 있다.

무성하게 자라고 있는 난초 및 기타 현지 토종의 식물을 포함하여 거의 800종의 식물이 이 지역 주변에서 발견되고 있다. 동물군으로는 90종 이상의 새(쿠바 國鳥인 쿠바 트로곤, 딱따구리 그리고 가장 뛰어난 새중의 하나인 벌새), 16종의 양서류 및 33종의 파충류로 구성되어 있다. 라스 테라자스 커뮤니티는 지속가능한 발전을 촉진하고 있는데, 이 지역은 사람과 자연의 조화로운 관계가 설정되어 있다.

479,800헥타르의 넓이의 자파타 늪지는 마탄자스주에 위치해 있다. 시골이고, 지역적이고, 국가적이며 세계적인 중요성이 더해지고 있는 이 보존지역은 캐리비안섬 중에서 가장 광범위한 늪지대이다. 이 보존지역의 삼림, 늪지대 목초지, 해안가 관목지에 풍부한 식물은 자파타 굴뚝새(*Ferminia cerverai*), 자파타 참새(*Torreornis inexpectata*), 벌새, 산토 토마스헨스(*Cyanolimnas cerverai*), 海宇(바다소), 세 종류의 쿠바 주티아스, 크로크다일 등과 같은 여러 가지 종류의 동물들의 서식지이다. 이 보존지역의 식물들에는 맹그로브(紅樹林), 주카로, 아레이갼, 어베이 마초 및 쿠바 마호가니나무 같은 것들이 있다. 자파타국립공원은 이 지역에 위피해 있다.

벌새(출처 : 네이버 지식백과, 서울동물원에도 있음)

88,860헥타르에 걸쳐있는 부엔나비스타는 씨에고데 아빌라주에 위치해 있다. 상당한 생물다양성을 특징적으로 보여주고 있는 이 지역은 생태계적 견지에서 볼 때 매우 민감한 지역이다. 이곳의 동물군에는 단지 이 지역에서만 발견되는 토종의 종족을 포함하고 있다.

케이요 코코 및 케이요 프란세의 서부에 위치한 생태적 보존지역, 케이요 싼타 마리아의 동서부에 위치한 야생수렵금지구역 및 조보 로산도의 보호구역이 이 지역에 있다. '자구아네스-싼타 마리아 국립공원'이 이 보존구역에 있다.

77,700헥타르에 걸친 바코나오는 산티아고 데 쿠바 및 관타나모의 동쪽 주에 있다. 산티아고 데 쿠바 고원, 그란 피에르드라 산(山) 및 산타 마리아 데 로레토 고원은 경사가 가파른 고저지역이면서 동시에 또한 계곡과 충적 고원으로 특징지워지는 이 지역에서 발견된 가장 중요한 지층가운에 존재한다.,

박쥐, 거미류 절지동물(거미, 전갈), 토종 나비, 주티아 및 바티스타(참새매)같은 새, 황조롱이와 메추라기들은 이 지역에서 누구나가 볼 수 있는 가장 널리 살고 있는 동물종이다. 보존지역과 쿠바에만 있는 특유한 서식지는 아티보니코에 있다. 모니통고스라고 알려진 고도(孤島)는 해안지역의 반건조지로 특징되는 지역이다.

127,500헥타르에 걸친 츄칠라스 델 토아는 홀귄주 동부에 있다. 이 지역은 매우 비탈지고, 평지이며, 고지대의 강뜰 및 언덕으로 되어 있다. 화성(化性)이며, 변성(變成)이며, 석회를 함유하고 있는 돌도 이 지역에서 발견되고 있다. 이 지역의 식물종

의 70%는 토종이며, 드라세나 · 포도카르포스 · 육식성의 식물의 경우와 같이 일부는 위험하기도 하다. 또한 알미퀴스, 왕딱따구리, 폴리미타스, 해우 등 같은 많은 위험한 종이 이 지역의 다양한 동물군포를 이루고 있다. 알레산더 본 훔볼트 국립공원에도 보존지역이 있다.

쿠바리브레
Cuba Libre

chapter
03

쿠바의 역사

3

쿠바의 역사

1 아바나의 사적지(史蹟地)로는 어떤 곳이 있나?

아바나에는 광장 · 공원 · 박물관 등 많은 역사적 현장(사적지)이 남아 있다. 아바나는 1763년에 활발한 무역거래가 왕성했던 아바나항구를 배경으로 하여 성장했다. 아메리카대륙에서 식민기간 동안부터 시작해서 가장 오래된 빌딩숲 하나가 아바나 항구근처에 있다.

아바나항구의 실제적 가치는 국가기념물로서 인식되는 1,000개의 빌딩들 가까이에 있을 뿐만이 아니라 항구가 전반적으로 동질적이고 또한 면적이 약 395에이커(160헥타르)에 걸쳐 도시 숲을 이루고 있다는 데 있다.

아바나도시 거리의 네트워크는 남미와 세계 어디서도 찾아볼 수 없는 독특한 보전물로서 아무런 변화함 없이 그대로 보존되어 있다. 이런 점에서 1982년 12월 14일 UNESCO는 오울드 아바나와 그 도시의 식민지 요새의 체계를 세계문화유산으로 등록하였다.

전해내려오는 말(口傳)에 따르면, 싼 크리스토발 데 라 아바나(현재의 아바나)의 첫 정착마을위원회는 창립식과 미사에서 커다란 실크-면화나무 아래에서 1519년 11월 16일 세 번째(결국 마지막이 되었지만)터에서 설립되었다. 최초의 실크-면화나무가 1754년에 쓰러졌을 때 역사적 가치가 있는 기둥이 그 곳에서 솟아올라왔으며, 1828년에는 쿠바에서의 최초의 고전적 신건물인 템플레테 슈린(Templete Shrine)이 다른 실크-면화나무 주변에 심어졌는데, 이것은 결국 최초의 기념비적인 나무되었다.

이 건물은 18세기와 19세기에 아바나를 에워쌌던 거대한 바위벽이었으나 현재는 단지 네 개의 조각만이 남아 있다. 그들 중 두 개—하나는 포트 애브뉴위에 있는 원형극장앞에 있고, 나머지는 혁명박물관 앞에 있음—는 아주 작은 감시탑이다. 이들 감시탑의 벽조각들은 해적선에 의해 끊임없이 수난을 당했던 아바나 식민지시대를 경험하는 유일한 숨결을 방문객들에게 제공해 주고 있다.

현재 쿠바 국가영웅으로 칭송받고 있는 호세 마르티(Jose Marti)는 1853년에 아바나 폴라(Paula)거리에 있는 조그만 집에서 태어났다. 그의 어머니에게 존경심을 표하기 위하여 이 거리를 레오노르 페레즈(Leonor Perez)라고 이름을 개명했고, 지금은 국가기념물로 지정된 그의 집은 마르티생활 관련 중요한 모습들을 전시하는 박물관이 되었다.

방문객들이 혁명박물관 바로 뒤편에 가면 역사적인 통나무 쿠르즈 '그란마호'를 볼 수 있다. 이 배는 피델 카스트로가 이끈 82명의 탐험가들이 맘비 전투사들에 의해 19세기부터 시작했던 '쿠바독립투쟁'을 지원하기 위하여 1956년 멕시코에서 쿠바로 돌아올 때 이용한 것이다. 피델과 그의 부하들은 쿠바의 동부에 있는 마에스트라 (Sierra Maestra)산맥에서 투쟁을 다시 시작했는데 거기서 그들이 승리함으로써 쿠바독립을 이루게 된 것이다.

피델 카스트로가 1961년 4월 16일 콜론 세미테리(Colon Cemetery)입구근처의 아바나의 베다도(Vedado) 주변에 있는 23번 코너 12번가에서 있었던 미사모임에서 인사말에서 피그만 침략의 서막이었던 폭격에서 사망한 자들을 위한 장례식에서 조사를 했다. 그 다음 혁명은 사회주의임을 선언하였다. 그 날과 그 장소는 물론 아바나와 쿠바역사의 하나가 되었다.

2 독립투쟁의 역사는 어떠한가?

19세기에 독립을 위해 투쟁한 쿠바국민들의 입장에서 가장 중요한 표현은 무엇일까? 18세기 말에서 19세기 초까지 미주에서 특이한 일이 발생했다. 패트리오트가 하이티에서 나폴레옹 보나파르테군대를 격퇴시키고, 많은 프랑스 정착민들이 쿠바의 동쪽 끝으로 피신해 가서 거기서 커피 · 카카오 · 면화농장을 일구었다.

동시에 미국 토마스 제퍼슨(당시 대령)은 전략 목적과 정치적 편의성을 위해 쿠바를 장악할 의도를 내비쳤다. 게다가 스페인이 자국의 에너지를 나폴레옹 침략을 격퇴시키는 데 퍼붓는 동안 남미지역의 스페인 식민지들은 자국의 독립을 위해 투쟁하기 시작하였다. 쿠바에서 발발한 첫 독립운동과 같은 시기인 1808년에 발생하였다.

1843년 10월에 소위 "사다리 공모"(Ladder Conspiracy)가 발각되었는데, 이 공모는 결국 사격대에 의해 총살당했던 플라시도(Placido)로 알려진 유명한 혼혈아 시인 가브리엘 데 라 콘셉씨온(Gabriel de la Concepcion Valdes)의 사형집행을 포함하여 자유의 몸이 된 자들에게 무시무시한 박해로 이어졌다.

1850년에 나르시스 로페즈는 군사탐험을 쿠바로부터 자유롭게 하는데 주도했다. 그는 그의 부하들을 마탄자스주 해변 북쪽에 있는 카르데나스(Cardenas)에 상륙했는데, 그 시기는 쿠바의 현재 국기와 유사한 깃발이 처음으로 쿠바 전체에 걸쳐 게양되었던 그 도시를 장악했던 기간이었다.

1837년에 그들의 정치적 힘을 인정해 달라는 것에 대해 스페인 의회가 거절하였으며, 또한 그들은 노예제도를 유지하고 그들의 설탕을 보다 쉽게 판매하기기 위해 미국의 보호를 기대하였기 때문에 쿠바 농업 부르주아층에 가깝게 밀착하였다. 그렇기 때문에 몇몇 쿠바인들은 만일 미국이 쿠바를 합병한다면 자기네 나라의 문제가 해결될 수 있을 것이라는 결론에 이르게 되었다. 하지만, 호세 안토니오 사코와 쿠바 지식계급층 회원들 같은 대부분의 쿠바사람들은 그런 입장에 반대하였다.

쿠바사람들에 의해 시작된 첫 혁명을 야기시켰던 요소들은 불공정한 화폐정책으로 말미암아 악화되었던 경제적 위기와 새로운 사회 · 정치적인 생각에 영향이 포함되었다.

1868년 10월 10일, 쿠바의 동쪽에 라 데마자구아 설탕공장을 소유하였던 법률가인 카를로스 마누엘 데 쎄스페데스는 소규모 애국자 집단의 선두에 서서 무장봉기하였다. 스페인의 식민지 지배에 대항한 전투는 10년간 지속했으나 결국 그의 목적을 달성하는 데에는 실패하였다.

쿠바의 독립을 달성하기 위한 그 다음의 시도는 1895년 2월 24일에 발생한 다른 전쟁과 함께 시작했다. 그 전쟁중의 쿠바 지도자들중에서 가장 사랑받았던 호세 마르티와 안토니오 마세오는 사망했으나, 30만 명의 잘 훈련된 노예 병사들을 상대로 싸우는 그 전쟁을 중지시키지 못했다. 그 다음 1897년에 스페인 당국은 개혁조치를 단행했으나, 스페인당국자들은 애국자들을 받아들이지 않았다. 이어서 이 전쟁에 개입하고, 쿠바를 제외시킨 1898년 파리평화조약(Peace Treaty of Paris)에 의해 미국은 쿠바 · 필리핀 · 푸에르토리코를 장악했다.

미국 군대는 외국자본이 쿠바의 모든 자연자원을 통제하는 가짜(의사)쿠바가 설립된 1902년까지 쿠바를 지배했다.

3 영웅, 호세 마르티는 누구인가?

호세 마르티 페레즈(Jose Marti Perez)는 언제나 19세기 중 가장 탁월한 쿠바인중의 한명으로 인식되어 왔다. 그는 걸출한 정치가이었고, 문학가이었으며, 쿠바독립을 위한 이상주의적인 전투가이었으며 또한 몽상가이었기 때문에 쿠바공화국 정부 수립 준비 기간 중 존경을 받았다.

혁명은 투쟁의 깃발을 들어 올렸다. 그가 100살 때에, 그의 신조를 지지하는 젊은이들은 대부분의 인민들을 혁명에 가담시키기 위하여 군대요새를 공격했다.

마지막으로 1959년에 시작한 주권국(독립국) 쿠바는 그를 존경하고, 그의 저작을 출판하고, 어린이와 노동자들이 그의 인도적이고 미묘한 사고 및 그가 하는 일에 친숙해질 수 있도록 하였다.

현재는 쿠바의 모든 국민들은 그를 칭송하고 있다. 16세때 스페인 당국에 의해 감옥에 갖혔을 때, 그는 스페인에서의 망명생활중 "*El presidio politico en Cuba*"(쿠바에서의정치적투옥)이라는 글을 썼는데, 그 글은 노예감옥의 공포를 비난하는 내용이었다.

그의 생활중 가장 돌출한 것 중 하나는 1895년 독립전쟁 때의 조직과 지휘였는데, 그는 이를 통하여 쿠바가 자유독립국이 되는 것을 원하는 모든 사회계급과 구역들을 하나로 통합했다는 것이다. 그는 쿠바사람들을 외국에서 이주해온 사람들, 독립과 쿠바공화국 투쟁을 위해 최초 쿠바혁명당원들을 조직한 사람들 그리고 그의 시대의 혁명가의 정치슬로건이었을 뿐만 아니라 후세대의 정치슬로건이었던 진보된 생각을 비축하자는 것을 추구했던 사람들로 분류하였다.

그의 불타는 저술활동, 통일에 대한 힘찬 절규 그리고 심오하지만 간결한 음운(詩)은 인간의 완벽한 모습이며, 그의 저술은 스페인문학에서 하나의 중요한 부분이 되었다. 그가 글을 쓸 때 표현했던 목표인 "나는 쿠바공화국의 기초법률이 인간의 완전한 존엄에 있어서 쿠바인이 칭찬받기를 원한다"가 쿠바사회주의 헌법에 포함되었다.

호세 마르티 조각상

쿠바 시내는 온통 박물관으로 가득차고 있다.

쿠바리브레

Cuba Libre

chapter 04

쿠바의 문화와 음식

4

쿠바의 문화와 음식

1 유네스코가 지정한 문화유산에는 어떤 것이 있는가?

UNESCO는 쿠바의 여러 곳을 세계문화유산으로 지정했다. 쿠바 수도인 오울드 아바나(1982년), 쌍띠 스피리투스 주 트리니다드의 역사 중심지 및 설탕공장으로 알려진 그 인근 쌍 루이스계곡(1988년), 산티아고 데 쿠바의 모로(Morro)로 더 잘 알려진 산 피드로 데 라 로카 카슬(San Pedro de la Roca Castle)(1997년), 그란마주에 있는 데 바르코 델 그란마(Desembarco del Granma) 국립공원 및 피나르 델 리오 주에 있는 비날레 계곡(1999년) 등이다. 또한 UNESCO는 2000년에 이곳을 프랑스원주민의 정착지에 속하는 커피농장의 옛터로 지정하였다가 2001년 홈볼트공원(Humbolt Park)으로 지정했다.

오울드 아마나의 건축물은 지은 시기가 17세기부터 19세기이기 때문에 식민지시대의 분위기가 그대로 보존되어 있다. 오울드 아바나는 약 10만 명이 살고 있는 박물관과 같다. 아바나의 집들은 발코니와 단단한 나루로 된 커다란 문으로 옆과 경계를 이루고 있는 반면에 도로는 좁고 자갈로 깔려져 있다. 오울드 아바나는 박물관, 교회, 수도원, 요새 그리고 쿠바인과 여행자들이 관심거리가 될 곳이 많다. 특히 크리스토퍼 콜럼부스(Christoper Columbus)의 인간적인 냄새가 여러해 동안 잔존했던 아바나대성당이 널리 알려져 있다.

19세기에 50개 이상의 설탕공장이 싼 루이스(San Lui)계곡에 건설되었고, 그 옛자리가 설탕이 트리니다드 시를 쿠바에서 가장 부유한 도시로 만들어 준 그 시대의 증거물로서 남아 있다.

지금은 도시의 상징물로 남아있는 이즈나가(Iznaga)탑은 가장 잘 알려진 건축물이다. 부동산 소유자인 이즈나가(Iznaga)는 탑을 건설하도록 지시하고 그의 노예감시자들이 탑에서 노예들이 그의 농장에서 일하는 현장을 지속적으로 감시하도록 하였다. 전해오는 이야기(전설)에 따르면, 그 지역의 토지 소유자들 중 한 명이 매우 부자였는데, 그가 자기 저택의 바닥을 모자

이크 타일처럼 동전으로 도배하기를 원하였다고 한다. 그러나 스페인 당국은 그의 그러한 무모한 계획에 관한 소문을 탐지한 후 당국은 그에게 다음과 같이 경고하였다. 즉, 만일 그가 동전들을 평평하게 펼친다면, 모든 사람들이 동전 속에 들어있는 왕의 이미지나 스페인 문장(紋章)을 밟을 수 있기 때문에 그러한 일은 결국 스페인 당국의 신경을 건드리는 결과가 되므로 그 계획을 이행하지 말라는 것이었다. 그는 스스로 자기 계획을 포기하였다고 한다.

산티아고 데 쿠바 모로(Santiago de Cuba's Morro)성으로 더 장 알려진 싼 페드로 데 라 로사(San Pedro de la Rosa)성은 라 쏘카파(La Socapa)와 라 에스트렐라(La Estrella) 요새와 더불어 산티아고 데 쿠바(Santiago de Cuba)만을 보호하는 방어시스템의 일부를 형성하고 있다. 이 산티아고 데 쿠바는 식민지시대 노예들의 힘으로 건축되었는데, 카리브해의 조건에 잘 적용된 가장 크고 가장 완벽한 유럽 르네상스군대 건축물이다.

또한 UNESCO의 세계문화유산 결정은 유적지 보존 상태를 기반으로 하였다. 당해 유적지는 지난 19세기 10년 동안과 20세기 첫 50년 동안에 걸쳐 악화가 심각하게 진행되었는데, 쿠바의 세계문화유산 중 일부인 그 유적지를 구조하여 보존한다는 현 쿠바정부의 경제가 허용하는 범위내에서 지원하는 보존정책에 힘입어 심각한 악화진행이 멈춰지고 오히려 역전되었다.

아바나 모로성(Habana's Morro Castle)을 건축한 유명한 이탈리아 군사공학가인 주안 바우티스타 안토넬리(Juan Bautista Antonelli)는 1638

년에서 1643년까지 이 성을 건축했다. 이 건축물은 그 곳 만(灣)의 입구에 잡석으로 건축된 5층 계단으로 되어 있는데 면적이 3.7제곱마일(약 9.5제곱미터)이다.

그란마주의 경계선에서 가까운 데셈바르스 델 그란마(Desembarco del Granma) 국립공원은 1956년 12월 2일 그란마 거실이 있는 행락 모터보트cabin cruiser)에서 피델 카스트로(Fidel Castro)가 이끌었던 혁명전투가들의 상륙을 기념하기 위하여 1986년에 건설되었다.

이 공원의 특징은 현재 이러한 카르식 지대(carsic terrain)에서 발생하고 있는 형태학상의 특색과 지질학적 과정의 사례인 바다를 향한 테라스와 스릴만점의 절벽이 있다는 점이다. 가장 대표적인 장소는 에스칼레라 데 로스 지가네스(Escalera de los Giganes, '거대한 결점' Giant Stairs 이라고 함)발코니시스템, 엘 구아페(El Guafe) 자연적이며 고고학적인 길 및 가장 주위를 끄는 장소중의 하나인 이돌로 델 아구아(Idolo del Agua, '물우상' water idol 이라고도 함)동굴 등이다.

또 다른 흥미로운 길은 모르로테-푸스테테(Morlote-Fustete)이다. 거기에는 모르로테(Morlote)구멍(넓이 52미터, 깊이 77미터), 푸스테테(Fustete) 동굴 및 쿠바에 몇개 남아있지 않는 원시림중 하나인 로얄 인렛(Roya Inlet) 등이 있다.

면적이 25,764헥타르에 이르는 이 공원에는 방문객들이 앵무세, 쿠바 잉꼬, 빨강색 부리의 열대지방 새(*Phacton aethereus*), 나비 박쥐(*Natalus lepidus*), 쿠바 야간 도마뱀(*Cricosaura typica*) 및 수정 나비 등과 같은 독특한 동물군을 볼 수 있는 많은 루트가 있다.

오르가노스산(山)가까이에 있는 비날레 계곡은 피나르 델 리오 주(州)의 구아니구아니코(Guaniguanico)산맥의 일부이다. 이 계곡에는 모고테스(*Mogotes*)라는 이름의 특이식물로 뒤덮힌 수직으로 된 통바위가 땅이 비옥한 평야에 많이 있다. 담배를 기반으로 한 전통적인 농업은 쿠바에서 가장 매력적인 시골풍경 중 하나이다. 또한 우리는 독특한 식물과 동물종을 볼 수 있는데 그 중 일부는 멸종위기에 처해있기도 하다.

이 공원은 쿠바에서 가장 광범위한 동굴계통이 갖춰져 있다. 산 후안강(江)을 관통하는 인디안 동굴, 카리비안해 서인도제도(The Antilles)에서 가장 큰 무게 45kg의 산토 토마스동굴은 가장 중요한 동굴들이다. 비나레스 마을에서 4킬로미터 떨어진 곳에 가면 도스 헤르마네스(Dos Hermanas, 두 자매라는 의미임)라는 이름의 둥근 산이 있고, 그 산의 한쪽 위에는 높이가 120미터에 넓이가 180미터짜리 프레스코화(fresco : 갓바른 회벽에다 수채로 그리는 화법)가 그려져 있는 선사시대의 벽(Prehistory Mural)이 있다.

이 프레스코화는 멕시코의 벽화가인 디오 데 리베라(Dio de Rivera)를 추종했던 쿠바의 예술가인 레오비질도 고나젤레스(Leovigildo Gonazalez)가 그린 것인데, 그 프레스코화는 선시사대 중에 이 지역에서 살았던 동물과 창조물(모든 생물)을 묘사한 것이다.

UNESCO는 2000년에 그 곳의 역사적인 가치를 인정하여 쿠바의 동남부에 씨가 뿌려진 첫 커피농장으로 이루어진 고고학적 풍경을 세계문화유산의 일부로 지정하였다. 이들 첫 프랑스-아이티 커피 농장은 쿠바혁명 발발한 후인 1789년 아이티에서 탈출한 이민자들에 의해서 17세기와 19세기 기간 동안에 설립되었다.

커피농장은 고고학적이며, 과학적이며, 기술적인 도로와 문화적 센터로 여겨지기 때문에 대단히 중요하다. 또한 이러한 농장뿐만 아니라 이 곳에는 커피재배에서 사용된 농업도구도 남아 있다.

여기에는 수백개의 회사가 있는데, 그 중의 대부분은 산티아고 데 쿠바주(州)에 위치한다. 이들 회사들은 그들 회사 중 많은 수는 구안타나모주(州)에서도 있지만, 그래도 대부분은 그란 피아피에드라, 엘 코브레, 도스 팔마스 및 콘트라마에스트레등에 널리 퍼져있다. 이들 커피농장의 가장 유명한 옛터는 산타 소피아, 켄터키 및 라 이사벨리카(La Isabelica)농장인데, 후에 더욱더 완벽하게 보존되었으며, 결국에는 민족박물관이 되었다. 전해 내려오는 얘기(전설)에 따르면, 그란 피에드라에 위치한 커피농장에서는 프랑스에서 온 한 개척자는 이사벨리카라는 이름의 노예와 사랑에 빠져 결혼하였다고 한다.

마지막으로 구안타나모주(州에) 위치한 알렉산더 폰 훔볼드트(Alexander von Humboldt) 국립공원은 캐리비안에서 가장 유명한 공원중 하나이다. 이 공원은 1800년과 1801년에 전세계 섬을 여행하였던 독일 과학자인 알렉산더 폰 훔볼드트의 이름을 따서 지어졌다.

이 공원에는 고원 · 강 · 평원 · 만 · 산호암초 · 암초가 있어 그 지역 특유의 여러 식물과 동물종이 식생하고 있다. 이 공원은 또한 쿠바에서 가장 다양하고, 아름답고, 보호된 생태계 중 하나이다. 이 공원의 보전으로 말미암아 생물과 이 지역의 경관의 영원한 존속을 보장하고 있다. 이 공원은 세계에서 가장 높은 지대에서 사는 식물 집생지이며, 많은 독특한 종이 살고 있는 곳이다. 세계의 식물종 중 2%가 여기에서 발견되고 있다. 게다가 산 · 삼림 · 소나무삼림 · 강 · 우물 · 수정같은 깨끗한 폭포 등으로 이루어진 아름다운 경관을 이루고 있다.

2 문화의 날은 언제인가?

10월 20일 쿠바문화의 날의 기원은 1868년인데, 그 때 쿠바사람들은 바야모에서 최초로 국가(國歌)가 울렸던 오후를 기념하였다.

쿠바 문화는 인도 · 스페인 · 아프리카에 뿌리를 두고 있으며, 또한 잠시동안 쿠바에 머물렀던 다른 사람들에 의하여 세련되지기도 했으며, 그들의 흔적을 건축물 · 음악 · 언어에 남기기도 했다. 호세 마르티 · 펠릭스 바렐라 · 호세 안토니오 · 호세 데 라 루즈 이 카발레로들은 음악과 예술의 방면에서 세계적으로 유명한 인물이며, 동시에 쿠바에서도 걸출한 인물이다.

그러나 단지 문화의 여러 가지 측면이 한층 고립된 지역에서 많은 사람들에 의해 보강되고 고무되서야 비로소 사람들은 문화에 대해 언급하기 시작하였다. 이러한 일들은 노새 등에 실려서 도서관 · 이동 영사기 · 발레 단체 · 심포니 오케스트라 · 극장단체들을 시에라 마에스트라와 기타 산악지역으로 보냈던 쿠바혁명이 그 당시에 발생한 것이다.

세계의 음악은 미구엘 파일데가 수십년 안에 걸쳐 창조해낸 단존(Danzon)과 같은 쿠바의 전형적인 춤 그리고 '차차'(cha-cha) 같이 최근에 창조된 춤과 더불어 풍요로워졌다.

거의 모든 사람들은 어네스토 레쿠오나와 곤잘로 로이그 같은 멜로디, 베니모레 같은 선율, 이라케레 그룹같은 다면적 율림, 피아노위의 프랭크 페르난데즈와 키타위의 레오 브라우워, 그리고 과거의 신도 가레이와 마누엘 코로나와 현재의 파블로 밀라네즈와 씰비오리구에즈 같은 노래를 들었을 것이다.

전설에 따르면, 타이노와 실보니 인디언은 그들의 선율적인 춤으로 스페인정복자들을 놀라게 했다. 현시대에는 쿠바 국립발레가 발레단 최고의 여성댄서(프리마 발레리나)인 알리샤 알론소, 카마귀이발레단, 국립발레그룹, 폴크로레 그룹을 놀라게 했으며, 그리고 나머지들도 국제적인 명성을 얻었다.

문학중에서 에세이 작가로서는 후안 마리넬로, 소설가로서는 알레조 카펜티어, 호세 레자마 리나 및 마누엘 컨피노, 단편소설 작가로서는 알폰소 헤르난데스 카타, 오네리오 호르제 카르도소 및 도라 알론소, 시인으로서는 니콜라스 귀일렌, 카릴다 올리버 라브라, 둘체 마리아 로이나즈 및 제우스 오르타 루이즈가 있다. 그리고 사학자로서는 에밀리오 로이그 데 뢰치센링 과 외세비오 레알은 가장 현출한 학자들이 있다.

레네 포르토카레로, 위프레도 람, 아멜리아 펠라에즈 그리고 최근들어서는 마누엘 멘디베들의 작품은 다른 나라의 유명한 미술관에 전시되고 있다. 리타 온가, 마누엘 델라라 및 앙리크 인디오들은 현출한 조각가들이다. 게다가 금 · 은 · 가죽 · 구리 · 나무 · 조개 · 종이 · 유화를 가지고 작업하는 쿠바의 공예가들은 여행자들에게 매우 인기있는 기념예술품(Objects d'art)으로 창조해냈다.

쿠바의 문화는 이런저런 모든 것들로 이루어졌다. 쿠바는 전국 어디에서나 재능있는 모든 국민들에게 예술학교와 예술대학에 진학하도록 하는 기회를 제공하고 있다. 쿠바는 전국 어디에서나 어린이들이 도서관 · 박물관 · 예술 전시관 · 음악학교 · 발레를 접근할 수 있도록 하고 있다. 쿠바는 모든 국민들에게 모든 문화표현 측면에서 자기의 기술을 개발할 가능성을 열어주고 있다.

문화는 바로 쿠바국민들의 미소와 좋은 유머만큼이나 국민들의 한 부분이다. 이러한 것들은 쿠바국민들의 매일의 생활에서 나타나고 있다. 호세 마르티는 "교육을 받는다는 것은 곧 자유로워진다는 것이다"라고 말한 적이 있다.

3 요리에는 무엇이 있나?

쿠바요리는 두 나라(스페인과 아프리카)로부터 크게 영향을 받았고, 나중에 아시아요리로부터 영향을 받았고, 그 뒤를 이어 19세기 말에 중국 이민자들로터 영향을 받았다.

쿠바요리는 19세기에 전형적으로 스페인 음식으로부터 유래한 것이지만, 다행히 닭고기와 쌀, 검은 콩과 쌀(또한 Moors와 Christians이라고도 함) 그리고 오리엔테주 스타일 쌀과 붉은 콩 같은 쿠바 고유의 음식도 많이 있다.

쿠바의 전통 음식은 Ajiaco Criollo(쿠바 스튜요리)라고 불린다. 이 요리는 여러 가지 종류의 뿌리 · 기타 채소 · 고기를 섞어서 만든다.

Ajiaco Criollo(쿠바 스튜요리)

쿠바의 요리방법에 관한 가장 훌륭한 책인 *Memories of a Cuban Kitchen*을 소개한다. Washington Times는 이 책에 대하여 "저자 Mary Urrutia Randelman이 진심어린 애정을 가지고 카스트로시대 이전의 요리방법을 회상하게 하는 가장 훌륭한 사실을 담고 있다. 이 책은 요리책만큼이나 기억을 더듬게 하는 예술작품이다. 쿠바 요리를 회상케 하는 모든 쿠바요리책의 도서관격이며, 쿠바문화유산이나 가정에서 쿠바요리를 보다 더 완벽하게 해보는 데 흥미를 가지고 있는 자는 누구나 반드시 참조해야 하는 필수품이다"라고 극찬하고 있다. Miami Herald는 기억나는 쿠바전통음식으로 다음과 같은 것들을 제시했다 : DishesBistec de Palomilla (Cuban Fried Steak), Moros y Cristianos (Black Beans and Rice), Ajiaco Criollo (Cuban Creole Stew), Pargo Relleno (Stuffed Red Snapper), Ensalada de Aguacate y Mango (Avocado and Mango Salad), 및 Flan de Coco (Coconut Flan) 등

요리할 때마다 사용되는 재료와 소스로 말미암아 각 스튜는 약간 다른 맛이 난다. 가장 일반적인 쿠바 스튜는 유카(백합과 식물), 타로토란 식물, 달콤한 토마토, 감자, 녹색의 익은 바나나, 콩 그리고 마르고 소금에 절인 고기 조각이 들어간다.

기타 전형적인 음식은 그을려 튀긴 돼지고기, 녹색바나나를 튀겨서 분쇄한 덩어리(tostones) 그리고 바삭바삭하고 잘게 썰은 소고기가 있다.

4 칵테일에는 어떤 것들이 있나?

쿠바에서 가장 유명한 칵테일로는 럼주와 사탕수수브랜디가 있다. 사탕수수브랜디는 숙성되고 증류되면 절묘한 품질의 럼주가 된다. 비록 Caney, Legendario, Matusalten, Varadero 및 Bucanoro같은 다른 브랜드들은 세계시장에서 스스로 대단한 명성을 얻고 있지만 그래도 '아바나클럽 럼'은 가장 유명한 브랜드이다.

쿠바럼은 그냥 럼만 마실 수도 있고, 얼음과 섞어서(언더락, under rock)마실 수도 있다. 쿠바는 전세계에서 잘 알려진 여러 가지 종류의 칵테일이 있다. 예를 들면, 쿠바 리브레(흰색 라벨의 럼, 콜라, 라임 주스 및 얼음을 섞고 잔 꼭대기에 라임 한 조각을 걸침), 모히토(럼, 라임 주스, 설탕, 소다, 얼음 및 민트를 섞은 상큼한 칵테일) 및 다이퀴리(럼, 설탕, 라임 주스 및 얼음조각). 기타 대중적인 쿠바 칵테일에는 쿠바니토, 프레지덴테, 맨해튼, 사코 및 이슬라 데 피노스 등이 있다.

쿠바하면 떠오르는 술이 있다. 칵테일 중에서는 모히토(Mojito)와 다이끼리가(Diquiri) 그것이다. 그 유명한 헤밍웨이가 즐겨마셨기 때문에 더 유명해졌다. 모히또는 한 때 인

기있었던 드라마 '청담동 앨리스' 이후 폭발적인 인기를 얻어 지금은 여름 칵테일의 대명사가 되었다고 한다. 쿠바의 칵테일은 모두 럼을 베이스로 한 칵테일이다.

쿠바 리브레(Cuba Libre)는 어떻게 만들어진 술일까. 재미있게도 이 술은 쿠바가 미국으로부터 독립되던 1902년, 미국이 쿠바의 독립을 기념해서 만든 칵테일 이름이다. '자유로운 쿠바'라는 이름의 이 칵테일은 쿠바의 대표 럼인 아바나 클럽(영어로는 하바나 클럽)과 미국의 대표 음료인 콜라를 섞은 〈럼 앤 콕〉이다. 거기에 〈라임〉의 상큼함이 더해지면 쿠바의 자유를 상징하는 칵테일 〈쿠바 리브레〉가 된다. 마시다보면 그냥 웬지 쿠바의 자유로움을 더 갈망하게 된다. 이제 쿠바리브레가 현실이 되었다.

아바나 클럽 럼의 상표 심볼은 아름다운 여인의 상이다. 그녀의 이름은 이사벨. 쿠바 총독으로 임명되어 정복 활동을 하던 소토 총독의 아내다. 포악했던 소토 총독. 그는 원정대를 이끌고 황금을 찾아 떠났다. 무려 4년을 그렇게 황금을 찾아 헤매다 병에 걸려 죽었는데, 그녀의 아내 이사벨은 남편이 출정한 후 매일 아바나 항구에서 먼 바다를 보며 남편이 무사히 돌아오기만을 기다렸다고 한다.

1634년 한 건축설계사가 이사벨의 동상을 만들어 군사기지 옥상에 올렸다. 군사 요새의 탑 꼭대기에 세웠고, 이것이 아바나의 상징이 되었고, 후에는 아바나 클럽의 상표디자인에 실리게 되었다고 한다. 남편은 포악했지만 둘의 사랑은 아름다웠나 보다.

쿠바에서 오랜 세월을 보낸 미국 소설가 어니스트 헤밍웨이는 늘 시가와 칵테일을 입에 달고 살았다. 아바나의 유명한 바(Bar)인 엘 플로리디타(El Floridita)에 앉아 프랑스의 작가 겸 철학자 장-폴 사르트르 · 미국 극작가 테네시 윌리엄스 · 영화배우(게리 쿠퍼·에바 가드너·마를레네 디트리히) 등 세계적인 명사들과 함께 술잔을 기울이며, 교류하는 모습이 종종 눈에 띄곤 했다고 한다.

헤밍웨이가 특히 좋아했던 술은 〈모히토〉(Mojito)와 〈다이키리〉(Daiquiri)이다. 〈쿠바 리브레〉(Cuba Libre)와 더불어 세계적인 명성을 자랑하는 쿠바의 3대 칵테일이다. 그는 사방의 벽과 식탁들이 온통 낙서로 가득한 유명 식당 〈라 보데기타 델 메디오〉(La Bodeguita del Medio)에 앉아서 〈모히토〉를 마시다가 기분이 나면 〈엘 플로리디타〉로 옮겨가 〈다이키리〉를 주문하곤 했다. 그가 얼마나 칵테일을 좋아했던지, 한 바텐더는 그의 이름을 따서 '헤밍웨이 스페셜'이라는 칵테일을 만들기도 했다. 지금도 이 두 술집은 헤밍웨이의 흔적을 더듬어가며 쿠바 칵테일의 독특한 맛을 즐기려는 외국인들로 언제나 초만원이다. "헤이~, 헤밍웨이 스페셜 한잔 더 부탁해요!"

저자가 헤밍웨이 카페 〈엘 플로리디타〉에 직접 방문하여 체 게바라는 없었지만 헤밍웨이하고 〈모히토〉를 즐김

〈미-스페인 전쟁〉(1898)에서 승리한 미국이 쿠바에 대한 영향력을 급속히 확대하면서 자연스레 따라 들어온 일종의 부산물이다. 초기 칵테일 가운데 대표적인 것이 〈쿠바 리브레〉이다. 콜라가 쿠바에 수입되면서 여기에 럼주와 레몬을 섞어 만든 것인데, 아바나에 있던 〈아메리칸 바〉라는 술집에서 처음 선보였다고 한다. 당시 오랜 스페인 식민지배에서 벗어나기 위해 독립운동을 벌이던 쿠바인들은 이 시원하고 새로운 맛의 음료수에 '자유 쿠바'라는 뜻의 〈쿠바 리브레〉라는 이름을 붙였던 것이다.

설탕, 레몬즙, 화이트럼에 대패질한 얼음을 섞어 만드는 〈다이키리〉는 쿠바 동부 산티아고 데 쿠바 지역에 있는 다이키리 근처의 광산에서 일하던 한 남성의 아이디어에서 나왔다고 한다. 당초에는 위스키사워의 일종으로 만들어졌는데, 훗날 〈엘 플로리디타〉에서 일하던 바텐더가 대패로 민 얼음을 첨가하면서 독특한 맛을 자랑하게 되었다. 이렇게 유행하기 시작한 쿠바의 칵테일은 1920년대 들면서 때마침 미국의 금주령을 피해 쿠바로 몰려온 관광객과 사업가들 사이에서 엄청난 인기를 누렸다.

1940년대에 칵테일 기술이 더욱 섬세하고 세련미를 더해 가는 과정에서 등장하는 것이 오늘날 쿠바의 상징으로 불리는 〈모히토〉이다. 박하잎과 럼주, 설탕이 절묘한 조화를 이루는 〈모히토〉는 시원하면서도 단맛과 알콜기가 적절히 조화를 이뤄 오늘날까지도 단연 최고의 인기를 누리고 있다.

그 밖에도 럼과 코코넛 밀크를 섞어 얼음과 함께 마시는 〈사오코〉 등 외국 관광객에게는 잘 알려지지 않았지만 쿠바인들 사이에서는 마치 토속음식처럼 통하는 칵테일의 종류도 아주 많다.

쿠바사람들은 쿠바의 칵테일은 단순한 재료의 혼합이 아니라 진정한 창조물이자 예술작품이라고 극찬하고 있다. 단지 배합의 지식만 가지고는 진정한 칵테일을 만들 수 없으며, 미(美)에 대한 사랑 그리고 예민하고 섬세한 감각이 있어야만 칵테일을 만들 수 있다는 것이다.

아바나엘 말레콘 바닷가 방파제 위에 놓인 쿠바 술병

라 플로리디타(La floridita)식당 겸 술집은 헤밍웨이가 다이키리를 마시던 단골집으로 유명하며, 헤밍웨이가 항상 앉던 자리는 지금도 그를 위해 비워져있다.

5 인기있는 식당은 어느 곳인가?

아바나에는 '보데귀타 델 메디오'와 '플로리타'라는 두 개의 유명한 식당이 있는데, 이는 세계식당협회가 전세계 50개 우수 식당으로 선정한 곳이기도 하다. 보데기타 델 메디오식당은 오울드 아바나 대성당 광장 근처에 있다. 이 식당은 아주 작고 아늑한 식당인데, 세계에서 가장 유명한 쿠바 칵테일인 모히토(Mojito)의 발상지이다.

정말로 훌륭한 점심이나 혹은 저녁식사(그을리고 튀긴 돼지고기, 튀긴 녹색 바나나 tostones, 검정 콩, 육포 및 라임주스와마늘을넣은 유카)를 즐기기 위하여 식탁에 앉아 있는 전세계에서 모여든 정치가 · 과학자 · 화가 · 영화제작자 · 시인 · 저술가 · 기타 모든 종류의 사람들은 천장이나 벽에다 자기 싸인을 하거나 낙서를 하거나 심지어는 시를 써서 장식을 한다.

'플로리타'도 오울드 아나바에 있는 중앙공원 가까이에 있는 식당 겸 술집이다. 어니스트 헤밍웨이가 살다시피 자주 들려 즐겨 마시던 다이퀴리는 플로리디타식당에서 시작되었다.

플로리디타 식당에서 다이쿼리 술 잔 받침

MINIBARES
MINIBARS

FECHA			No. HAB.
PRODUCTO	CANTIDAD	PRECIO CUC	CONSUMO
Refresco de Cola / Cola Softdrink	2	2,25	
Refrescos / Sodas	2	2,25	
Cerveza Nacional / National Beer	3	2,75	
Cerveza Importada / Imported Beer	1	3,50	
Agua Gaseada / Sparkling Water	1	2,00	
Agua Natural / Natural Water	3	2,00	
Jugos Naturales / Natural Juices	2	2,50	
Vodka	1	3,50	
Whisky	1	3,50	
Ginebra - Gin	1	3,50	
Ron Havana Club Añejo Blanco	1	2,00	
Ron Havana Club Añejo Dorado	3	3,50	
Triple Sec	1	3,50	
Snacks	4	3,00	
Mini Freixenet Carta Nevada	2	6,00	

Su Minibar ha sido revisado y repuesto por:
Your Mini - Bar has been checked and refilled by:

Estimado Cliente: En el día de la fecha, hemos procedido a cargar en su cuenta los productos relacionados. Rogamos en caso de discrepancia, se comunique con el Centro de Servicios (Tecla verde en su teléfono)

Dear Guest: On the date of issue, we charged the items listed above to your account. Thus, we would appreciate it if you please contact our guest service in case of disagreement. (Please, press the green key on your phone).

Meliá Cohiba

COMPROBANTE DE CANJE DE DIVISA

Fecha: 10/7

TIPO DE MONEDA A CANJEAR:	USD	
EFECTIVO		CHEQUE VIAJERO

Cantidad	Denominación	Importe
3	10,00	30,00
1	50,00	50,00
IMPORTE TOTAL		80,00

TASA CAMBIO DEL DIA		0,80833
COMISIÓN BANCO CHEQUE VIAJERO	-2%	
GRAVAMEN SOLO PARA EL DOLAR USA	-10%	
IMPORTE A ENTREGAR CUC		64,66
IMPORTE TOTAL ENTREGADO EN CUC		64,66

Firma del Cajero:	Firma del Cliente
COMPROBANTE No.	052558

LIQUIDACION MCOHI-156/1343

저자가 지불한 멜리아 코히바 호텔의 객실 리틀바 가격표

쿠바리브레

Cuba Libre

chapter
05

쿠바의 정치와 사회

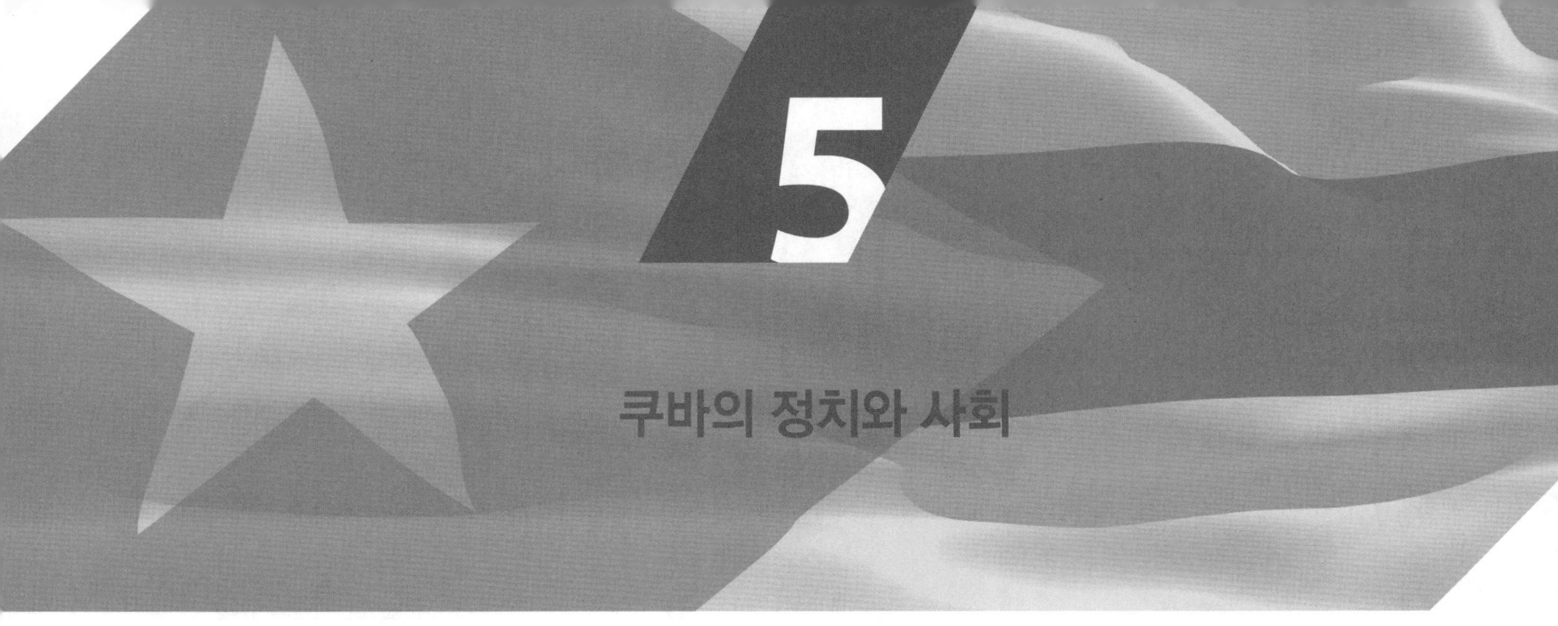

1 쿠바 국제공산주의는 어떻게 시작했나?

국제공산주의는 쿠바 국민들 특히 쿠바 젊은이들이 제기한 명예의 표방이다. 쿠바 젊은이들은 피델 카스트로 대통령이 '국제공산주의자들은 자신들이 진 빚을 인류에게 갚는데 도움을 주는 것을 의미한다'고 하였던 바와 같이 이 국제공산주의에 대한 확신을 가지고 있기 때문에 쿠바 젊은이들은 젊은 쿠바인의 초기세대로서 세계의 다른 어디에 가서도 그들의 목숨을 걸고 지금도 노력하고 있다. 이러한 면에서 보면 쿠바공산주의는 일종의 '종교'에 해당한다고 본다.

25,000명 이상의 쿠바 의사들은 세계에서 가장 외딴 곳에서 국제공산주의 사명을 수행했고, 쿠바에서는 소련의 체르노빌 대재앙으로 손상당한 14,000명 이상의 어린이들에게 무료치료를 해주었다. 수천명의 쿠바사람들은 다른 나라사람들에게 자기들의 지식을 전수했고, 120개국에서 온 41,000명 이상의 젊은이들이 쿠바에서 공부했거나 지금도 공부하고 있다.

예를 들어서 약 2,000여 명의 쿠바 교사들은 야자수나무잎으로 지붕을 덮은 오막살이집에서 살고 있는 농부가족들과 함께 극도로 어려운 상황하에서 살면서 니카라과국민들을 가르치기 위하여 니카라과로 갔고, 그들이 지은 밥도 함께 먹었다. 이들 교사들의 절반은 여성이었고, 그 여성교사들의 대부분은 어린 자녀가 있었다. 그럼에도 불구하고 이 여교사들은 가족을 집에 남겨둔 채 2년동안 니카라과의 산과 시골지역에서 가르치기 위하여 니카라과로 떠났다.

사실상 이들에게 자원봉사자 요청이 왔을 때, 29,000명의 교사들이 가겠다고 신청했다. 그들의 일부는 반혁명세력에 의해 살해당했고, 10만 명 이상은 자원봉사자들이었다. 이러한 사실은 쿠바국민들이 국제공산주의를 어떻게 생각하고 있는가를 여실히 보여주는 것이라고 할 수 있다.

아프리카 나미비아 출신 난민들이 살아가고 있던 앙골라 남부의 키싱가 난민촌에서 발생한 잔혹한 대학살이 발생했을 때, 고아가 되어서 살아남은 어린이와 젊은이들에게 거주할 장소를 마련해 주기도 하고, 경우에 따라서는 쿠바에서 공부하게도 해 주었다.

다른 나라들이 인종차별주의적인 남아프리카공화국과 함께 거래했던 그리고 심지어는 지원까지 했던 반면에 쿠바사람들은 앙골라와 나미비아의 독립을 위해 그리고 절대로 다시는 회복할 수 없었던 인종차별정책에게 치명타를 가하면서 앙골라, 나미비아 그리고 아프리카 국회와 싸우는 투사들과 함께 자신들의 생명도 무릎쓰고 감행하였다. 쿠바 국민들은 어떤 것에 대하여 대가를 요구하지 않았다. 이것이 바로 쿠바 국제공산주의의 진정한 의미라는 것이다.

현재 쿠바는 전세계 165개국들과 협력하고 있으며, 120개 이상의 합동위원회가 조직되어 있다. 2013년에는 다른 나라들과의 국제협력을 시작한 지 50주년이 되었던 해였다. 1963년에 쿠바의료진이 아프리카에서는 처음으로 앙골라에서 활동하였다.

건강관리, 교육 및 스포츠는 협력협정이 가장 잘 이루어지고 있는 부문이다. 2003년 말까지 의학분야에서만 단독으로 15,000명의 쿠바인들이 5대륙 60개국 이상의 나라에서 봉사활동을 펼쳤다.

오늘날 쿠바는 아프리카 대륙에 있는 54개국들 중 51개국들과 함께 협력관계를 촉진하고 있다. 협력내용은 건강계획 · 건설 · 수자원 · 농업 · 어업 · 과학 · 기술과 같은 새로운 분야로 확대하였다.

2 체 게바라는 쿠바 국민들에게 어떠한 영향을 미쳤는가?

만일 우리들이 어린이들로 구성된 '개척기구'(Pioneer Organization) 회원들의 아우성치는 소리를 듣는다면, 그 외침은 곧 "우리는 체(Che)와 같이 될 것이다!"일 것인데 이는 공허한 외침이 아니다. 오히려 모든 쿠바 어린이들은 전설적인 유격대원은 누구이며, 그는 쿠바와 모든 인류를 위해서 무엇을 했는가를 알고 있다. 쿠바의 모든 어린이들은 체 게바라(1928~1967)에 관하여 많이 알고 있다.

비록 체 게바라가 볼리비아에서 살해당했더라도 그는 지금도 자발적인 일을 하는 것을 보여준 본보기로서의 삶을 살고 있는 것이다. 쿠바의 모든 학교와 병원들은 곳곳에 체 게바라의 사진을 걸고 있으며, 개척자들은 그의 선행(goodness)과 용기(courage), 결심(determination) 그리고 이상(idealism)의 본보기를 따르도록 교육받고 있다.

쿠바사람들은 체 게바라에 대하여 멕시코에서, 그란마호에서 그리고 씨에라 마에스트라 산에서 함께 싸우고 그리고 혁명을 승리한 이후에는 어려운 나날속에서 함께한 피델 카스트로의 전우로서 기억하고 있다. 또한, 쿠바사람들은 체 게바라의 국제회의, 스포츠에 대한 열정, 어린이에 대한 그의 애정 측면에서 바라볼 때, 쿠바국민들은 체 게바라의 정직함, 그의 천식을 극복하고자 하고자 하는 끊임없는 투쟁을 기억하고 있다.

체 게바라(1928~1967)

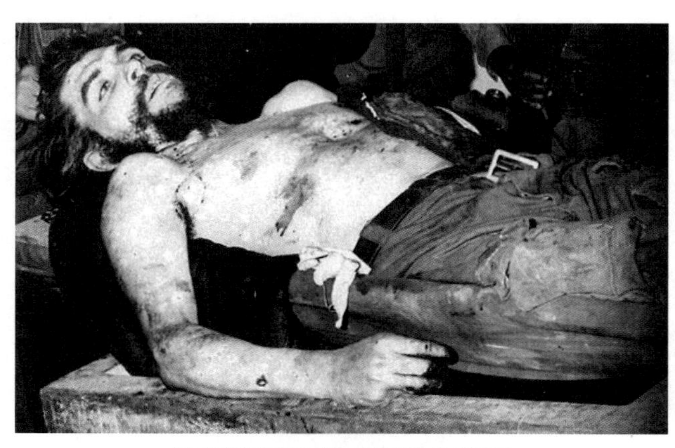

볼리비아정부군에게 사살당한 체 게바라

체 게바라의 경제이론은 실생활에 적용될 수 있었기 때문에 쿠바학교에서 가르쳐졌다. 그는 사회주의—더 나은 사회—는 오직 부(富)의 생산의 결과로서만 발생하는 것이 아님을 확신하였다. 오히려 '심지어 공산주의를 열망하는 것이 절대로 가능하지 않을 것이다'는 생각을 없애는 것이 더 나을 것이라는 새로운 사고의 방식이 요구되었다.

체 게바라와 쿠바의 초기 세대들은 쿠바의 모든 국민들의 마음속에서 자라고 있는 국제주의(internationalim)의 씨앗을 심었다.

1997년 체 게바라의 존재는 전세계 특히 쿠바에서 강조되었다. 당시 그가 볼리비아에서 전투중 사망한지 거의 40년이 되으나, 그의 흔적(시체)은 그가 사랑한 쿠바에서 발견되어 그대로 쿠바로 돌아 왔다. 수많은 사람들이 1997년 10월까지 체 게바라와 그 동료들의 과거 시체들을 잘 정돈하였다. 그 시체들은 산타 클라라에 그들을 위해 세워진 아름다운 〈에르네스토 체 게바라 기념관〉으로 이전되어서 거기서 그들은 영원히 남게 되었다.

피델 카스트로는 다음과 같이 말했다. "만일 어떤 본보기나 모델이 필요하다면, 체 게바라와 같은 남자, 그의 본보기를 따르고자 하는 모든 사람들, 그를 좋아하는 사람들 그리고 그를 생각하고 그와 같이 행동하는 모든 사람들이 절대적으로 필요할 것이다."

3 이념전쟁과 혁명은 어떠하였는가?

대규모 이념전쟁이 발생했다. 앞에서 언급된 100년 이상 전의 쿠바 영웅들과는 다르지 않은 대규모 이념전쟁이 1999년 12월 초에 시작되었고, 이어서 미국에서 반동적인 개인들이 유괴한 쿠바 소년의 귀환을 요구하는 대규모 국민집회로 이어졌다.

그 해 12월 5일, 전문가들의 회의결과에 따라 100만 명의 학생집단이 지프를 타고, 확성기를 동원하여 쿠바 수도 아바나에 있는 미국이익대표부(Interests Section)로 행진하면서, 다섯살짜리 어린이를 그 애의 아버지에게로 되돌려주라고 요구하면서 비인간적 행위의 첫 비난을 감행하였다.

그 후 점점 난폭하면서도 용감한 많은 사람들이 아바나 안벽(岸壁) 옆에 서있는 빌딩 옆까지 행진하였다. 엄마와 초등학생인 그 엄마의 애들과 일반 시민들이 모여 수많은 저항단체(prottest marches)를 조직했다. 그들은 창문의 셔터 뒤(배후)에 서 있는 반 정도 가리고 있는 미국 당국(미국 이익대표부)앞에서 그들의 권리를 요구하면서 훈련되고 신뢰할 수 있는 매너를 보이면서 정렬적이고 용감하게 항거하였다.

아바나 시 미국이익대표부 건물앞에 선 저자

멀리서 바라보이는 미국이익대표부 건물

세계로부터 진리를 얻기 위해 추구했던 그리고 미국 여론이 결국 쿠바가 옳았다고 인정했던 때가 아니라 세계의 여론이 마찬가지로 인정했던 것으로 끝나버린 고통과 투쟁의 기나긴 시간 즉, 폭력이 아니라 오히려 주장과 투쟁의 힘을 알게 된 투쟁의 기나긴 시간이 지났다. 그리고 그 어린 소년은 카르데나스시에 있는 그 애의 가정으로 돌아왔다.

그럼에도 불구하고 쿠바사람들은 거짓말에 대한 승리의 확신을 가지고 투쟁을 멈추지 않았다. 그들은 그렇게밖에 할 수 없었다. 피델 카스트로가 반복하였듯이 중요하고도 본질적인 것은 이러한 불의를 단순히 바로잡는 다는 것이 아니다.

"우리는 우리의 인민들에게 끼친 엄청난 손상을 야기시켰던 모든 이유를 조목조목 다루어야 한다. 남자 · 여자 · 젊은이 · 어린아이 그리고 성인들 모두는 학대 · 법률위반 · 위협 · 봉쇄 · 용병공격 · 태업행위의 결과로서 수많은 삶의 손실을 입었다. 이러한 일들은 전세계에서 가장 부유하고 힘있는 나라(미국)가 그 나라(미국)로부터 90마일이나 멀리 떨어져 있는 조그만 섬나라(쿠바)에 대하여 저지른 행동들이다.

경화(硬貨)로 연간 지출의 겨우 1%에 해당하는 오직 자국(쿠바)자원만을 사용하였는데도 이념전쟁 첫 4년동안 목격했던 영웅적인 이행은 현실이 되었다. 그리고 많은 생활의 측면에서 얼마나 심오한 혁명이 일어났으며, 심오한 혁명은 미래에 얼마나 대단히 중요했는가!

이러한 과정에서 쿠바 국민들은 지식과 인식을 얻었으며 수많은 사회적, 문화적, 예술적 및 교육적인 프로그램이 수행되고 있다. 그 구체적인 사례를 제시하면 다음과 같다.

- 가난한 가정에서 살아온 4,000명 이상의 어린이들이 세계에서 가장 우수한 교사들로부터 매주 이틀동안 고전춤 수업을 받는다. 대략 300명의 학생들은 전문적인 연구를 계속하고 있다. 버스가 이들 학생들을 다른 장소로 이동시켜주고 그 학생들을 매주마다 하는 각 수업 장소까지 데려다 준다.
- 15,000명 이상의 젊은이들은 예술학교에서 공부하고 있으며, 그 중에서 겨우 3,500명 이하가 매년 졸업하고 있다. 또한, 가장 큰 명성을 얻고 있는 고등예술전문학교는 점점 더 성장하고 있는데, 머지않아 세계에서 가장 우수한 학교가 될 것이다.
- 집중훈련 간호학교는 아바나에서 전문간호원 부족에 대응하기 위하여 설립되었다.
- 네 개의 사회노동자학교가 매년 72,000명을 훈시키기 위하여 개설되었는데, 2004년 이래 졸업생들이 각각 전문적인 분야에서 활동하고 있다.
- 초등학교 교사 1인당 학생비율은 1:20로 감소하였다.
- 2,500개 학교는 태양열로 전기를 공급받으며, 모든 학교에서 시청각 교재, 텔레비전 및 컴퓨터를 사용하기 위하여 전기를 공급하고 있다.
- 건강프로그램의 일환으로 수천개의 프로젝트가 쿠바 전역에 걸쳐서 착수되었다.
- 젊은이들을 포괄적으로 훈련시키는 학교가 세워져, 거기서 현재 거의 10만 명의 학생들이 공부하고 있다.
- 3% 미만으로의 실업율을 감소시키는 것은 기술적 측면에서는 완전고용에 필적한다.

- 수많은 청취자들을 확보한 교육방송채널(1)을 개설하였고, 2004년에는 교육방송채널(2)도 개설하였다.
- 대학교육의 보편화를 통하여 10만 명 이상의 학생들을 고등교육기관에 등록시켰다.
- 모두를 위한 대학교(University for All)가 되었다.
- 29,000여 명의 의사들이 과학 학위를 획득하기 위하여 공부중이다. 이 분야의 수많은 전문가들이 힘든 상황하에서 국제공산주의의 사명을 가지고 일하고 있다. 심지어는 그들은 쿠바가 개발한 새로운 방법을 활용하여 자신들의 학업을 계속하고 있다. 비디오 · 텔레비전 · 컴퓨터 그리고 상호작용 하는 교육프로그램 같은 시청각 자료를 광범위하게 사용하고 있다.

4 자기고용이란 무엇인가?

자기고용에 관한 법률은 정부가 책임질 수 없었던 제품과 서비스의 공급증가를 촉진시키고 법적 고용면에서 다소 새롭고 대체적인 원천을 제공하기 위해 1993년에 통과되었다.

1998년 중반, 모든 나라에 있어서 이 부문에서 변화가 일어났는데, 쿠바에서도 150개 이상의 직장에서 채용한 172,000명의 자기고용 노동자가 있었다. 가장 많은 수는 스낵(간단식사)을 준비하고 판매하는 식품분야이었다. 그 다음이 수송분야에서 일하는 자는 약 11,000명이었고, 방을 세놓았던 자는 거의 6,000명에 육박하였다.

이 분야에서 일하는 다른 사람들로서는 자전거 위에 평평한 타이어를 고정시키는 사람 그리고 자전거 주차장 종사자들이 포함되는데, 이는 다른 수송수단이 부족하였고 자전거를 대부분이 이용하였기 때문이었다. 또한 가전제품과 배관을 수리하는 사람, 전기제품 및 구두 수선공도 포함되었는데, 이는 정부가 이러한 서비스를 대규모적으로 제공하는 것이 어려운 원료와 기타 자원이 부족하였기 때문이다.

자기고용은 주로 미취업자, 가정주부 및 퇴직자들에게 일자리를 제공하였으나 또한 전문가를 포함하여 다른 사람들에게도 제공되었다. 쿠바의 금융물가 담당장관은 그들이 세금을 지불하는 것을 체크하기 위한 메카니즘을 설치했다.

5 해외이주의 원인은 무엇이었는가?

쿠바사람들도 남미에서 살고 있는 사람들처럼 주로 미국으로 이주했다. 쿠바 혁명의 승리 및 그 혁명의 경제적, 정치적 및 사회적 충격으로 여러 부문의 쿠바 국민들간에 극단적으로 대립되었다. 몇몇 쿠바인들은 그들이 저지른 살인과 죄에 대한 대가를 사회에 치르는 것을 회피하기 위하여 돈을 챙겨 미국으로 가기로 결심하였다. 나중에는 대탈출이 일어났는데, 전문가들과 그들의 친척들이 포함되었다. 가장 큰 이주 흐름은 1964~1969년, 1979~1981년 및 1987년부터 오늘날까지 이어지고 있다. 가장 최근의 이주는 외생적인 그룹이다.

이러한 해외 이주의 흐름이 동일한 원인에서 비롯되는 것은 아니다. 스페인이 지배하던 시절에 독재자였던 풀젠시오 바티스타(Fulgencio Batista)독재에 정치적으로, 군사적으로 및 경제적으로 연루된 쿠바인들의 첫 대규모 탈출 이후 또다른 흐름이 1960년대에 있었는데, 이는 역으로 주로 첫 혁명법률에 의해 영향을 받은 사람들로 이루어졌다. 이러한 흐름은 주로 경제적 요인에 민감하게 반응하였지만 또한 어떤 정치적 요인에 의해서도 야기되기도 하였다. 이러한 모든 해외이주는 다른 중산층과 큰 회사에 연관된 전문분야의 요인들과 마찬가지로 미국에서 따뜻한 환대를 받았다.

한편, 1970년대중에는 이탈의 흐름이 줄어들었다. 비록 남아있던 대부분의 사람들중 몇몇은 정치적인 목적 즉, 그들의 친척과 다시 합류하기 위하여 이탈하기도 했지만 남아있던 대부분의 사람들은 경제적 이유로 이탈하였다. 1970년대 말에 미국은 쿠바사람들의 이주를 허락했던 비자발급 수를 엄청나게 줄였으나, 동시에 불법적인 이탈에 대해서는 인센티브를 제공하여 불법이탈을 유인하였고, 불법적으로 미국에 체류하고 있던 "정치적 난민"들을 환대했다.

이런 일이 있은 뒤, 미국정부는 한편으로는 합법적인 이탈의 길에 장애물을 지속적으로 깔아놓고, 다른 한편으로는 마리엘(Mariel)에서 키 웨스트(Key West)까지 1980년에 대량의 대탈출을 포함하여 여러 차례의 대탈출을 촉구시켰다. 또 다른 대규모 이주는 1995년에 절정을 이루었다. 이것은 소위 "뗏목 대탈출 위기"(The Rafter Cirsis)라고 전세계에 널리 알려지게 되었다.

미국과 쿠바간의 이주협정은 처음에는 모든 정치적 함의측면에서 양국의 관계를 박탈한 것이었으나 1994년 쿠바대표와 미국대표가 새로운 이주협정을 체결했다. 새협정에서는 미국으로 이민가는 다른 모든 나라사람들과 같이 쿠바사람들도 합법적으로 이민갈 수 있고 또한 본국으로 돌아올 수도 있도록 하였다.

비록 미국이익대표부 대표가 언제나 협정을 준수하지 않는 것에 대한 책임을 마지못해 수용하기는 했으나, 그런대로 양국간의 대화의 횟수는 10년이 넘도록 지속되었다. 예를 들어서 미국정부는 미국에 있는 쿠바사람들의 친척을 방문하기를 원하는 쿠바사람들을 승인하는 비자수를 대폭적으로 줄였다. 미국 정부는 쿠바 공해상에서 붙잡힌 불법 이주자들의 일부를 송환하지도 않았다. 비록 라디오기지국이 미국에 기지를 두고 있다고 하더라도, 라디오는 쿠바사람들이 쿠바를 불법적으로 떠나는 것과 격렬한 행동을 저지르는 것을 조장했으며, 불법적인 외국인(미국측)의 불법행위에 대한 강력한 조치를 취하지도 않았다.

2004년 1월, 미국 정부는 정상적인 회담과정을 또다시 방해했다. 쿠바는 진실을 숨기는 미국의 시도에 대한 불평과 불만을 문서에 기록하는 것 이외에는 다른 선택의 방법이 없었다. 잔인한 쿠바조정법(Cuban Adjustment Act)과 비이성적인 '마른 발-젖은 발정책'('wet feet-dry feet policy')은 양국간의 이민추세의 정상화에 실질적으로 걸림돌이 되었다.

"마른 발-젖은 발 정책"(wet feet-dry-feet policy)이란 만일 쿠바 이주자가 바다에서 발견되면 쿠바로 되돌려 보내지만 육지에서 발견되면 미국에 입국할 수 있다(If Cuban immigrants are found at sea, they must return to Cuba. But, If they are found on land, then they can remain in the United States)는 것이다. 이 법은 쿠바사람들의 미국으로의 불법적인 이주를 조장하였고, 이주협정의 가장 큰 위반사항임을 보여주었다.

양 정부 태도간의 대조적 결단은 극에 달하였다. 쿠바 외무장관은 2004년 5월에 아바나에서 개최된 제3차 국가 및 이주회의(Nation and Emigration Conference)기간중 이러한 사실을 강조하였다. 외국에 거주하고 있는 쿠바 거주자들은 동년 6월 1일부터 쿠바로 입국하도록 허가를 요구하지 않았고, 이주자녀들은 미국의 대학에서 공부할 수 있도록 장학금도 허용되었고, 세관절차도 더욱 편리해졌다.

6 사회조직은 어떠한가?

쿠바혁명 승리 이후 곧 대단히 많은 주민들로 구성된 단체들을 통합하기 위하여 여러 가지의 사회조직이 창설되었고, 나중에는 별것 아니지만 특별한 관심사까지도 반영하여 창설되기도 하였다.

가장 많은 회원을 거느리고 있는 기구는 CTC(쿠바무역동맹중앙기구)인데, 이는 이의 회원들은 쿠바 사회의 주요 부류를 차지하였다. 그 이외에 CDRs(혁명방어위원회), FMC(쿠바여성동맹), ANAP(국가소농협회), FEU(대학생동맹), FEEM(고등학생동맹), OPJM(호세 마르티 개척자기구) 등이 있으며, 다른 국가기구로는 UPEC(쿠바신문사동맹), UNEACZ(쿠바 작가 및 예술가동맹), UJC(쿠바법률가동맹) 등이 있다. 이 기구들의 임무는 그들이 나타내는 부문의 특별한 관심사항을 변호하고, 또한 그들 회원들의 문제와 의견을 공론화하도록 돕는 일이다.

예를 들면, CDRs(혁명방어위원회)는 700만 명의 회원을 거느리고 있는데, 최소 14세 이상의 쿠바 전체국민의 80%에 이른다. CDRs은 반혁명테러리즘에 대한 쿠바민중의 호응에 힙입어 1960년 9월 28일 창설되었다. 그들 회원들은 적과 싸우기 위해 예를 들면 인민의 정치적 교육, 자발적 노동 및 자발적 헌혈 등과 같은 의무를 다하는 것이다. 그리고 그들은 수많은 빈병들과 기타 원료가 될만한 것들을 수거하기도 하였다.

쿠바 CDRs 회원들은 각각 새로운 과업을 신속하고 열심히 시작하며 반동주의자들에 의한 행동에 대항하기 위하여 상당히 많이 동원되었다.

7 기대수명은 어느 정도나 되나?

쿠바 통계청에 따르면, 1998년부터 2000년까지 3년동안 쿠바의 기대수명은 76.15세인데, 남성보다 여성이 약간 더 길다. 머지않은 장래에 쿠바는 기대수명이 80세가 될 것인데 이는 주로 2003년에 창설된 〈120년 클럽〉덕택일 것이다.

이러한 기대수명은 쿠바혁명 이래 수행된 쿠바국민들에게 제공한 건강관리 정책의 결과이다. 많은 국가자금이 사회적 목적으로 책정되었고, 많은 의사와 준의사요원이 훈련받고 있고, 병원들은 쿠바 시내에서 상대적으로 고립된 지역에 세워졌고 연구소도 세워졌다. 즉, 쿠바에서는 최우선순위는 건강에 부여되었다.

1990년대 경제적 어려움에도 불구하고, 주요 건강지표(특히 기대수명)는 개선되었다. 2004년에 쿠바 국민의 99.2%를 담당하는 것으로 확대된 프로그램인 '가정의사와 간호제도'가 제공하는 〈공동체건강관리〉는 쿠바에서는 매우 중요한 요소이다.

1959년 이전에 쿠바의 기대수명은 55세 이하이었다. 미국정부가 쿠바가 약품과 의학설비를 조달하지 못하도록 오랜동안 쿠바에 대해 유지해 왔던 쿠바봉쇄정책에도 불구하고 달성한 쿠바의 현재의 기대수명은 선진국들의 기대수명과 비슷한 수준이 되었다.

8 120년 클럽이란 무엇인가?

〈120년클럽〉이라는 아이디어는 원래 2003년 중반에 쿠바에서 개최되었던 〈제1차 국제건강수명회의〉중에 착상되었다. 이 〈120년 클럽〉은 동년 9월 25일에 창설되었는데, 시간이 흘러 여러 대륙의 사람들이 가입하면서 이 회원이 꾸준히 증가하고 있다.

쿠바 대통령과 이 클럽의 창시자인 Eugenio Selman H. Abdo로부터 의견을 듣도 나서 쿠바사람들은 이 생각이 터무니없는 공상이 아니라는 것을 알게 되었다.

창설자의 논리는 동물들은 정상적인 조건하에서라면 동물들이 충분히 성장할 수 있는 기간의 5배를 살아야 한다는 사실에 근거한다. 사람은 21세 그리고 심지어는 24세에 도달할 때까지 계속적으로 자란다는 것을 생각해 보자. 그러면 우리가 21세까지 자란다면 105세까지 살 수 있고, 만일 24세까지 자란 다면 120세까지 살 수 있다는 결론에 이른다.

지난 50년 동안 이루어진 과학적 · 기술적인 비약적인 발전을 이룩한 모든 것들을 비추어 보면, 사람들이 120세에 도달할 수 있고 심지어는 120세를 넘기는 것도 쉬울 수 있다는 것이다. 그는 이러한 목표는 정상적(규범적)인 생활을 하기만 하면 특별한 노력없이도 도달할 수 있다고 주장한다.

노인관리에서 유명한 전문가들을 포함하여 전세계 18개국에서 온 대표자들이 참석한 그 과학행사중에 결론에 도달한 사실은 곧 사람들은 건강한 노년에 도달하기 위하여 60세가 되기 전에 이러한 이슈들을 알아야 한다는 것이다.

이러한 생각은 잉태의 순간부터 분만에 이르기까지 그리고 유년기 · 사춘기 · 이른 성년기 · 노년기에 이르기까지의 복잡한 유전자 요인을 배우기 위하여 당분간 누구나 자신의 배우자와 함께 의논을 종합하는 일상생활에 대하여 포괄적인 접근을 가지는 것이다.

〈120년 클럽〉은 이러한 원칙을 기반으로 창설되었으며, 그들이 위에서 언급한 일상생활의 중대한 시기마다 해야 하는 것에 대하여 자문하는 것을 사명으로 하고 그들에게 자신의 커다란 희생을 제공하는 것을 사명으로 하는 국제 전문가위원회로 구성되어 있다.

이 위원회의 주요한 목표는 120세에 도달하는 것을 원하는 자들을 모집하고 다른 사람들에게 유용할 수 있는 지식을 축적하는 것이다. 〈120년 클럽〉이 강조하는 것은 이것이 사람들이 자기 스스로를 위하여 설정해야 하는 것이 목표라는 것이다.

여기에는 고려해야 하는 주요한 6개의 주요한 요소가 있다. 그것은 곧 달성하고자 하는 열의 · 먹는 습관 · 건강 · 운동 · 교육 · 환경이다.

〈120년 클럽〉은 캐리비안 의료협회(CMA)의 하나의 기관인데, 이 CMA는 UN 경제사회이사회(ESC)에서 특별자문역할을 하는 비정부기구이며, 동시에 캐리비안 국가협회의 회원기구이다.

9 미혼모 아기의 권리는 어떠한가?

부모가 결혼해서 정상적으로 낳았던지 아니면 미혼모의 아이던지를 불문하고 쿠바의 모든 어린이들은 평등권을 가지고 있다. 쿠바헌법은 합법성에 대한 모든 참고사항(references)을 폐지했다.

따라서 탄생에 어떤 차별적인 내용이 들어가는 내용도 적어서는 안 되며, 아이의 탄생이 등록될 때 혹은 어떠한 다른 서류에도 부모의 법적 신분은 기록되지 않는다.

쿠바 가족법에 따르면, 모든 어린이들은 평등하고, 따라서 부모의 법적 신분이 어떠하더라도 부모에 대하여 동일한 권리와 의무를 갖는다. 쿠바 가족법은 심지어 부모중 한명이 사망했을 때라도 아이에 대한 존재를 존중해야 한다고 주장하고 촉구하고 있다.

10 여성의 사회적 역할은 어떠한가?

피델 카스트로는 "혁명 내에서의 혁명"으로서의 여성에 관하여 수행된 변화를 설파했다. 대단히 많은 여성들에 의해 성취된 이러한 사회 · 정치학적 변화는 의심할 바 없이 1960년 8월에 창립된 '쿠바여성동맹'(FMC)과 관련이 있다.

1953년에는 노동자의 불과 17.6%만이 여성이었는데 이중 30%는 낮은 임금을 받는 가정도우미이었다. 2003년에는 여성이 국영부문에서 활발하게 일하는 자의 44% 이상을 여성이 차지하였고, 쿠바 기술자의 66%를 여성이 차지하였다.

오늘날에는 여성들이 정당과 국회에서 지도자적 지위를 누리고 있는데, 그 중에서도 대표자의 23%를 여성이 차지하고 있다. 여성동맹은 교육을 촉진하기 위하여 열심히 일하고 있다. 여성동맹은 초기에는 읽고 쓰는 법을 배우고 나서 그 다음에 6학년 혹은 9학년을 이수하기 위하여 농사짓는 여성들에게 학급과 학급을 서로를 연결하게 하고, 나아가 쿠바 전역에 걸쳐있는 가정주부들을 촉구했다.

최근에는 경제적인 어려움이 있는 기간 중에 쿠바 여성들에게는 결코 쉬운 일이 아니었고, 게다가 이행할 수단 공급도 부족한 상태이었지만 매일 가족식구들을 먹여야 하고 집안을 깨끗이 치워야 하는 책임이 있기 때문에 매우 중요한 역할을 담당하고 있다. 여성들은 상냥함과 미소를 잃지 않아야 하고 그릇을 닦기 위해 식물을 이용하고, 아무 작은 양의 양념과 요리용 기름으로도 요리를 거뜬히 해내고 게다가 낡은 옷을 수선하는 방법까지도 배웠다.

1960년 대 초에 보육원이 어머니들이 일자리를 얻는 것이 가능하도록 돕기 위해 새로 설립되었다. 지금은 15만 명 이상의 어린이들이 보육원에 다니고 있으며, 쿠바 전지역에 걸쳐 보육원이 있는 초등학교 공간을 할애해 함께 했다.

100만 명 이상의 여자들이 향토방위대에 가입되어 있고, 거기서 훈련을 받고 있다. 많지는 않지만 일부 여자들은 혁명군대(MINFAR)와 내무성(MININT)에서 책임있는 자리를 차지하고 있다.

현재, 여자들은 1999년에 시작한 사상전쟁의 결과로서 쿠바에서 시작되어 온 사회프로그램에 접근할 수 있게 되었다. 현재 일하고 있는 직장 여성들은 그들의 아이들이 1세가 될 때까지 사회안전 지원을 받는 혜택을 누릴 수 있다. 마찬가지로 새로운 법률이 통과되면 임신부에게 돌아갈 더 많은 혜택이 주어지게 된다.

11 젊은이들은 쿠바 사회에 어떤 공헌을 했나?

아마도 외국인들은 쿠바 국민 1,120만 명 중 약 710만 명이 1959년 쿠바혁명 완수 이후에 태어난 55세 이하라는 사실을 알지 못할 것이다. 쿠바인들은 자기들의 어깨에 쿠바의 노동과 방어를 짊어지는 엄청난 힘을 가지고 있다.

세대를 넘어서 쿠바의 젊은이들은 독립과 고국의 권리의 승리자이었다. 19세기 이래 젊은이들은 쿠바의 자유전쟁에 있어서 현저한 역할을 담당했다. 호세 마르티가 불과 16살이었을 때 스페인사람인 그는 정치적인 이유를 들어 투옥되었고 또한 안토니오 마르티도 마찬가지로 여전히 매우 젊은 사람이었는데 자유전쟁에서 대담함과 용맹을 보여주었다.

지난 세기에 쿠바에서 가장 걸출한 젊은이로는 쿠바 공산당 창시자이었던 줄리오 안토니오 멜라, 폭군 마차도와 맞싸운 프로레타리아(무산계급, 자본주의사회에서 자기 노동력을 자본가에게 팔아 생활하는 노동자(임금 노동자) 지도자이었던 루벤 마티네즈 빌레나, 대학생 지도자였던 안토니오 에체베리아, 지하운동 노동자였던 게라도 아브류 폰탄, 바티스타의 폭정에 저항한 존경스런 지도자 프랑크 파이스, 그리고 산지와 평지에서 불공정한 현상에 항거하여 싸운 다른 많은 젊은이들이 있었다.

카밀로 씨엔푸에고스와 어네스토 "체"게바라는 쿠바의 젊은이의 우상임과 동시에 그리고 젊은이를 위한 상징이다. 카밀로 씨엔푸에고스는 그란마 지역 밖에서의 전투의 (원래)그룹에서 쿠바로 되돌아 온 그의 '삶의 기쁨'(Joie de Vivre)으로 말미암아 명성이 자자해진 용맹스런 유격대(게릴라)이었고, 1959년 1월 1일에 쿠바혁명이 승리할 때까지 계속해서 싸웠고 또한 1959년 10월에 비행기 사고로 사망했을 때까지 육군의 지휘자로서 혁명을 위해 일생을 바쳤던 인물이다.

어네스토 "체"게바라도 또한 그란마지역 밖에서의 전투의 (원래)그룹에서 쿠바로 간 아르헨티나출신 의사이었으며 또한 수년 후에 볼리비아에서 사망하여 일생을 마친 국제공산주의 전대미문의 상징으로 남게 되었다.

쿠바혁명이 성공한 후 주로 10대들에 의해 수행되었던 '1961년 읽고, 쓰기 캠페인'에서 쿠바의 중부지역에서 반혁명주의자단체에 대항한 전투에서 그리고 노동청년동맹(Army of Working Youth)에서 쿠바청년들은 그들의 인간적인 단결력(공동체 의식)과 용감성에 관한 많은 증거를 보여주었다. 사탕수수를 추수함에 있어서도 가장 높은 생산성을 고려하였다.

쿠바 젊은이들은 그들의 고국의 적에 대항함과 동시에 가난과 후진성과의 투쟁에서 모든 혁명노력에 있어서 최전선에 있었다. 수만명의 쿠바 젊은이들은 아프리카와 기타 남미국가들에 있어서 국제공산주의의 영웅적 공훈을 수행하였다.

특별히 가장 어려웠던 시기에 각기 자기 작업장이나 연구센터에서 일하던 젊은이들은 어린이들과 중고교생들이 수행한 슬로건을 그들 특유의 환희의 표시를 했다. 젊은이들은 채소 · 커피 · 기타 산출물을 수확함에 있어서 재배하고, 잡초를 뽑고 가져오기 위해 노래부르고 춤을 추기 시작했다.

젊은 엘리안 곤잘레스가 아이를 유괴했던 당시 쿠바에서 발생한 쿠바국민들의 영광스러운 동원 이래 젊은이들은 다시 한번 쿠바의 정치적 행동에 있어서 보다 더 현저한 역할을 수행하기 시작했다. 그들은 사상(이념)전쟁에서와 혁명프로그램에서 중요한 역할을 수행하였다. 이 혁명프로그램은 지금은 쿠바사회를 포괄적이고 인간적인 방식으로 전환시키고 있다.

젊은이들은 스스로 잃어버리고 있다기 보다는 오히려 웃음과 미소를 지으며 도전에 직면함으로써 스스로를 발견하고 있다고 말하고 있다.

12 쿠바 노인들의 대우는 어떠한가?

2000년대에 들어와 쿠바 국민 거의 180만 명이 60세 이상이며, 이는 전체인구의 14%를 넘는 수치로서 고령자로 불린다. 60세 고령자들의 기대수명은 적어도 20년 이상이고, 80세의 기대수명은 7~8년 정도 된다.

이러한 수치는 쿠바가 국민들의 건강을 촉진시키고 있다는 것을 입증하는 것이다. 그러나 비록 생명의 햇수를 더한 것이 중요하다고 하더라도 더 강조되는 것은 노인들의 삶의 질, 스스로 하기 및 건강을 증진시킴으로써 품위있는 일상생활에 햇수를 더하는 것이다.

쿠바는 '나이먹어감의 문화'(나이에 걸맞는 행동문화)를 촉진시키고 있으며, 그래서 쿠바 국민들은 만족스런 노년기를 만끽하고 있다. 60세부터 80세까지의 생명의 1/4은 상당한 정도의 기능성, 스스로 하기 및 건강에 의해서 성취되고 있다. 누구나 나이를 먹어갈 때, 그의 생활 스타일은 매우 중요한 영향을 미치고 있고, 그래서 신체적인 운동이 촉진되고 있고, 흡연과 음주 같은 독성 습관은 단절되어가고 있다.

쿠바 노인의 약 9% 가까이는 혼자 살고 있다. 여러 기관들은 그런 독거노인들을 위한 다양한 돌봄프로그램을 제공하는 특별한 프로그램을 운영하고 있다. 그러한 다양한 돌봄프로그램 중에는 세탁 · 집안 청소 · 가정이나 지역공동체의 사회센터에서의 식사수발 등이 포함되어 있다. 다음과 같은 새로운 서비스도 제공되고 있다.

사회적 봉사자들은 홀로 살거나 스스로 아무것도 할 수 없는 노인 그리고 극도의 신체장애로 고통받고 있는 어린이 엄마들의 집으로 직접 방문한다. 가능하면 세탁이나 이발 등도 도와준다. 가장 우선적인 일은 특히 식사를 필요로 하는 노인들에게 식사를 제공하는 것이다. 이러한 노인들은 식사보조비를 받거나 보조금을 받아서 식량을 구입할 수 있거나 요리센터에서 음식을 얻을 수 있도록 도움을 받는다.

'조부모클럽'이라고 하는 어떤 매우 긍정적인 계획이 1980년대에 시작되었다. 이 클럽은 쿠바 보건부 · 스포츠 · 신체교육 및 레크레이션연구소 · 문화부 등으로부터 지원을 받는다. 이 클럽에 속하는 모든 60세 이상의 노인들은 매일 이웃에 있는 공원이나 조그만 광장 아니면 넓은 거리에 모여서 운동한다.

클럽의 회원과 참가자들은 특별한 기간중(어려운 해)에는 줄어들기도 하지만 ` 일단 모이기만 하면 11,000명 이상으로 증가한다. 회원들은 또한 소풍도 가고, 문화예술 활동에도 참가하고, 단체 생일파티도 연다.

클럽에 정규적으로 참가하는 회원들은 약을 복용하는 숫자가 상당한 정도로 감소하고, 생에 대한 애착과 더불어 보다 더 큰 즐거움 및 행복감은 증가하고 있다.

노인돌봄프로그램은 공동체 · 도시 · 주거활동을 분권화함으로써 꾸준히 개선되어 결국 그 노인들을 더 많은 혜택을 누리도록 하게 하고, 그들의 욕구에 관하여 더 많은 것을 배우게 하고, 협력과 지원을 제공하도록 하고 있다. 또한 나이들었어도 잘 지내고 있는 자들에게 새로운 희망을 불러일으키고 있는 것이 바로 '120년클럽'이다.

13 국가영웅 혹은 노동영웅의 필수 조건은 무엇인가?

금성(Gold Star, 金星)과 노동금메달은 쿠바공화국 국가영웅 혹은 노동영웅과 동일한 것인데 이러한 명예 타이틀은 정부가 수여하는 최고의 훈장이다.

국가영웅은 쿠바의 방어와 쿠바혁명의 달성 및 제국주의에 맞서 투쟁한 자들의 공적과 비범한 공훈이 인정되는 쿠바 군인이나 기타 국민(쿠바인이나 외국인 모두 가능) 에게 수여된다. 이것은 유사한 사유에 해당하는 도시나 지방에게도 수여된다.

노동영웅은 다음과 같은 공적이 인정되는 쿠바 국민이나 외국인들에게 수여된다. 그 공적의 조건은 첫째, 생산이나 노동생산성을 상당한 정도로 증가시켜 소중하게 기여한자, 둘째, 국가경제를 촉진시키거나 쿠바혁명을 달성하고 방어하기 위해 투쟁하거나 노동자계급의 이익을 달성하기 위해 투쟁하거나, 마지막으로 무산계급의 국제공산주의 운동에 크게 기여한 자들이다.

국가영웅칭호가 수여된 사람중 가장 중요한 사례는 공산당원 동지인 페르난도 곤잘레스, 라몬 라바니노, 제라르도 에르난데즈, 안토니오 구에레로, 레네 곤잘레스 등 5명이다. 이들은 모두 쿠바사람인데, 스파이(첩보활동죄)로 2001년에 미국 감옥에서 가혹한 처형선고를 받았다. 사실상 그들이 행한 것이라고는 모두 미국 마이애미에서 쿠바에 대한 테러공격을 계획한 반혁명기구를 침투시키는 것이었다. 이에는 법률위반은 그리 많지 않았으며 단지 그러한 시도 도중에 발생하는 지극히 당연한 과정이었을 뿐이다.

14 영웅 도시인 산티아고 데 쿠바는 어떤 도시인가?

산티아고 데 쿠바는 1514년에 건설되어 1589년까지 쿠바의 수도였다. 이 도시는 쿠바혁명의 시발지로서 아직도 이곳 주민들의 자긍심은 남다르다. 지금은 쿠바의 제 2도시이지만 미국의 반식민지 체제에서 오늘날의 쿠바로 다시 태어나게 되기까지의 험난했던 여정을 그대로 고스란히 간직하고 있는 영웅의 도시인 것이다.

산티아고 데 쿠바라는 도시는 쿠바에서 영웅으로 호칭받는 유일한 도시이다. 이러한 인정은 쿠바혁명 승리 이후 25년이 지난 1984년 1월 1일에 이루어졌다. 이 때 쿠바 평의회의장인 피델 카스트로는 국가평의회 결정을 수행하여 이 도시가 쿠바의 완벽하고도 확실한 독립을 이룬 엄청난 혁명적 공헌과 결정적 기여를 인정하는 안토니오 마세오 훈령에 따라서 이 도시에게 명예칭호인 금성(金星)을 수여했다.

마세오스와 같은 전설적인 영웅의 탄생지와 훈련지, 길러몬 몬카다와 스페인에 맞선 독립투쟁에서 용감한 맘미장군 군

1953년 7월 26일 피델 카스트로혁명투사는 소규모 대원들을 모아 쿠바 몬카다의 정부군 병영을 공격함

산티아고 데 쿠바 대표적인 골목

대 그리고 산티아고 데 쿠바는 또한 파불로 라파르게 및 프랑크 파이스같은 걸출한 인물을 배출시키는데 기여한 도시이다.

또한 다음과 같은 쿠바 문화계의 많은 걸출한 인물들은 산티아고 데 쿠바에서 나왔다. 시인인 마리아 헤레디아, 교육자인 후안 바우티스타 사갈라, 작가겸 애국자인 에밀리오 바카르디 및 시인 겸 정치평론가인 디에고 비센테 테제라등이다. 멕시코 해변에서 그란마호 배를 타고 쿠바로 돌아오고 있었던 원정군의 쿠바 상륙을 지원하기 위하여 반란을 일으켰던 몬카다 개리슨(쿠바의 몬카가에 있는 미국 앞잡이 바티스타정권 병영)에 대한 공격(1953년 7월 26일)과 멕시코해변에서 1956년 11월 25일 쿠바 혁명을 위해 혁명대원 82명을 태운 낡은 그란마호 배가 출발하여 쿠바해안에 도착한(1956년 11월 30일) 곳은 모두 산티아고 데 쿠바이었다.

쿠바혁명 투쟁 중에 산티아고 데 쿠바는 반란군과 지하조직들이 많은 활동무대이었다. 1959년 쿠바혁명 승리 이후 산티아고 데 쿠바 시민들은 사회주의 건설을 계속적으로 지원했고, 국민들의 성취를 계속적으로 옹호하였다. 그들의 슬로건은 “과거에는 반항적이었으나 현재는 호의적이고 영원히 영웅적이다”

산티아고 데 쿠바 도시에서는 7월이라는 달과 26이라는 숫자는 매우 상징성이 큰 숫자이다. 혁명축제일(7월 26일)이 다가올 수록 거리 곳곳에는 ‘26’과 부딪치기 일쑤이다. 쿠바인들은 자기 자신들의 일상을 180° 바꿔놓았던 60여 년 전의 ‘26일’을 지금도 기다리고 있다.

쿠바리브레

Cuba Libre

chapter
06

쿠바의 법

1 개인자산을 소유할 수 있나?

쿠바국민은 개인자산을 소유할 수 있다. 소유할 수 있는 개인자산이란 재화인데, 그 소유의 목적은 재화 소유자들의 물질적 및 정신적 욕구를 충족시키는 것이다. 예를 들면 일을 해서 번 돈과 저축액, 주택, 여름피서 별장, 빈 땅 그리고 합법적으로 획득한 기타 자산은 개인이나 가족이 일하여 얻는 것들이기 때문에 개인이 소유할 수 있다.

쿠바에는 여러 가지 종류의 재산이 있다. 즉, 사회주의 국가, 정치적 집단의 사회적 기구, 협동농장, 소농, 합작회사, 기타 특별한 성격을 갖는 기업들이 소유하는 재산이 있다.

재화는 유언이나 법에 의해서 상속될 수 있다. 유언의 경우에 있어서는 1987년 시민법에 따르면 재화는 고인의 자녀와 기타 자손, 혹은 고인의 부모, 배우자, 형제, 자매, 조카, 조카딸 그리고 기타 친척들에게 상속된다.

2 토지소유형태는 어떠한가?

쿠바에는 쿠바에서 일어날 수 있는 가장 최근의 변형된 소유형태를 포함하여 여러 가지 종류의 토지소유 형태가 있다. 이에는 정부소유 형태(국가 농장과 기업 소유형태 : 국영농장과 국영 기업), 항구적 사용권(토지가 국가의 세습형태의 일부로 남아있는 협동생산의 기본단위(UBPCs)인 경우),

사적 소유(개인농장에 의한 토지 소유), 협동농장(농부가 농업생산협동농장의 형태를 띠기 위하여 자기들의 땅을 결합시킨 경우) 그리고 정부기구에서 퇴직한 자와 주로 담배와 커피를 재배할 목적의 농업부문에게 넘겨준 땅의 소유(거의 10만 에이커)는 이러한 방식으로 분배되었는데, 이것은 결국 토지의 가장 합리적인 사용에 있어서 상당한 개선을 가져왔다.

새로운 세기가 시작된 2004년에 협동생산의 기본단위(UBPCs)는 경작이 가능한 토지의 약 58%를 관리하였고, 나머지 중 33%는 자활할 수 있는 농부와 협동농장 회원의 손으로 넘어 가서 지방차원에서의 3,500개의 농업협동조합으로 그룹을 이루었다.

10년이 넘어서 이들 농부들은 2,800개의 신용서비스협동조합(CCSs)을 창립했는데, 여기에서 각 농부들은 그의 토지의 개인 소유를 계속 보유했으나 기계와 기술적 지도 및 마케팅 측면에서 생산목적을 위해 정부재정과 지원을 받기 위하여 함께 그룹을 이루었다. 그들은 세금을 내지 않았으며, 다른 모든 쿠바사람들과 같이 교육과 의료치료를 무료로 받을 권리를 가지고 있다.

토지의 약 264,800에이커(107,200헥타르)는 무료 사용권을 가지고 일하기 위하여 가족들에게 이전되었다. 이들 가족들은 그들이 토지에서 경작한 것, 생산관련 도구 그리고 설비들을 소유하고 있다.

3 최악의 죄는 무엇인가?

쿠바는 헌법에 따라 조국을 배반하는 행위를 가장 나쁜 죄로 여기고 있기 때문에 배반하는 자는 누구나 혹독한 벌을 받게 된다.

4 '독립보호와 경제법'은 무엇인가?

1999년 2월에 쿠바 (인민의힘) 국회가 통과시킨 쿠바 독립의 보호와 쿠바경제에 관한 법은 쿠바국민을 항구적으로 침략하는 법을 구성하고 있는 미국정부에 의한 법률적 결정과 행동지침에 대응하는 의무를 반영하고 있다.

이 법의 전문에서는 지난 50년 동안 시행해 온 미국의 쿠바에 대한 공격역사를 표명하고 있다. 이법은 미국의 〈토리쎌리 수정법〉(Torricelli Amendment)으로 쿠바의 독립과 경제를 파멸시키기 위해 채택된 엄청난 양의 재료와 재정원천으로 구성되어 있다. 이 〈토리쎌리법〉은 반혁명적 활동을 촉구하고 있었으며, 또한 국방비(방어비용)에 관한 1992년법에 포함되었다.

또한 미국은 〈헬름스-버튼법〉(Helms-Burton Law)을 제정하여 경제전쟁을 확대하고 강화하였다. 1999년 미국 연방예산은 이 목적을 위하여 200만 달러를 책정하였다. 국가간의 관계를 규율하는 원리와 규범을 위반하는 행동을 계속하였다.

쿠바는 미국의 이러한 비열한 공격에 대하여 동일한 방법(공격)으로 반응하지 않았다. 그러나 쿠바는 1999년 2월에 〈법률 88〉을 통과시킴으로써 응수할 쿠바의 권리와 의무를 발휘하였다. 이 〈법률 88〉은 쿠바의 국가독립과 경제에 대항하는 행동을 촉구하고 또한 그러한 행동에 대한 형벌제재를 설정하는 어떠한 행동도 범죄로 분류하였다.

왜냐하면 법은 매우 중요하기 때문이다. 법이 공표되면, 쿠바사람들의 이념을 위하여 투쟁하는 것에 익숙해진 쿠바사람들이 그러한 것을 허용하는 것처럼, 세계여론을 형성시키는 독점매스콤은 이러한 법을 의견과 사상의 자유에 대항하는 법으로 간주했다.

범죄에 관한 숫자는 다음과 같은 공통분모를 가지고 있다.

첫째, 주관적인 요소,

둘째, 미국정부나 미정부의 기관에게 제공하는 범죄자의 특별한 의도,

셋째, 의존성,

넷째, 쿠바의 국내질서를 파괴시키고, 쿠바를 동요시키고, 사회주의 정부를 쓰러뜨리기를 추구하는 쿠바 법과 조치를 돕는 것을 목적으로 하는 정보를 소지한 대표자 혹은 관료

다섯째, 그들의 목적을 달성시키는 쿠바의 독립 등이다.

따라서 이러한 12개 조항은 국내외 침략행위에 대항하여 쿠바를 보호하고 있다. 이 법은 의견의 차이는 없지만 적과 협력하는 죄를 엄하게 다스리고 있다.

그러한 행동에 반응한 쿠바인의 첫 법률은 1996년 12월 24일에 국회에서 통과된 쿠바의 주권과 존경을 재차 단언하는 법(The Law of Reaffirmation of Cuban Sovereignity and Honor)이다. 이 법은 모든 형태의 협력을 선언하고 있다.

예를 들면 다음과 같다. 첫째 미국나 개인에게 〈헬름스-버튼법〉의 가능한 적용에 사용될 것을 목적으로 정보를 제공하는 것, 둘째 〈헬름스-버튼법〉의 적용을 용이하게 한 대가로 미국으로부터 혜택을 얻는 것 그리고 셋째 범죄가 될 수 있는 라디오와 TV를 초월하여 〈헬름스-버튼법〉에 협력하는 것 등이다. 쿠바 독립의 보호와 쿠바경제에 관한 법은 이러한 법을 목적으로 하고 있다.

미국이 쿠바를 봉쇄조치한 법들

· 1963년 : 미국내 쿠바 자산 동결
· 1992년 : 토리셀리법(쿠바 민주주의법 / 쿠바에 원조제공 국가 제제)
· 1996년 : 헬름스-버튼법(쿠바와 거래하는 외국기업의 경영진, 주주 및 그 가족의 미국 입국 금지)
· 2014년 : 추가 제재조치 강화(모든 미국산 물품 · 기술 · 서비스의 직접 및 제3국을 통한 간접적 수출까지 금지)

쿠바리브레
Cuba Libre

chapter 07

쿠바의 경제

1 경제발전 전략은 어떠한가?

쿠바의 수십년 동안의 경제발전 전략은 주로 소련과 같은 사회주의국가들과의 관계를 기반으로 한 것이었다. 동유럽국가들의 정치-경제적 구조가 붕괴되고, 소련이 붕괴되었을 때, 쿠바의 무역은 거의 마비된 상태이었다. 대부분의 쿠바 무역 상대국들은 쿠바가 필요로 하는 제품을 인도하는 약속을 지키지 않아 쿠바의 경제를 파멸시켰다.

쿠바 공산당 제4기 의회는 향후 추진해야 할 경제전략을 수립하였는데, 이 새 경제전략은 기초 생산물 생산에 박차를 가하는 식량프로그램에 기반하였다. 새로운 전략에는 다음과 같은 것들이 제시되었다. 작은 섬(cay)과 비치에 있는 광범위한 관광지의 효율적인 사용이 강조되었다. 과학적이고 기술적인 달성과 새로운 절차들을 널리 채택하여야 한다는 것이다. 전통적인 수출품(설탕, 감귤류, 니켈, 해산물, 커피 및 담배)으로 경기를 고양시키고 나아가 외국인투자를 촉진시키는 것 등이었다.

1966년 제5기 쿠바의회는 경제적 효율성을 더 높이 달성하는 것을 목적으로 하는 조치들을 강조하였다. 이러한 조치들에는 은행개혁과 경제통제 강조, 비즈니스 시스템 개선 그리고 고용의 구조 조정 등이었다.

쿠바는 소련의 붕괴로 말미암아 갑작스럽게 쿠바 수출시장의 85%, 연료공급의 반 이상 그리고 쿠바 수입의 70% 이상의 해외시장을 잃었다. 그러나 쿠바는 주로 쿠바 인민들의 앞에서 열거한 여러 가지 결심과 질서있고 조용한 방식으로 이루어진 구조조정 과정에 힘입어 이들을 극복해 나갔다.

이러한 변화와 조치들은 쿠바사람들이 경화를 소지하고 소비하는 것을 허용하는 것도 포함되어 있었다. 토지의 58%를 농민협동조합에게 주었다. 세금, 엄청난 예산통제 그리고 최근까지 무료로 제공받았던 서비스에 대한 대금지급 제도를 도입하였다. 자가영업도 권장하였다. 현재와 미래의 상황을 적합하게 하기 위해 노동과 임금법률에 적응하게 하였다. 농업과 산업생산품에 대해 새롭고도 보완적인 시장—가격이 수요공급법칙에 따라서 결정되는 시장—을 최초로 시작하였다. 마지막으로 중앙정부의 기구들을 조직하고 단순화하고, 기업들이 더욱 더 지방분권적 행정을 위하여 보다 더 많은 자율성과 힘을 제공하였다.

쿠바가 자국의 경제발전에 필수불가결한 자본, 기술 그리고 시장의 필요한 원천으로서의 외국투자를 개방한다는 것은 쿠바의 경제발전전략에 중요한 한 부분이었다.

쿠바는 지난 1995년부터 지금까지 20여 년에 걸쳐 전통적으로 설탕과 기타 기초 생산물을 기반으로 하여 왔던 농업경제에서 보다 더 현대적이고 비교적 덜 취약한 서비스경제로 변화해 오고 있다. 쿠바경제는 기초적이고 전통적인 생산물의 생산을 무시하지 않으면서 여행산업을 쿠바경제에 새로이 통합하였다 이에 따라 이 여행산업은 쿠바 국가경제의 축이 되었으며, 여행산업 영역에서 비롯되는 수요로부터 이익을 가져오는 여러 부문의 성장을 촉진시키는 능력을 갖추게 되었다.

게다가 경제적 이행과 사회적 성취는 점점 과학적이고도 기술적인 진보를 가져오고 있다. 이의 사례를 들면 바이오기술 영역에서 약물치료와 의학설비의 생산을 들 수 있고, 보다 더 최근의 것으로는 대부분 교육시스템에서 정보기술의 사용이 널리 확산되고 있다는 것이다.

최근의 과정에서 은행시스템이 현대화되어 국민경제 성장과 규제정책에 적용되어 왔다. 쿠바 페소를 태환가능한 화폐로의 전환조치는 중요한 진보적 조치이었는데, 이는 교환비율을 통제하는 것과 함과 함께 2003년에는 더욱 선명하게 되었다. 그런데 이들의 목표는 높은 비용과 불공평한 가격과 같이 달러화(dollarzation, 미국달러를 자국화폐로 사용하는 추세)로부터 야기된 과잉부문을 억제하는 것이었으며, 또한 경화결제에서 나타나는 불필요한 비용을 회피하는 것을 돕기 위한 것이었다. 교환율 통제에 힘입어 대외지급은 국가의 우선 순위에 따라서 이루어질 수 있게 되었다.

쿠바의 경제구조와 그것을 운용하는 방법은 변화되었으나 중요하고도 광범위한 경제부문의 기초에 해당하는 사회적 재산은 동일하게 남아 있다. 즉, 강한 분야는 더욱 강하게 만들고 약한 분야는 더욱 약하게 만드는 일련의 시장경제의 특징으로 보이는 대규모의 사유화가 일어나지 않았고, 시장을 무분별하게 개방하지도 않았고, 시장의 규제를 마구잡이로 철폐하지도 않았다.

힘들었던 전쟁으로 특징지워졌고, 어린 엘리안(Elian)이 자기 집으로 돌아오기 위해 영웅적인 투쟁이 있었고 또한 이념전쟁이 시작되어졌던 1995년 이래 지금까지 쿠바에는 심오하고도 쿠바 전역까지 미치는 사회적 변화가 이루어져 왔다. 이러한 사회적 변화에는 쿠바사람들의 완전고용을 위한 기초적인 초석을 다지는 여러 가지 사회적 프로그램과 조치들이 포함되어 있다.

2 외국인 투자법은 어떠한가?

1982년에 쿠바와 외국기업간에 합작투자 발전을 위한 법률적 기초가 되는 법률이 제정되었다. 그러나 쿠바가 자국경제를 균형잡기 위하여 외국자본 투자에 대한 절박한 필요로 말미암아 투자부분에 모든 조치를 취한 것은 1992년이 아니었고 외국인 투자에 관한 법률은 1995년에 후반에야 통과되었다. 그 법률은 그 때에 쿠바의 요구조건을 언급했으며, 국제규정에도 일치했다.

이 법률은 공중보건, 교육 및 군대를 제외하고는 실질적으로 모든 부문에서 합작투자의 창설을 승인하는 권한을 부여받았다. 부동산 분야에서 여러 기업이 형성되었으며, 면세지역과 산업공단에서 투자관련 협상을 위한 여지가 남아 있었다.

단순한 비교를 보면, 얼마나 많은 투자가 증가되었는가를 보여주고 있다. 1992년에 쿠바의 여덟개 지점에서 10개국과 함께 50개 합작투자 있었고, 2003년 말까지 355개의 합작투자 있었고, 그들중 일부는 여행과 기초산업부문이었고, 주로 철강과 경공업 산업에서 협동생산에 대한 290개 계약이 있었고, 가장 대표적인 회사로 알려진 SIME 같은 생산경영을 위한 또다른 8개의 회사가 있었다. 게다가 쿠바는 또한 전세계 71개국들과 투자에 관한 상호촉진과 보호에 관한 협정을 체결하였다.

쿠바규정에 의해 제공된 경제적 혜택-다른 나라들에게 있어서 외국투자자들에 대해 정상적으로 부여했던 것보다 더 많은 혜택 이외에도 쿠바는 높은 교육수준(평균 10등급)의 인구, 많은 천연자원, 정치적 안정성 및 안전을 보이고 있다.

3 마리엘 경제특구란 무엇인가?

마리엘 경제특구(La Zona Especial de Desarrollo Mariel, ZEDM)는 외국인 투자, 기술혁신 및 산업 집중을 통해 안정적인 국가 경제 성장을 이루기 위해 기획되었다. 총 면적은 465.4km^{2}이며 아바나에서 서쪽으로 45km 떨어져 있다.

싱가포르의 PSA와 쿠바 국방부 산하의 Almacenes Universales가 공동으로 운영할 예정이며, 브라질 최대 건설사인 오데브레시(Odebrecht)가 항만 개발자로 선정되었다. 총 소요예산은 6억 4,000만 달러 규모로 브라질의 국영경제사회개발은행(BNDES)의 차관으로 건설된다. 마리엘특구 운영에 대한 법령은 2013년 11월에 발표되었다.

마리엘 특구는 북미 · 중남미 · 카리브 지역을 연결하는 전략적 지점에 위치해 있으며, 미국 플로리다주에서 180km, 멕시코 칸쿤에서 210km 떨어진 거리에 위치해 있다.

마리엘 발전 특구 위치(자료 : 마리엘 발전특구 홈페이지)

2014년 1월 현재 1단계 개발을 마친 상태이며, 컨테이너 항을 중심으로 운영을 시작할 예정이다. 마리엘 특구는 보존지역, 생태공원, 첨단기술 산업단지, 물류지구, 항만, 농식품가공지구, 수산업 발전지구, 기술단지 등으로 나누어 개발 예정이다.

컨테이너항의 경우 Super-Post-Panamax급 선박이 운항할 수 있으며, 현재 1단계에서는 백만 TEU의 물동량을 커버할 수 있으며, 향후 2022년까지 3백만 TEU로 확대할 예정이다. 현재 7개의 투자기업이 승인됐으며, 2개의 기업을 제외한 5개 기업이 100% 외국기업이다.

투자 세제 혜택은 다음과 같다.

세 금	혜 택
법인세	- 10년간 면제(상황에 따라 연장 가능) - 10년 이후부터 12%의 법인세 부여 - 수익금을 재투자 할 경우 추가 세제혜택 부여
도매세	1년간 면제(이후 1% 과세)
서비스세	면제
노동사용세	면제
수입 장비 관세(투자를 목적으로 수입할 경우)	면제
지역발전세	면제
복지세	14%
환경세	투자 후 안정기까지 50% 면제

자료 : 마리엘 발전특구 홈페이지

마리엘 경제특구가 가지고 있는 투자 이점은 지정학적으로 유리한 위치에 있어서 물류인프라를 확보하고 있으며, Single Window 시스템을 통한 모든 인허가를 원스톱으로 처리가 가능하며, 대학과 각종 연구소가 근방에 위치하여 전문인력의 확보가 용이하며, 그리고 세금 감면 혜택이 부여되고 있다는 점이다.

4 광물자원에는 무엇이 있나?

쿠바는 니켈과 코발트가 최대의 자원이며, 세계 6위의 니켈 생산국이다. 쿠바 내 외국인 투자 중 대규모 투자는 니켈 채굴에 집중되어 있으며, 니켈은 쿠바의 제1위 수출 품목이다. 니켈 확인 매장량은 560만 톤(세계 3위), 추정 매장량은 2,300만 톤(세계 2위)이다. 코발트 확인 매장량은 1백만 톤(세계 3위), 추정 매장량은 180만 톤(세계 3위)이다.

이와 같이 쿠바는 면적이 상대적으로 작은 규모임에도 불구하고 여러 가지의 광물자원이 많다. 그러나 석탄이나 인광토같은 중요한 자원은 없다. 연료를 위한 것으로는 토탄(자파타 반도)이 있고, 그외에도 철의 대규모 광상이 있다.

또한 쿠바는 국제적인 관심을 끌고 있는 홍토광상, 게다가 크롬철강 광상(모아와 니카로), 마그네사이트(카마귀이), 동광석(산티아고 근처와 마타함브레), 텅스텐(젊음의 섬), 망간, 고령토 및 대리석 등이 있다.

5 수출품에는 무엇이 있나?

쿠바의 전통적인 주요 수출품은 설탕 · 감귤류 · 니켈 · 물고기와 해산물 · 럼주 · 커피 · 담배 · 대리석이었다. 지난 몇 년에 걸쳐서는 기타 과학관련 단체는 물론 제약산업, 유전자공학 및 생물공학은 최첨단의 의학{전세계에서 가장 우수한 B형(혈청)간염백신과 인테페론(바이러스증식 억제물질)같은 뇌막염 백신을 대표로 함}, 울트라마이크로분석시스템(SUMA)이나 Medicic(의학기구), Cardiocid(심장기구)를 대표로 하는 여러 가지의 의학설비 등은 국제시장에서 널리 자리를 잡고 있다. 이러한 의학기구들의 효과성 때문에 이러한 기구들은 전인류의 건강을 증진시키는 노력에서 어느 제품과도 경쟁할 수 있다.

2003년에 쿠바 무역부가 발표한 평가에 따르면, 의학수출품이 2002년에 비해 18%나 증가했는데, 이 평가에서는 이들 제품들의 우수성과 다른 나라들과의 무역을 촉진시킬 수 있는 이들 제품들이 아직 개발되지 않은 잠재력을 보이기도 하였다.

6 사탕수수산업은 어떠한가?

쿠바에서 막대한 사회적, 경제적, 정치적 및 환경적 중요성을 갖는 사탕수수 줄기의 농공업을 개조하기 위한 5개의 주요 프로그램과 약 20개의 작은 프로그램이 착수되었다. 이러한 프로그램들은 다음과 같은 목표를 공유하고 있다. 그 목표는 설탕 생산비용을 줄이는 것이며, 더 많은 부가가치를 확보하는 것이며, 사탕수수 줄기와 설탕 생산의 경쟁력을 증가시키는 것이며, 다양성의 과정을 통하여 쿠바 국민들에게 더 많은 식량을 공급하는 것 등이었다. 이와 더불어 또 다른 특별한 중요성은 노동자 즉, 이러한 산업부문을 구성하는 인적자본을 재교육시키다는 것이었다.

이러한 야심찬 프로그램은 1928년에 사망한 어떤 쿠바사람을 기리는 의미에서 타레아 알바로 레이노소(Tarea Alvaro Reynoso)라고 불렀는데, 그는 농업경제 특히 사탕수수의 재배에 전적으로 헌신하였다. 그는 이러한 농업경제 부문에 가장 중요한 공헌을 하였으며, 쿠바의 농업부문에서 과학혁명을 촉진시키는 데 책임을 다한 자였다.

설탕산업부 장관은 이러한 부문을 개조하는 데에는 1파운드에 4센트 이하의 낮은 비용으로 설탕을 생산하거나 생산할 수 있었던 가장 질 좋은 토지를 가지면서 가장 효율적인 85개의 설탕공장만을 선택하는 과정이 수반된다고 설명했다.

그는 또한 70개의 설탕 공장을 해체하는 결정은 기술, 시장, 가격, 산업효율성, 토양의 질 및 산출량 같은 여러 가지 요소들을 평가했던 광범위한 연구가 이루어진 후에 나왔다. 또한, 이러한 결정이 이루어진 2002년 4월에 설탕의 파운드당 가격이 5.75센트이었다는 사실과 함께 나왔다. 이러한 조치는 2억 달러의 절약과 1억만 달러의 소득을 의미한다.

노동자들로부터 나오는 역사적이며 대단한 반응을 강조하는 것이 중요하다. 노동위원회는 설탕산업 노동자 전부와 그 설탕산업 노동자들에게 이용가능성이 있었던 입장을 수용한 노동자의 대다수(98%)와 인터뷰했다. 노동자들은 그들이 철저하게 논의하고 진심으로 지원하였던 조치에 대한 요구에 대한 이해심을 나타내면서 동시에 장관결의에 포함되었던 대부분의 해결책을 제시하면서 구조조정 과정에 상당한 정도로 개입하였다.

재교육에 관련하여 반드시 지적하고 싶은 대목은 쿠바 대통령(피델 카스트로)이 에두아르도 가르시아 라반데로 설탕공장에서 일하던 10만 명의 설탕공장 노동자들을 수용한 재교육과정을 승인했던 2002년 10월 21일, 84,271명의 수강생들이 이미 이 프로그램에 등록하였다는 점이다. 1년 반이 지나서 수강등록자가 122,015명으로 증가하였고, 그들중 14,516명은 대학에 가서 공부를 하게 되었다. 3,506개의 교실이 이용가능하였고, 그들 중 298개는 조그만 마을과 지자체에 있는 대학 건설예정지에 있었다. 총 5,132그룹이 조직되었는데 그중에는 10,453명의 실무전문가들이, 그리고 69%인 7,220명은 설탕산업부에서 파견된 전문가들이었다.

만일 등록 수강생들의 전체 숫자를 분류한다면, 65,310명(54%)은 봉급 전액을 받으면서 공부를 하였고, 55,226명(45%)는 공부하면서 일하였고, 1,479명(1%)는 작은 마을의 노동자나 거주자의 친척들이었다. 그들 중에서 45,239명은 농업 노동자였다. 이것은 기대이상의 긍정적인 반응이라는 것을 의미하였다.

경제적 이슈로 되돌아가 보면, 타레아 알바로 레이노소(Tarea Alvaro Reynoso)는 헥타르 당 사탕수수 54톤을 추수하는 것이며, 예비시설로서 5개의 설탕공장을 동시에 보전하면서 12%의 산업생산량을 획득하는 것을 목표로 수립했다.

현재에도 진행중인 다양한 노력은 범위면에서 포괄적이고 광범위하다. 사탕수수로 계획재배된 토지의 62%는 현재 뿌리식물 · 채소 · 곡물 · 삼림 · 과일나무 · 양식용으로 사용되고 있고, 가축 · 버팔로등을 사육하기 위해서 사용되고 있다.

과일나무와 삼림을 재배하기 위한 (2003년) 계획은 당시 일찌감치 짜여졌다. 763,000헥타르는 목재 산출용 삼림으로 그리고 16,000헥타르는 타레아 알바로 레이노소(Tarea Alvaro Reynoso)의 일부로서 과일나무 재배에 충당되었다. 이에 더하여 식량생산에 의한 농업생산을 다양화하는 26개 농산림기업 및 85개의 설탕과 당밀기업으로 조직적인 가축 발전 프로그램이 수립되었다.

산업에 있어서는 다른 설탕보다 유기농이며 진정한 백설탕 같은 상이한 형태의 설탕이 생산되고 있다. 설탕 공장에서의 폐열전기는 다양성에서 가장 훌륭한 사례이며, 지금까지 전기는 설탕생산의 가장 주요한 부산물이다. 즉, 6억 8천만 킬로와트가 2003년 수확계절 중에 발전되었다. 산업은 그 산업 자체가 사용하기 위한 전기를 스스로 공급할 수 있다. 2004년 중에 58개 프로젝트가 전기생산에 관하여 모든 부서가 자급자족하도록 수립되었다.

또 다른 혜택은 다음과 같다 : 일단 이러한 토지계획이 사탕수수를 재배하기 위해서 더 이상 사용되지 않는다면, 쿠바 정부(설탕산업부)는 다른 농작물을 재배하기 위하여 설탕산업부 처분대로 할 130만 헥타르 이상의 토지를 갖게 되었다. 가축사육, 삼림 재배 그리고 과일 재배를 위하여 사용될 토양의 경우, 인프라스트럭춰문제로 말미암아 발전이 점점 늦어질 경향이 있다. 2004년 중에 20만 헥타르가 가축사육용으로 충당되었는데, 이는 총 토지의 50%에 해당하는 면적이다. 한편 53만 헥타르는 삼림과 과일나무를 재배하기 위하여 충당되었는데 이는 총 토지의 20%에 해당하였다.

요약하면, 타레아 알바로 레이노소(Tarea Alvaro Reynoso)를 수행한 지 2년도 채 안 되었는데도 누구나 그 계획의 결과를 확인할 수 있게 되었다. 2003~2004년 수확의 계절중, 이 부문은 자신의 전기 니즈를 충족시켜줄 뿐만 아니라 4000만 킬로와트 이상의 전기를 국가에너지부문에 기여하였다. 동일 기간 중에 그 프로그램은 주로 폐쇄되어버린 설탕공장의 경우에 있어서 설탕공장 주변의 농촌을 보수하고 유지하는 것을 목표로 하였다. 또한 노동자들의 재교육프로그램도 꾸준하게 진행중이다. 2000년 당시 122,000명은 학업중이었는데, 그들 중 65,310명은 자기들의 봉급 전액을 받으면서 학업을 진행하였다.

7 시가(여송련)에는 어떤 종류가 있는가?

지난 1997년, 쿠바는 수출용 아바나여송련을 1억 개피(전년도의 42.8%가 증가한 숫자)를 생산했으며, 또한 1998년에는 1억 6000만 개피, 2000년 이전에 2억 개피 생산을 계획했다. 2003년 당시의 목표는 4억개의 최고품질의 여송련을 생산하는 것이었다. 1998년에는 엄청난 생산 노력에 힘입어 목표(1억 6000만개)를 달성했다. 쿠바시가는 또다시 명성있는 수출품 중의 하나가 되었다.

쿠바 경제에 1억 7000만 달러 이상의 중대한 기여를 한 이러한 회복은 대단한 노력, 헌신, 조직 및 정보의 결과이었다.

1993～1994년 담배수확은 담배의 활동영역을 중대한 위치로 올려놓게 되었다. 이 때 단지 약 18,000톤의 담배만이 수확되었고, 쿠바 국내시장에 팔린 여송련에 대한 수요를 충족시키기 위해 약 5000만 개의 여송련이 생산되고 9000톤의 담배원료가 수입되었다.

생산상의 이러한 도약은 다음과 같은 것들에서 비롯된다. 첫째, 담배부문에서의 기초단위의 협동생산(Basic Units of Cooperative Production : BUPCs), 둘째, 경작을 위해 가족에게 토지사용권의 양도, 셋째, 절대적으로 필요한 최소한의 재료 공급, 셋째, 새로운 다양한 품질 향상, 넷째, 전염병 내성 담배, 다섯째, 보다 나아진 생산공정 조직, 그리고 마지막으로 4만개에서 6만 5000개로 늘어난 건조창고의 건설과 수리 등에 힘입은 바 크다.

또 다른 조치로서는 이러한 기술분야에서 2,000명 이상의 여송련 제조인력이 투입되었고, 2000명 이상의 젊은이들이 훈련에 임하였고, 수출용 담배를 제조하기 위하여 14개의 신규공장을 설립하고 리모델링하였고, 그리고 이미 가동하고 있었던 17개의 여송련 공장을 수리하였던 것들이 포함되고 있다. 게다가 상이한 형태의 4백만 개 이상의 콘테이너, 수만 개의 주형물, 기타 재료 및 설비들이 제조되었다.

아바나여송련의 제조는 5세기로 되돌아가는 전통적인 방식이다. 전세계의 수백만의 담배애호가들은 쿠바브랜드인 코히바(Cohiba), 볼리바르(Bolivar), 몬테크리스토(Montecristo), 오요 데 몬테레이(Hoyo de Monterrey) 등을 가장 선호하고 있다.

특히 코히바는 1976년에 탄생했기 때문에 금년(2016년)이면 만 40살이 된다. 코히바 20개피 한갑의 가격은 100cuc(1.25달러)이다. 오울드 아바나 파르타 가스담배공장 근처의 '아길라'나 '파세오 델 프라도' 거리에는 정부승인 없이 불법으로 코히바를 은밀하게 판매하고 있다. 세계 최대 시가판매회사는 아바노스(Havanos)이다.

쿠바는 5대륙 100여 개국에게 300여 개의 브랜드의 여송련을 수출하고 있다. 세계에서 가장 인기있는 42개의 브랜드는 잎의 결, 색깔 및 크기에 따라 선별된 다섯 종류의 담배잎을 사용하여 수작업으로 제작된다.

비록 담배가 쿠바 전지역에서 재배된다고 하더라도 몇몇 지역은 특히 중요하다. 대표적인 지역으로는 각 지역마다 독특한 기후와 토양을 가진 쿠바 동부, 쿠바 중부에 있는 발라 클라라주, 피나르 델 리오주—특히 산 루이스앤 산 후안 이 마티네즈—등이 있다. 그래서 훈련된 노동자들은 담배가 갖는 특유한 향기와 독특한 맛은 아바나의 특이한 마크라는 여송련으로 인하여 이들 지역으로 들어오고 있다.

쿠바 아바나 담배 코히바

쿠바 아바나 담배 코히바 수작업 제조공장

쿠바 최고의 품질을 자랑하는 코히바 베히케(Cohiba Behike) : 1개비 당 450달러(약 50만 원)이며, 2006년 코히바사(社) 창립 40주년 기념으로 출시됐다. '베히케'는 미국 타이노 인디언 족장의 이름을 따라 붙여졌다. 7.5인치 길이에 굵기는 52인치 반지 사이즈로, 100개 한정으로 제작됐다. 기념판의 가격은 한 상자에 1만8000달러. 40개피이다.(출처 : Superich, 2014년 12월 18일, 검색일 2015년 9월 16일, 홈피http://superich.heraldcorp.com/superich/view.php?ud=20141218001049&sec=01-74-04&jeh=0&pos=)

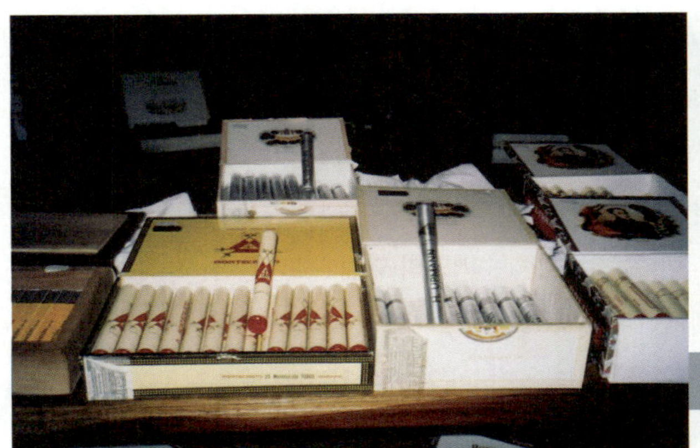

El faro 담배가게에 진열된 각종 시가들

8 석유추출은 어떤 방법으로 하나?

쿠바에서의 석유생산은 19세기에 시작되었는데, 1881년에 산 미구엘 데 모템보에서 네 개의 유정이 시추되었고, 이 때 나프타가 약 300미터 아래에서 발견되었으나 그 회사는 설비부족으로 실패하였다.

1914년, 바쿠라나오에서 석유가 시추되었다. 여러 해가 지나서 모템보유정에서 석유가 생산되었다. 1917년, 약 3만 톤의 석유가 생산되었으나 유정은 당시 기술이 초보적이어서 일찍 말라버렸다. 그러나 1930년대에 모템보유정은 다시 재가동되었다. 작업이 시작된 이래 약 200개의 유정이 여러 가지 깊이에 따라 시추되었다.

1940년대부터 1954년까지 또다른 50개의 유정이 시추되었고, 더욱 나은 선진기술이 지질학적 작업에 이용되었다. 미국 기업가들은 해안가 시추의 가능성에 대해 조사하기 시작하였다. 1955년부터 1958년까지 새로운 석유광상 발견을 주도하는 대규모적인 지리학적 및 지정학적 캠페인이 발효되었다.

쿠바혁명이 성공된 이후, 쿠바의 자연재산에 대한 국유화조치는 외국기업들에 의한 격한 반향을 촉발시켰다. 석유산업의 발전은 근로자들의 훈련프로그램과 유정시추를 촉진시키게 되었다. 1981년, 1958년의 4.5배 규모인 약 258,900톤의 석유가 생산되었다.

생산증가는 계속되었다. 1982년에는 541,000톤에 이르렀다. 1989년에는 718,400톤으로 증가했고, 1995년 이후 쿠바는 연간 140만톤(쿠바 기록 기준)이상이 생산되었다. 1998년에 160만 톤 이상의 석유가 추출되었고, 1억 2천 70만 제곱미터의 가스가 추출되었는데, 이는 쿠바 수도인 아바나에사 사용될 전력 생산과 가스 제조에 사용되었다.

지금도 작업중인 석유광상은 바라데로, 보카 데 자루코, 자티보니코에서 가까운 크리스탈레스 인근, 그리고 씨에고 데 아빌라주의 피나에 있는데 모두 북쪽해안을 따라 위치하고 있다. 바라데로의 석유 노동자들은 100만 톤 이상의 석유를 추출함으로써 가장 탁월한 일을 하였다. 1998년 중반까지 이들 지역에는 약 300개 석유유정이 가동 중이며 탐색적인 석유유정이 있었는데, 이는 쿠바 혁명 이전에 쿠바 석유산업의 역사에서 시추되었던 것만큼 많은 숫자이었다. 그리고 6년 동안의 리스크-탐사계약이 PETROBRAS사와 이루어졌는데, 이 회사는 브라질에서 가장 큰 석유산업 및 무역컴플렉스이며, 2004년 말에 세계에서 가장 큰 석유회사중 하나이었다.

2000년 초에 석유생산은 계속되었다. 2003년 국가차원의 원유 추출량은 2.9%씩 증가하였다. 이 모든 것은 가스생산과 짝을 이루어서 이루어졌는데, 가스는 2002년 보다 더 많은 4.0%가 증가한 석유환산 430만 톤을 생산했다.

2004년 중 두 개의 유망한 신문사의 신문이 날개돋힌 듯 판매되었다. 신문 특종은 5월 말 이전에 쿠바 중부지역에 있는 석유노동자들이 최초로 799,000톤의 석유를 추출했으며, 쿠바에 속하는 멕시코만 지역에 있는 첫 유정에서의 시추가 시작되었다는 신문 기사이었다.

쿠바는 자기들의 위험을 스스로 감수하며 참가하는 외국기업과 공동으로 동부에서는 특히 마자궐라르의 늪과 만에서, 남쪽으로는 카파타반도에 가까운 바타바노만에서 그리고 더욱 최근에는 카마귀이주의 남쪽 아나 마리아만에서 석유를 탐사하고 있다. 쿠바산 원유는 약간의 유황을 함유하고 있고, 동시에 역청질의 원유이며, 매우 끈적거리는 원유이다.

석유추출 활동과 환경보존을 동시에 고려하였으며, 그래서 석유를 수반하는 가스는 전력을 생산하는데 사용되었고, 가스공정플랜트는 쉐리트인터네션널(Sherrit International)과 공동으로 이러한 목적을 위하여 건설되었다. 수만 제곱미터의 가스가 수만명의 소비자에게 제조가스를 공급하기 위하여 수도 아바나에 매일 공급되고 있다.

구소련체제 붕괴 이후 원유의 안정적 공급 및 원유 수입 비용 절감을 위해 국내 유전 개발에 적극적이다. 쿠바 국내 원유 및 가스 생산은 1991년 500,000톤에서 2004년 4백만 톤(8만 배럴/일)으로 증가하였다. 원유 수입액은 1989년 U$26억에서 2004년 U$10억 수준으로 감소하였다.

원유 및 가스 생산은 1990년대 초반부터 2개 캐나다 회사 (Sherritt International, Pebercan)가 주도하였으며, 시추 및 생산에 투입된 외국 자본은 U$2억 정도로 추산된다. 2005년부터 중국의 Sinopec이 유전 탐사에 참여하기 시작하였으며, 2006년부터 본격 채굴되고 있다.

9 투르키노 마타니계획은 무엇인가?

〈투르키노 마타니계획〉(Turquino-Matani Plan)의 선구자는 쿠바혁명의 첫해로 거슬러 올라간다고 일컬어지고 있는데, 이것은 쿠바의 산악지역에서 사는 사람들에 대한 사회적 정의에 대한 갈망이 현실화된 것이었다. 오늘날 산악지역에 있어서 문화생활, 건강, 교육, 수자원, 무역과 미식학, 도로보수대와 환경조치에 의해 이루어진 수작업과 같은 활동영역에서 이루어진 획기적인 진전이다.

1960년대 초, 피나르 델 리오에 있는 씨에라 델 로사리오산에 대한 합리적인 관리계획이 추진되었다. 이 계획은 삼림공동체의 창립을 포함시켰는데, 이 공동체는 곧바로 이어서 UNESCO(유엔 교육, 과학, 문화기구)가 추진하는 생물권보존을 선언하였다. 1980년에, 씨에라 델 로사리오산(山)은 농촌보호지역으로 선언되었고, 씨에라 마에스트라 대국립공원이 되었다. 그러나 투르키노계획은 1987년에야 시행되었는데, 이의 목적은 산지역의 재조림이었다. 후에 이 계획은 〈투르키노 마타니계획〉이라고 부르게 되었다.

이 계획의 목표는 산에서 포괄적이고도 지속가능한 발전을 이루기 위함이었다. 커피와 코코아재배, 임업, 식량생산, 소규모산업, 수송과 코뮤니케이션 등과 같은 상이한 활동에서의 생산상의 요구조건은 주택, 전기공급, 사회적 인프라 등과 같은 사회적 발전을 더욱더 진전시키는데 사용될 수 있었다. 이 계획은 또한 자연자원을 보존하는 것과 쿠바의 국방체제를 강화하는 것을 목적으로 하는 것이었다.

이 계획은 쿠바 국토면적의 약 18%를 차지하며, 8개주의 49개 이상의 지자체를 포함하고 있다. 977개 정착지에서 살고 있는 약 70만 명(쿠바 전체 인구의 거의 6%에 해당)의 거주자가 이 계획으로부터 혜택을 입었다.

1995년에 투르키노 마타니계획위원회와 국회의 의회위원회는 이 계획의 진전을 계속시키기 위하여 각료회의에서 승인되었다.

산악과 산악에서 거주하는 자들을 위한 개발 계획은 가정의사 진료소, 교육 그리고 영양공급에 강조를 두고 있다. 첫째, 이 계획은 시골 병원 및 종합병원을 포함한 거의 천개에 가까운 건강센터를 중심으로 하는 건강관리시스템, 둘째, 도저히 접근할 수 없는 산간 벽지의 외딴 지역에 있는 2,000개의 초등학교, 80개의 중학교 및 31개의 고등학교를 새로 설립하는 교육에 중점을 두었다. 1988년에는 대학교육을 이들 지역에 설립하는 계획이 착수되었고, 오늘날 4개의 대학교가 이 계획에 포함된 4개 산악지역에 세워졌다. 마지막으로 1990년 이래 현재까지 추진되고 있는 식량프로그램을 통한 영양공급은 식량생산물 측면에서 지역사회가 자급자족하도록 함을 목적으로 하고 있다.

또한, 여러 가지 새로운 길과 지역사회가 세워지고 있는 등 지역의 사회인프라스트럭춰는 심오한 변화를 경험하고 있다. 예를 들면, 1988년과 1990년사이에 500km의 길이 새로 건설되었고, 28,000개 이상의 가정에 전기가 공급되었고, 189개의 소규모 수력발전소에서 전기가 생산되었다.

〈투르키노 마타니계획〉은 또한 쿠바의 국방에서도 중요한 역할을 담당하였다. 쿠바에서는 산악이 전략적으로 매우 중요한 지역이라서 이 지역에서 모든 국민들은 국방임무를 수행하고 있다.

10 관세면제 구역은 어디인가?

쿠바는 왜 관세 면세제도를 제정했을까? 면세지역은 주로 수출부문의 외국투자 과정을 위해 다른 대안으로 찾는 중에 이루어졌다. 면제지역에 관한 규정에 따르면, 이 지역을 통하여 통과하는 생산물, 상품 및 서비스 중 불과 25%만이 쿠바지역에 들어온다. 또한 이 규정은 일자리를 제공하고, 무역관계를 용이하게 하고, 새로운 기술에 접근하는 것이 포함되었다.

1999년 중순까지 쿠바에는 이러한 면세지역이 세 개가 있었는데, 여기에서는 약 250여 명이 종사하였다. 처음으로 개점된 곳은 아바나국제공항 근처의 와제이(Wajay)에 설치되었고, 두 번째는 아바나공항에서 5.5마일(9km) 그리고 호세 마르티 국제공항에서 15.5마일(25km)떨어진 베로아(Berroa)에 설치되었고, 마지막 세 번째는 씨엔푸에고스(Cienfuegos)시에 설치되었다.

쿠바의 면세지역은 남미의 다른 곳과 매우 다르다. 하나의 사례를 제시해 보면, 면세점에서 일하는 쿠바사람은 쿠바 어디서나 일하는 사람들과 동일한 혜택과 직업 보장을 누린다. 다른 하나는 미국의 봉쇄조치 때문에 아무것도 미국으로 수출될 수 없다는 것이다.

11 카데사(CADECA) 회사는 무엇이며, 외환사정은 어떠한가?

공식적인 시장에서 형성되는 (공식)환율을 통하는 쿠바 페소에 대한 경화나 연화 교환은 1995년 후반에 시작했는데, 처음에는 아바나와 바라데로에서 시작했고 그 다음은 쿠바 전국으로 확대되었다.

CADECA는 쿠바회사인데 1994년에 창설되었고, 1995년 6월에 호텔과 관광리조트에서 페소를 (달러 등)경화로 교환하고, 여행자수표 및 신용카드로 인출과 예입을 할 수 있는 영업이 시작되었다. 몇 달이 지나서 쿠바 국립은행으로부터 허가를 받아 미국 달러와 교환가능한 페소(페소는 쿠바에서만 통용되는 통화로서 미국달러와 동일한 가치를 갖는 통화)를 교환하는 것으로 시작하였다. 이러한 조치로 말미암아 쿠바인들에게는 달러의 법률적 원천과 교환가능한 페소를 제공하는 모든 일들이 상당히 용이해졌는데, 그 결과 쿠바인들은 높은 가격으로 교환함으로써 암시장 의존을 제거하게 되었다.

1994년 중반, 1달러는 130~150페소로 교환될 수 있었다. CADECA가 영업을 시작하였을 때, 환율이 1달러에 25페소로 하락하였고, 1997~2003년에는 1달러에 대하여 20~26페소로 교환되었다. 따라서 쿠바 페소의 값은 개발모델국이라고 여겨졌던 다른 나라의 통화에 대한 환율과는 대조적으로 상승하였다.

쿠바의 만성적인 외환부족 상황이 2009년 이후 더욱 악화되고 있다. 외환상황에 대한 쿠바정부의 공식발표는 없지만 현장에서는 다음과 같은 외환부족 상황이 현실화되고 있다.

첫째, 쿠바은행 개설 L/C의 지급이 지연되고 있다. 둘째, 수입가격 교섭이 완료돼 정상적으로 아바나에 도착한 수입물품에 대해 제품단가 인하를 요구하는 극단적 사례가 증가하고 있다. 셋째, 쿠바은행에 미달러 현금이 부족하다.

이렇게 쿠바의 외환사정이 악화된 이유는 다음과 같다.

첫째, 쿠바의 주요 외화가득산업의 부진이다. 니켈은 쿠바의 최대 수출품목인데 세계 경기불황에 따라 국제 니켈 가격이 하락해 외화수입이 감소했다. 또한 관광업의 부진도 이어지고 있다. 쿠바의 주요 관광객 유치 대상국은 캐나다, EU(스페인, 영국, 독일, 네덜란드 등)인데, 특히 EU의 경기가 좋지 않아 관광객 감소가 관광수입 감소로 이어지고 있다.

둘째, 미국 거주 쿠바인들의 본국 송금 감소이다. 미국 재무부 자료에 따르면, 미국 거주 쿠바인의 본국 송금액은 2002년 기준 연간 12억 달러이며, 비공식 송금액을 합하면 연간 15억~20억 달러가 추산될 정도로 본국 송금은 쿠바의 주요 외환 공급로이다. 2015년 4월 오바마 정부가 미국 거주 쿠바인들의 송금한도(종전 분기당 US$ 300)를 철폐해 본국 송금액의 증가를 기대하고 있으나 미국 경기(특히 쿠바인 다수가 거주하는 플로리다주)의 불황에 따라 본국 송금이 오히려 감소한 것으로 추정된다.

셋째, 미국의 대 쿠바 경제제재 조치에 따라 쿠바는 미국이 주도하는 각종 국제금융기구로부터 외화를 차입할 수 없다. 이에 따라 부족한 외환을 외부에서 수혈받을 수 없어 단기적 외환부족사태를 해결할 방법이 없는 상황이었다.

12 환율상황은 어떠한가?

그러면 환율은 어떻게 이루어지고 있나? 최근 쿠바를 방문하고 돌아온 여행자들로부터 쿠바 상황을 들으면, 쿠바의 호텔은 로비에서만 1시간당 6CUC(쿠바 태환 페소, 약 7200원)를 주고 와이파이 접속이 가능했으나 속도가 너무 느려 이메일조차 확인할 수 없다. 한국에서 가져간 스마트폰은 로밍이 안 돼 무용지물이다. 현재 Kotra 쿠바 아바나 무역관도 인터넷 사용을 못하고 있다.

이 때 6페소를 어떻게 구입했을까? 쿠바는 미화 1달러당 0.80833쿠바 페소, 캐나다 1달러 0.79508 쿠바 페소 그리고 1유로당 1.13271쿠바 페소로 고정되어 있다. 예를 들어서 미화 10달러를 주면 약 80.833페소를 준다. 호텔 숙박료 368페소를 달러로 지불하려면 약 455.26달러를 내야 한다. 그 계산방식은 다음과 같다.

쿠바에서는 미국달러의 경우에 액면가격에서 일단 무조건 10%를 깎는다. 미국달러 소지에 대한 일종의 벌금이다. 그리고 나서 고정환율로 1 미국달러당 0.8935쿠바페소로 환전한다. 예를 들면 우리가 미국달러를 소지하고 쿠바에 입국하면 쿠바 호텔이나 시내 환전소(CADECA)에서 달러소지 벌금으로 10달러(10%)를 차감하고 나서 나머지 미화 90달러에 대하여 고정환율(0.8935)을 적용하면 80.415쿠바페소가 계산된다. 물론 환전할 때 수수료 3%를 추가로 받는다. 그래서 흔히는 간소화차원에서 처음부터 환율을 1달러당 0.8033쿠바페소로 환전하게 된다.

쿠바 중앙은행은 2011년 3월 14일자로 쿠바 태환 페소(CUC : Cuban Convertible Peso)를 8% 평가절하한 바 있다. 이 조치는 수입대체와 수출확대를 통한 외환 사정을 개선하려는 목적이었다. 미국 달러화에 대한 현금 환전 시 부과하는 10%의 벌금은 그대로 유지한다.

현재 쿠바는 2개의 화폐를 사용하고 있는데, 하나는 임금지급 및 농산품 구매 등을 위해 쿠바인들이 주로 사용하는 쿠바 불태환 페소(CUP : Cuban Peso, 일종의 교환권)이며, 또 다른 하나는 공산품 구매와 미국 달러화 등 외국통화와 환전해 사용하는 쿠바 태환 페소(CUC : Cuban Convertible Peso)이다.

쿠바는 1994년까지는 CUP만을 자국 화폐로 사용했으나 1994년 쿠바 태환 페소 CUC를 추가해 현재는 2개의 화폐가 유통되는데, 이에 따른 환율 시스템이 다르다.

〈쿠바의 환율〉

	기존		현행		비고
	공식	비공식	공식	비공식	
CUC:US$	1:1.08	–	1:1	–	– 2005년 이전에는 1:1이었으나 2005년 5월 이후 1:1.08로 변경한 것을 2011년에 다시 1:1로 변경 – 현금환전 시 10%의 벌금과 3%의 수수료를 부과
CUC:CUP	1:1	1:24	1:1	1:24	– 공식환율은 외국인 투자 시 적용하고 실제 국영환전소에서는 비공식환율로 환전

13 실업률은 어떠한가?

2004년 중반까지 쿠바의 실업률은 2.3%로 하락하였다. 쿠바는 국제노동기구(ILO)가 쿠바에게 적용하는 지표인 실업률이 2~6%사이에서 변동하는 완전고용을 달성하였는데, 이는 쿠바가 고용수요를 양질의 일자리 제공으로 신속하게 반응할 수 있는 수준이었다.

이제 몇가지 배경정보를 제시해 보자. 언제나 성공한 혁명은 정권을 잡았다. 쿠바에는 600만 명이 약간 넘는 주민이 있었다. 노동력의 약 1/3수준인 70만 명이 실업상태이었고, 이 중 지방에 45% 이상이 거주하였다.

약 10만 명의 젊은이들이 일자리를 획득할 나이가 되었는데도 그들의 피부색갈과 성별 때문에 차별대우를 받았다.

혁명과정 첫 10년 동안 거의 100만 명이 일하기 시작하였는데, 이는 쿠바 노동력이 58.5%가 증가한 것이다. 그 다음 5년 동안(1970-1974) 쿠바사람의 거의 50만 명이 새로운 일자리를 창출했으며, 그 다음 5년에는 63만 개의 일자리가 창출되었다.

시간이 흘러 상당한 인구가 증가되었고, 대단히 많은 쿠바사람들이 일할 나이가 되었다. 도전은 점차 어렵게 되어가고 있었다.

혁명은 대안을 제공하고, 용기있는 조치를 취하고, 새로운 사회적 프로그램을 시도하면서 이러한 도전을 직면하기로 결정하였다. 이러한 것들중 하나는 젊은이들이 다른 연구를 수행하는 동안 봉급을 받도록 허용하는 작업프로그램으로서의 연구이었다. 이 시도는 연구도 일하지도 않는 젊은이들을 목표로 한 포괄적이고 개선된 과정의 시작 이후에 시행되었다. 설탕산업 규모를 줄인 후, 이 산업의 40만 명 이상의 종사자들은 연구에 몰두하였다. 그러는 가운데에도 그들의 요구는 잘 처리되었고, 여전히 봉급을 차질없이 받았다. 도시농업의 발전은 쿠바 전체에 걸쳐 약 1만개의 새 일자리가 창출되었다.

이 분야에서의 특별한 성공 사례로서, 2003년중 128,000개 이상의 새로운 일자리 중 48%가 동쪽 주에서 창출되었으며, 주로 젊은이들과 여자들에게 혜택이 돌아갔다. 쿠바는 쿠바공화국의 헌법에 따라 "사회주의 사회에서의 노동은 정의이며, 의무이고, 주민을 위한 일이다"

쿠바 아바나 말레콘 방파제. 오울드 아바나 북쪽을 시작으로 센트로 아바나 베다도 근처에서 끝나는 81cm 길이의 해안선을 낀 긴 방파제 산책로는 말이 산책로이지 할 일없는 자들이 모여드는 실업의 현장이다. 밤이면 남남커플 또는 매춘을 위해 몰려드는 위험한 장소이기도 하다. 시내 유흥거리는 외국여행자들의 전용 놀이터일 뿐이고, 쿠바인들은 돈이 없어 여기 말레콘에서 남여 섹스는 물론 온갖 난잡한 일들이 벌어지고 있다. 이 자체가 과연 관광상품일 수 없을 것이다.

말테콘 방파제는 이렇게 관광지라고 보기 어려울 정도로 사람들이 놀고간 자리가 어지럽게 널려져 있다.

쿠바리브레

Cuba Libre

chapter 08

쿠바의 외교

8 쿠바의 외교

1 미국과는 어떤 분쟁이 있었나?

미국과 쿠바간의 분쟁은 18세기 중반으로 거슬러 올라간다. 분쟁의 본질은 미국이 쿠바에 대한 패권의식을 강요하고, 쿠바의 독립과 주권 권리를 무시하고, 그리고 쿠바가 쿠바 인민을 위한 가장 나은 경제적 · 정치적 · 사회적 체제를 설립하고자 하는 권리를 무시하는 데 있었다. 쿠바를 미국에 합병하려는 기대는 미국이 쿠바를 편입함으로써 생기는 유리한 점을 설명한 당시 벤자민 프랭클린과 존 아담스가 쓴 편지에 나타났다. 19세기 초 당시 미국 대통령이었던 토마스 제퍼슨은 쿠바를 장악하려는 그의 관심을 공개적으로 언급하였다.

미국은 200년 동안에 전세계의 여러 나라들을 공격하기 위한 구실로서 "국가안보"와 "국가이익"이라는 기준을 채택했다.

'익은 과일'(Ripe Fruit)이론에 따르면, 스페인으로부터 멀리 떨어져 있고 스스로 살아갈 수 없는 쿠바는 필연적으로 미국의 품으로 들어가지 않을 수 없다는 것이다. 익은 과일은 금세 누군가로부터 우선적으로 먹히게 된다는 이론이다.

'지리적 숙명론'(Geographic Fatalism)은 유럽국민들에게 그들의 손을 미국의 문제로 개입하지 않도록 하는 것이라고 경고하였다. 쿠바에서 멀리 떨어진 스페인은 미국 가까이에 있는 쿠바를 가까이 하지 말라는 이론이다. 이 두 이론은 모두 쿠바의 독립을 저지하기 위하여 수백년 동안 이용되어 왔다.

19세기 말에 10년 전쟁 이후 쿠바 무역의 94%가 미국과의 무역이었다. 이것은 서구식 쿠바 브루조아들의 미국으로의 합병에 대한 의존을 지원하는 강력한 요인이 되었다. 현재 쿠바의 국가영웅이 된 호세 마르티는 카리브해 안틸레스(서인도)제도의 가장 큰 섬인 쿠바에 대한 미국의 의도에 대해 (필요하다면 전쟁도 불사하겠다고)경고했다. 그가 "필요한 전쟁"이라고 부른 것은 쿠바를 스페인 식민주의로부터 해방시키고 또한 초기 미국 제국주의에 의한 쿠바강탈에 대항하기 위한 전략적 목표를 달성하려고 하였던 것이다.

1898년 2월, 전함 마이네(Maine)호가 쿠바 해안을 강타하였는데, 미국은 오직 미국의 생명과 재산을 보호하기 위하여 미국의 신성한 권리를 수행하는 것이었다고 주장하면서 스페인과의 전쟁을 선언하였다. 이 때는 지칠대로 지쳐버린 스페인의 군인들이 쿠바독립을 위한 쿠바 맘비(Cuban Mambi)전투사들에게 거의 넘어간 상태이었다.

그 해 8월에 스페인은 조건부로 항복하였다. 1898년 12월에 쿠바에서 스페인 식민지정책을 종료한다는 '파리조약'이 체결되었다. 1899년 1월 1일에 스페인 국기가 하강되고 그 대신 미국 성조기가 게양되었고, 쿠바에서 미국 군인들이 점령하기 시작하였다.

해방군의 무장 해제, 쿠바혁명당(PRC)의 해체, 호세 마르티, 안토니오 마세오 및 갈릭스토 가르시아의 조기 사망 그리고 제네랄리시모 막시모 고메즈의 정치적 생명으로부터 철회등 일련의 사건들로 말미암아 쿠바는 미국의 손아귀에 들어가게 되었다.

미국은 쿠바 당국이 미국에게 쿠바에 있는 석탄보급지에 개입하여 설치할 권리를 허용하는 조건하에서 플래트 개정(Platt Amendment)를 강요하였다. 그 이래 지금까지 미국 군대가 그 협정(Platt Amendment)의 일부로서 관타나모 해군기지를 보유해 오고 있는데, 미국은 양국간 상호조약에 의해 1903년에 그 지역을 차용했다.

쿠바공화국 정부 수립 이전 기간동안, 미국 정부는 미국에 연결되어 있고 미국에 의존하는(넓은 토지 소유자기운데서 일부의) 쿠바의 지배자들을 지원했다. 1930년대에 쿠바독립을 성취하기 위하여 노력한 쿠바혁명가들이 대량 학살당했다. 쿠바에는 미국의 신식민지 이외에는 아무것도 없었다.

1959년 혁명을 성공시킨 후에는 쿠바 국민들에게 실질적인 경제주권을 제공하고, 미국은 철저한 적대행위 입장을 취한다는 급진적인 법률을 채택했다. 이 법률의 첫 적용은 미국시장에 대한 쿠바 설탕 할당제(Quota)를 해제하고, 양국 관계를 단절하고, 경제적 및 무역 봉쇄를 강행한다는 것을 포함하고 있었다.

미국은 동시에 쿠바에서 반혁명그룹을 선동하여 무장시켰다. 피그만 침공을 지원하였고, 이를 수행하는 용병들을 훈련시키고 무장시키고, 태업행위와 쿠바 리더들을 암살하는 시도에 책임을 지게 하였다. 더욱 최근에는 세균전투에 호소하기도하고, 쿠바를 고립시키기 위한 시도로 타국에 대한 외교적 압력을 가하기도 하고, 〈헬름스-버튼법〉과 기타 법들을 적용하기도 하였다. 2004년 5월 6일에는 쿠바 인민들에 대한 정치적 및 경제적 조치들에 의 구현된 새로운 호전적인 계획들이 공개되었다.

미국-쿠바분쟁은 새로운 것이 하나도 없다. 분쟁은 거의 2백년 전으로 거슬러 올라간다. 분쟁은 미국이 쿠바 국민들은 자유 국민이고 주권 의식을 갖는다는 쿠바국민들의 권리를 인식하고 존경할 때 종지부를 찍을 것이다.

2 관타나모 미군기지는 어떻게 생겼나?

1903년 12월, 미국이 현재는 관타나모 해군기지로 사용하고 있는 토지를 빌리는 의식이 관타나모만에 닻을 내린 미국전함 갑판위에서 개최되었다. 이러한 의식은 쿠바 헌법에 대한 Platt Amendment의 제VII항에 근거하여 수행되었다.

쿠바 헌법에 대한 이 Platt Amendment는 미국 군대가 스페인에 항거하여 싸운 쿠바의 30년 전쟁에 개입한 후 미국의 쿠바 점령기간 내내 초기 쿠바공화국에 강요했던 것이다. 이 때는 바로 쿠바 독립을 위해 싸운 맘비(Mambi)전투사들이 승리를 눈앞에 두었을 때이다.

이 Platt Amendment에 따르면, "쿠바는 석탄수송 기지나 해양 기지를 위해 필요한 땅을 미국에게 팔거나 빌려주어야 한다"고 하였다. "자연의 모든 법률적 책무는 당사들간의 충분한 합의와 공통이익의 목적과 결과에 기초하여야 한다"고 언급한 이 Platt Amendment하에서, 쿠바에 미국군대가 계속적으로 주둔한다는 것은 분명히 동의의 원리(Principle of Consent)에 위반하는 것이다. 미국은 분명히 쿠바지역의 일부에서 군대 주둔을 영구화하기를 바라고 있다.

쿠바지역에 있는 미해군기지는 평화와 쿠바의 국가안보에 위협의 요소가 되고 있다. 잘 알려진 바와 같이 미국정부는 쿠바혁명에 대한 적대심을 가지고 있다. 이 적대심은 1959년 첫 몇 달째부터 시작하여 1961년 1월 외교관계를 단절함으로써 구체적으로 표현되었다.

예를 들면, 1962년에는 엄격한 경제적, 재정적 및 무역적 봉쇄 조치를 강요하였고, 쿠바혁명에 대항하는 세력에게 무기와 자재를 공급하였다. 쿠바 지도자를 암살하려는 시도를 감행하였고, 범죄적 태업을 자행하고, 라디오와 TV를 통하여 적(쿠바)에 대해 선전방송하는 이념전쟁을 하였고, 세균전을 감행하였다. 이라크에 대한 제국주의적 침략행위에 이어, 미국은 쿠바를 40개국 이상의 나라에서 오는 죄수들이 인간 이하의 조건에서 감시당하는 집결지로서 사용되기 시작하였다.

1976년 2월 24일 어떤 목적을 위하여 개최된 국민투표에서 투표한 쿠바인민의 97.7%의 지지를 얻은 쿠바헌법은 쿠바는 다음과 천명한다고 적혀있다.

"무효가 된 조약, 협정 및 불평등 상태에서 체결된 양허 그리고 쿠바 지역의 어떠한 곳에서 쿠바의 주권을 무시하거나 축소시키는 것들을 거부하며 주시한다."

쿠바는 방심하지 않고 있으며, 미국이 무엇을 하든지 간에 그들에 대항하여 방어할 준비가 되어 있으며, 또한 언제라도 환경이 허락할 때 쿠바의 권리를 주장하는 결의가 단호하다.

이상과 같이 관타나모 기지는 미국이 과거 쿠바를 지배하던 스페인과의 전쟁에서 1903년 승리하자 전략적 기지로 활용하기 위해 영구히 임차했다. 당시 매년 2000달러에 해당하는 금화를 지불하도록 계약을 맺었는데, 피델 카스트로가 1959년 혁명을 일으켜 성공하자마자 더 이상 임차하지 않겠다는 의미로 임차료 받기를 거부했다. 양국간 국교가 단절된 상태하에서 뿐만 아니라 2015년 양국 수교가 이루어진 현재에도 관타나모는 여전히 양국간의 분쟁의 씨로 남아 있는 지역이다.

미국의 입장은 전세계인들에게 인권국가로 각인되어 있는 미국에게 '치욕의 상징'으로 남아있는 관타나모 기지(수용소)를 폐쇄하는 것 뿐이지, 기지 자체를 반환하는 것은 아직 전혀 검토하지 않고 있다. 그만큼 관타나모기지는 미국 안보에 중요한 곳이라는 증거이다.

미국 정부는 2001년 9월 11일에 발생한 〈9.11사건〉이후 알카에다와 텔레반 대원(테러용의자)들을 수용하기 위해 2002년 1월 쿠바내 미국 해군기지인 관타나모 기지에 수용소를 건립하였다. 관타나모수용소는 테러혐의에 대한 증거나 법원의 판결이 없어도 피의자를 마구잡이로 수감해 미국 헌법에 위배된다는 비판을 받아왔다. '델타4'라는 이름의 수용소 독방에는 담요, 샌들, 오렌지색 낙하복 2벌, 코란 1권 및 1일 3식이 제공되었다. 수감자의 손과 발에 족쇄를 채우고, 잠을 재우지 않는 등 가혹행위와 성적 학대, 전기고문등 인권유린 행위가 끊이지 않자 폐쇄 요구가 빗발쳤다.

다만 버락 오바마대통령은 2011년 11월에 테러용의자를 재판없이 영구적으로 구금할 수 있는 〈국방수권법〉에 서명함으로써 관타나모 수용소 수감행위에 대한 법적 근거를 마련하였다. 물론 인권단체들은 오바마의 인권행위 역주행으로 간주하여 비판하고 있다.

쿠바 관타나모 수용소 전경(자료 : 조선일보 데이터베이스)

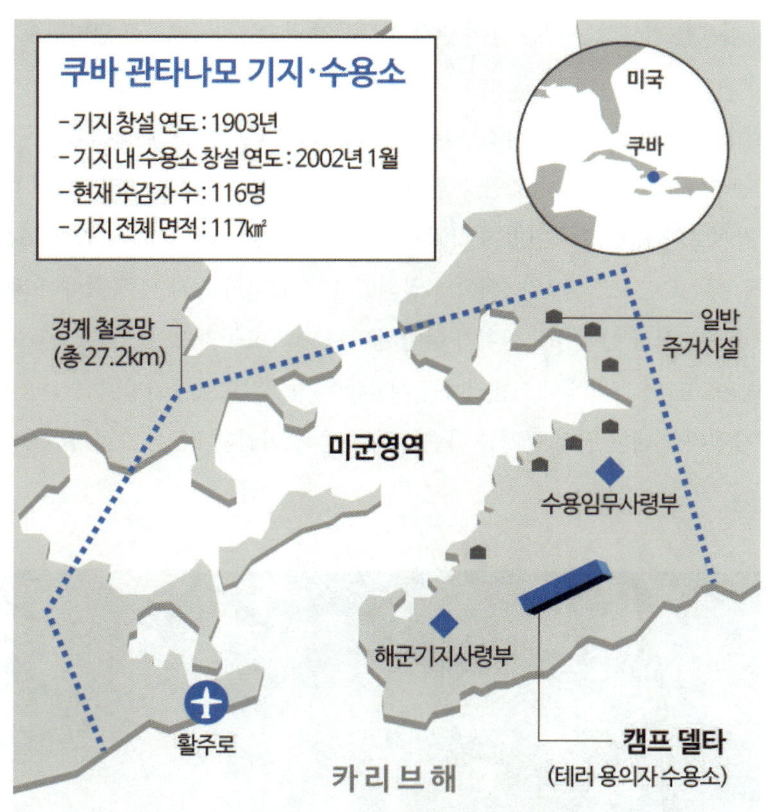

관타나모 수용소 주요 개요

- 2001년 아프가니스탄 전쟁 발발 후 2002년 1월 미 해병기지를 개조해 설치
- 석방인원 중 42명은 다시 테러행위에 연루 (사우디·아프간 출신이 대부분)
- 2008년 4명 자살하는 등, 41명이 자살 시도한 것으로 알려져
- 오바마 대통령, 2008년 대선 때 '폐쇄' 공약

'델타4' 수용소 독방

수용소를 유지하는 데 쓰는 매년 1억 달러(약 1150억 원)가 넘는다. 관타나모 수용소의 수감자는 2001년 〈9.11테러〉 직후에는 800여 명이나 되었었는데 2011년 현재 171명이며, 이 중 테러혐의로 정식 기소가 예정된 수감자는 36명에 이른다. 예멘출신 수용자 57명은 혐의가 미약하여 예멘으로 이송하기로 하였으나 예멘정치가 불안하여 본국으로의 송환을 미루었다.

3 슬로건 : 조국이냐, 죽음이냐?

피델 카스트로는 1960년 3월 증기선 La Coubre가 태업행동으로 폭파되어 사망한 자들을 위한 조사를 통하여 처음으로 "조국이냐, 죽음이냐"라는 표현을 썼다. 쿠바는 무기와 탄약을 구입할 필요가 생겼다. 쿠바는 이것을 가지고 그들의 혁명달성을 지원하기 위하여 인민들에게 무장시킬 수 있었다. 항구노동자들이 프랑스선박에 하역하고 있던 1960년 3월 4일 오후, 은신처 중 하나에서 두 번의 커다란 폭발이 발생하여 100명 이상의 쿠바사람이 죽고 12명이 부상당했다.

어떤 조사에 의하면, 이 폭발은 미국 당국이 쿠바가 무기를 획득하지 못하도록 하는데 목적을 둔 계획적인 태업행동이었다고 하며, 그래서 쿠바는 미국정보국(CIA)과 태업행동을 지시한 미국 국방성(펜타곤)을 공개적으로 비난했다고 한다.

피델 카스트로는 희생자들을 위한 조사(弔辭)에서 이 때의 상황이 투쟁초기에는 그때와 유사하였음을 언급하면서 침략에 대하여 확고하게 할 쿠바인들의 결심을 다짐하는 계기가 되었다. 투쟁의 초기에는 슬로건이 오늘날 자유란 '더욱 더' 즉, 자유는 우리의 조국을 의미하고, 우리의 새로운 슬로건은 '조국이냐 아니면 죽음이냐' 혹은 '자유냐 죽음이냐'였다. 즉, 죽음을 두려워하지 않고 조국을 위해서 싸우다 죽겠다는 필사적인 다짐이었다.

석달 후인 1960년 6월 10일, 피델 카스트로는 이발사와 미용사(Barber and Hair Dressers)라는 이름의 제1차 국가연합 혁명의회에서 행한 폐막연설에서 다음과 같은 말을 반복하였다. "비록 대가를 얼마를 치루더라도, 인민들은 승리를 거둘 것이다. 왜냐하면 우리 인민들은 이와 같은 노력에 의해 요구되어진 용기와 애국심과 단합성을 가지고 있고, 쿠바인으로서 쿠바 인민들은 '조국이냐 아니면 죽음이냐'하는 슬로건을 채택했기 때문이다.

인민들은 틀림없이 승리할 것이며, 그들의 슬로건은 '우리는 극복할 수 있다'는 것이 때문에 쿠바인들 각각은 개별적으로 '조국이냐 아니면 죽음이냐'하는 슬로건을 가지고 있다.

이러한 슬로건들은 쿠바사람들이 피그만침공에 참여했던 용병들을 격퇴시켰을 때 쿠바사람들의 감정을 정확하게 표현한 것이다. 또한 1962년 10월에는 미사일위기도 있었고, 군사적, 경제적 및 정치적 공격을 받았을 때이다. 지금에 와서는 이러한 슬로건들은 대단히 많은 쿠바인들이 혁명을 지지하기 위하여 자기들의 삶을 던질 준비가 되어 있다는 감정을 표현하고 있다.

게다가 쿠바사람들은 사회주의만이 주권국가로서 국가의 독립과 생존 가능성을 자기들에게 제공해 줄 수 있다는 것을 확신하고 있었기 때문에 최근 들어와서는 "사회주의냐 죽음이냐"라는 슬로건으로 바꾸었다. 즉, 조국의 사회주의 건설을 위하여 죽음을 두려워하지 않겠다는 것이다.

4 미국은 쿠바를 어떻게 봉쇄조치하여 왔는가?

미국정부가 1960년대 초이래 끊임없이 쿠바에 대해 가했던 비인간적인 봉쇄조치는 소리없는 폭탄과 같았다. 경제적, 무역적 및 재정적 봉쇄조치는 거의 40년 동안 매일 각 쿠바인들에게 피해를 끼쳤는데, 이는 역으로 쿠바국민들의 생활수준과 국민경제에 피해를 끼쳤으며 시장의 재배치에 악영향을 미쳤다. 구체적으로는 구매비용을 상당한 정도로 높이고, 공급 흐름, 분배 및 생산등의 불안정성에 상당한 정도로 악영향을 미쳤다.

미국 정부의 경제적 공격이 쿠바 생활의 모든 면에서 끼친 영향은 간단히 요약될 수 없을 정도로 엄청나게 크다. 미국정부는 쿠바에 대해 정치적 압력을 가하고, 쿠바와의 관계를 강제로 깨뜨리기 위하여 그리고 쿠바를 고립시키는 정책을 수용하게 하기 위하여 공공연히 혹은 비밀리에 압력을 가하여 왔다.

쿠바의 외국무역의 기반인 선적비용을 예로 들어보자. 선적비용은 화물을 미국으로부터 가져오는 경우보다 유럽으로부터 가져오면 215,800달러가, 그리고 아시아에서 가져오는 경우보다 516,700달러가 더 소요된다.

미국이 1992년에 쿠바 민주화법인 토리셀리법(Torricelli Law)를 발표한 이후 많은 선박회사들은 그 법하에서 어떤 선박이 쿠바항구를 접촉하기만 하면 6개월 동안 미국항구에 입항할 수 없다는 사실로써 야기되는 손실을 보상하라고 하여 더 많은 비용을 요구하였다.

1994년 8월과 1998년 3월 사이에 미국 대통령은 최소한의 여행, 적화물 운송 및 미국에서 살고 있는 쿠바인들이 쿠바에 사는 가족들에게 돈을 송금하는 것을 줄이는 것을 목적으로 하는 새로운 규정을 채택했다. 이러한 조치는 실제로 봉쇄조치에 의해 야기된 어려움을 가중시켰으며, 또한 해외거주 쿠바인과 쿠바에서 사는 친척간의 정상적인 관계 진전을 방해하게 되었다.

이러한 봉쇄조치는 특히 건강부문에서 비극적인 반향을 일으켰다. 예를 들면 맥박조정기를 필요로 하는 자들의 경우이다. 여러 해 동안 쿠바는 호주와 스웨덴의 각각 한 회사에서 맥박조정기를 수입했다. 1993년 초에 호주회사의 대표이사는 맥박조정기는 미국에서 만든 부품이 포함되어 있기 때문에 이제 더 이상 쿠바에게 공급할 수 없다. 1994년에 스웨덴 회사는 맥박조정기의 사업부가 미국회사에 팔려서 쿠바는 앞으로는 그 회사에 주문해야 한다고 보고했다. 미국법 하에서는 주요 사무소가 미국에 있는 회사라면 어떤 회사라도 쿠바에게 자신들의 제품을 팔 수 없게 되어 있었다.

1990년대에는 봉쇄조치가 더욱 강화되어 쿠바는 건강부문에 들어있는 어떤 설비를 수리하기 위해 필요한 12만 달러어치의 약과 재료들을 구입할 수 없었다.

미국 대통령이 1996년 3월에 싸인한 헬름스-버튼법(Helms-Burton Law)은 쿠바와 무역을 하는 국가나 개인은 미국의 제재조치를 받는다는 것을 주요 내용으로 하고 있었다. 이 법은 쿠바국민들이 독립과 자유로운 결정에 대한 그들의 양도불가능한 권리를 방어하기 위한 그들의 결정을 포기하도록 할 목적으로 끝까지 추진하여 쿠바봉쇄를 국제화하는 것을 추구하였다.

이 법은 여러 번의 수정을 거쳐 1999년에 강화되었고, 게다가 다른 법률적인 조치들은 쿠바에 대한 경제전쟁을 확대시켰고, 다른 국가들에게 제재와 위협을 확대시켰다. 온갖 종류의 규정과 조치들은 쿠바국민들의 정신을 와해시킬 목적으로 계속 채택되었다.

2004년 5월 6일,미국 정부는 쿠바에 대한 새로운 경제적 및 정치적 조치를 발표했다. 자유쿠바원조위원회(The Commission for Assistance to a Free Cuba)는 6개 장에 450쪽이 넘는 보고서를 냈다. 주요 내용은 전체가 쿠바정부를 전복시키는 것을 목적으로 하는 전략적 행동을 하나하나 열거하고 있었다.

이러한 조치는 만일 쿠바에서 미국으로 돈을 송금하는 자가 쿠바 정부관료라든가 공산당원이라면 오직 직계 친척만이 송금을 받을 수 있고, 친척에게 송금은 금지하고, 미국 거주 쿠바인이 쿠바를 방문하는 횟수는 매년 여행이 가능하던 것을 3년마다 1회로 감축한다는 것을 명문화였다.

또 다른 조치는 반혁명활동에 자금을 지원하기 위하여 향후 2년 동안 59만 달러를 배정하고 , 미국이 19세기 이래 그들이 그렇게도 달성하려고 갈망하고 있었던 것과 다르지 않은 쿠바를 미국의 일부로 부속시키려는 계획에 몰두하고, 미국이 용케 쿠바혁명을 타도시킬 수 있다면 미국정부가 쿠바에서 행할 수 있는 것을 냉소적으로 설명하는 계획이 포함되어 있었다.

쿠바는 이러한 도발에 직면하여 두 가지의 엄청난 항거 행진으로 반응하였다. 5월 14일에 쿠바의 용감하고 영웅적인 국민의 일부를 포함하여 백만명 이상이 미국이익대표부까지 행진하였다. 피델 카스트로 대통령은 쿠바 국민들을 대신하여 "미국 정부 적수에 의한 성명서"를 작성하였다. 5월 21일 쿠바 영웅적 지도자가 주도하는 20만 명 이상의 시위대가 미국이익대표부 건물앞에 모였는데 행렬이 해안가 해벽까지 닿았다. 쿠바 대통령은 조용하고 정렬적으로 미국대통령에게 자신의 두 번째 메시지를 발표하였다.

피델 카스트로는 미국 대통령에게 다음과 같이 말했다. "오늘날 쿠바국민들은 세계 어느 나라 국민들 보다 더 교양있고, 정치적으로 의식적인 국민이다. 쿠바는 광신자들의 국가가 아니다. 쿠바는 이상을 가진 국가이다. 오늘날 쿠바는 승리와 죽음에 의해 결정되는 소인배가 아니다. 우리는 필요한 무기로 무장된 100만 명이 있다. 나는 미국이 우리와의 전쟁에서 절대로 승리할 수 없다는 것을 확신한다.

쿠바 미국이익대표부는 아바나 시내 고층빌딩 꼭대기에 세들어 있는데, 사무실이 바라다 보이는 그 건물 앞 광장에는 건물 높이의 깃발을 단 게양대가 빌딩만큼 높이 세워져 사무실을 볼 수 없게 해 놓았다. 저 깃발의 의미는 무엇이며, 몇 개나 게양되었을까?

5 어떤 나라들과 수교했는가?

쿠바 혁명 이전에 쿠바는 오직 51개국과 외교관계를 맺었다. 그러나 2004년 중반까지 181개국들과 외교관계를 맺었다. 쿠바에서는 국제기구를 포함하여 100개의 재외공관이 신입장을 받았다. 다각적인 면에서 보면, 쿠바는 많은 국제기구의 회원이 되기 위한 선거에 의해서 입증되듯이 상당한 명성을 얻었다. 쿠바는 UN회원국이며, UN체제하의 정부간기구 회원국이며, 비동맹국운동의 회원국이며, 77개국 그룹회원국이며, 기타 지역그룹의 회원국이며 그리고 많은 정부간 기구의 회원국이다.

쿠바대표들은 여러 UN 기구 중 UNDP관리위원회, UN식량농업기구, UN 산업개발기구, 세계보건기구, UNCTAD, 세계식량프로그램, 세계기상기구, 및 남미에너지기구에 선출되어 왔다. 또한 여러 쿠바 전문가들은 UN과 기타 기구에서 개인 신분자격으로 근무하고 있다.

6 연맹에는 어떠한 것들이 있나?

세계 사람들은 쿠바의 방위연대에 대해 함께할 것을 선언하였고, 미국이 쿠바에 대한 적대행위와 오랫동안 쿠바에 대하여 강요한 비인간적인 봉쇄조치를 비난하기 위하여 그리고 쿠바의 성공에 성원하고 쿠바가 어려웠던 시기에 쿠바를 지원하기 위하여 지역그룹과 국제포럼에 함께 가담하고 있다.

쿠바혁명과 함께 한 연맹은 1959년 쿠바혁명의 승리와 함께 시작하였다. 혁명은 또한 쿠바식 국제주의를 발생시키는 것을 의미하는 다른 나라와 국민과 함께 하는 연맹을 나타내는데, 이 쿠바식 국제주의는 피델 카스트로가 말한 바와 같이 쿠바가 진 빚을 인류에게 갚는 것을 도와주는 것을 의미한다. 쿠바인구 50만 명은 전투원으로, 의사로, 교사로 그리고 건설노동자와 같은 여러 가지 형태로 국제주의적 사명을 수행했다. 젊은 남자와 아프리카사람들은 쿠바에서 고등학교와 대학교로 진학하였다. 어떤 점에서는 쿠바는 25,000명이 외국장학금을 받고 있으며, 그들중 대부분은 '젊음의 섬'에서 학업하고 있는 바와 같이 쿠바는 의무를 다하고 있다.

소련이 붕괴되고 다른 동유럽 사회주의국가들도 붕괴하고 그들이 미국의 봉쇄조치에 동조하고 있는 어려운 여건하에서도 쿠바는 부족하고, 대단한 어려움 그리고 한계에도 불구하고 계속적으로 기치를 발휘하고 있다. 쿠바는 자본주의로 돌아가지 않을 것이며, 사회주의의 길을 따라 계속 전진해 갈 것이다. 그래서 모든 어린이들은 학교에 가서 공부할 것이며, 모든 아픈 이들은 병원치료를 받을 것이며, 모든 노인들은 보호를 받을 것이다.

소국(小國) 쿠바가 무엇을 할 수 있고 쿠바가 목표달성을 위하여 어떠한 방어를 준비해야 하는가를 것을 알고 있는 세계사람들은 캐리브해(쿠바)를 바라다 보고, 쿠바 봉쇄조치를 지원하고, 구약성서에 나오는 골리앗에 대항하는 다윗(쿠바)을 위협하고 있다.

세계사람들은 쿠바에서 자기들의 신임장을 비준하고, 쿠바사람들의 영웅적 자질에 주목하고 그리고 국경을 초월하는 매스미디어에 의해 퍼진 반동적 선전활동을 거역하고 있다. 세계사람들은 자기들의 희망을 상징적으로 나타내기 위하여 쿠바가 조용히, 지속적으로, 그리고 안정적으로 유지하도록 재촉하면서 쿠바에게 후원금을 보내고, 기부금을 보내고 있다.

1994년 11월에 5대륙 109개국에서 3,000명 이상의 대표들이 미국의 경제봉쇄를 비난하고, 국민의 자기결정권을 옹호하기 위한 쿠바와의 세계적 연맹회의에 참석하기 위하여 쿠바 수도에 모였다. 이들 대표들은 전 남미 대통령, 여러명의 노벨상 수상자들, 장관들, 법률가들, 다른 종류의 운동회원들, 평화친선단 목사 회원, 정당 지도자들 및 교회와 종교기구 대표들로 구성되어 있었다.

그 후 채 1년이 못되어 67개국에서 온 300명 이상의 젊은이들이 〈쿠바청년생활국제축제〉에 참가하기 위해 아바나에 모였다. 그들은 쿠바에 대한 미국의 봉쇄조치의 종결을 요구했고, 쿠바에 대한 경제적 제약을 증가시키는 〈헬름스-버튼법〉에 반대입장을 표명하였다.

헬름스-버튼법(Helms-Burton law, Public Law No. 104-114. 110 Stat. 785 (March 12, 1996)은 미국의 제시 헬름스 상원의원과 댄 버튼 하원의원이 공동으로 쿠바에 대한 경제제재를 위해 발의해 제정된 법으로, 1996년에 발효되었다.
이 법은 쿠바의 민주주의와 자유를 이끌어 내기 위하여 쿠바 출신 미국인들에게 그들이 과거에 소유했다가 쿠바 혁명정부에 의하여 몰수되었던 그들의 재산을 거래하는 제3국인을 대상으로 미국 연방법원에 민사소송을 제기할 수 있는 권리를 부여하고 몰수된 재산을 거래하는 제3국인 및 그 가족의 미국내 입국을 거부하도록 하고 있다.
또한 쿠바와 거래하는 외국 기업의 경영진 주주 가족들의 미국 입국 금지와 1959년 쿠바 혁명으로 쿠바에 5만 달러 이상의 재산을 억류당한 미국인이나 기업들이 쿠바에 투자한 외국 기업을 상대로 한 손해배상 소송 청구를 허용하는 내용 등을 담고 있다.
그러나 이 법은 이란과 시리아의 경제제재법인 〈다마토-케네디법〉과 함께 미국의 경제 제재를 받고 있는 나라와 상거래하는 관련국들의 주권을 침해한다는 비판을 받고 있다. (위키백과)

1997년 8월, 세계 132개국들로부터 온 12,000명의 대표들이 〈세계청년학생축제〉에 참가하기 위해 쿠바에 모였는데, 그들은 많은 정치적 논의와 여러 가지 종류의 회의에 참가하였다. 그들은 축제의 슬로건으로 "반제국주의 연맹, 평화 및 친선"을 표명하였다. 집단적인 노력 덕택에 경제적으로 어려운 상황 하에서도 그런 규모의 회의를 개최하는 것은 가능하였다. 청년들은 자신들의 여행비용과 기타 비용을 부담하였고, 쿠바사람들은 그들을 자기집에 묵게하고 그들을 가족처럼 대우했다. 따라서 대단히 많은 대표들이 쿠바 가정에서 지냈다.

청년들은 쿠바혁명에 대하여 지지를 표명하였고, 여러 가지의 미국의 정부기관들이 쿠바에 대하여 강요한 잔혹한 봉쇄조치를 비난하고 보다 더 나은 미래에 대해 터놓고 이야기했다.

첫 번째 기구는 미국에서 평화운동목사회를 통하여 정의와 자기결정을 위한 사람들의 투쟁을 촉진하는 전기독교그룹인 '종교간 공동체기구재단'에 의해 조직되었다. 그리고 이 기구는 35년전 사람들간의 평화와 연맹을 위한 투쟁을 상징하는 아름다운 전통을 시작한 북미주사람들로 구성된 우연한 일이었다.

세계의 다른 종교로부터 나온 다른 연맹대대 또한 그들의 지지를 표명하고 일하기 위하여 쿠바를 방문하였다. 호세 마르티 유럽대대는 쿠바를 31번이나 찾아왔고, 북유럽대대는 41번이나 쿠바를 방문했다.

이러한 것들이 바로 쿠바혁명에 대하여 표명되었던 연맹의 몇가지 사례들이지만 쿠바에서 뿐만 아니라 미국을 포함하여 전세계에 걸쳐 여러 가지 방법으로 표명되었다.

이러한 대규모적인 국제회의에서 피델 카스트로는 "만일 제국주의가 쿠바혁명을 어떻게 해서든지 깨부수는 것이었다면, 우리는 이것이 진보세력, 혁명세력 그리고 세계의 평화와 정의를 사랑하는 모든 사람들에게 의미하는 바를 이해할 것이다. 따라서 쿠바는 생명의 어떠한 대가를 치루더라도 쿠바사람으로서 쿠바의 기본적인 의무일뿐만 아니라 혁명을 방어하기 위하여 세상 사람들에게 행하는 희생의 일부일 뿐이라고 여기고 있다."

"쿠바는 외롭지 않다"는 것은 단순한 슬로건이 아니다. 왜냐하면 역사는 이 슬로건("쿠바는 외롭지 않다")을 지지하기 때문이다.

7 외교정책은 어떠한가?

쿠바가 20세기 말에 스스로 찾은 새로운 환경은 쿠바혁명의 완수를 공고히 하고, 쿠바를 방어하고 그리고 국제적 지위를 강화하는 원칙에 입각하는 쿠바의 외교정책에 새로운 분위기를 제공했다.

새로운 시대를 반영하는 전략으로서의 쿠바의 외교정책은 반(反)쿠바기구를 표명하고, 연맹운동을 촉진하고, 새로운 관계를 설정하고 그리고 쿠바에 대한 자본투자의 흐름을 원활하게 하는 데 집중하였다.

쿠바의 세계 모든 나라와의 새로운 외교관계에서 쿠바는 외교단의 회원들이 쿠바의 여러 주를 여행하는 중에 쿠바의 현실 여건에 익숙하게 하면서 쿠바안(內)으로의 외교정책을 시작했다

쿠바 국민과 이주자에 대한 대화는 쿠바외교정책의 또 다른 중요한 특징이었다. 왜냐하면 그들은 각자가 행한 선택을 상호 존중하는 것을 기반으로 하여 쿠바에서 살고 있는 쿠바사람들과 해외이주자간의 정상적인 관계의 재설정을 촉진하였기 때문이다. 대화도중에 참여자들은 거의 40년 전에 시작된 쿠바에 대한 봉쇄정책과 공격을 비난하였고, 쿠바를 보호하고자 하는 그들의 바램, 쿠바의 독립, 쿠바의 주권 그리고 사회정의 제도를 표명하였다.

쿠바와 미국간의 1994년 이민대화가 협상의 가능성을 열어놓았는데, 이 대화는 결국 두 정상간의 대화로 이어졌다. 국제회의에서 쿠바는 선진사회가 보다 더 이성적인 생활방식을 채택하도록 요구하면서 지속가능한 발전을 촉진하고자 하는 그들의 입장을 견지하였다. 왜냐하면 그들의 자원낭비가 바로 제3세계의 빈곤과 미개발처럼 널리 퍼져있었기 때문이다.

인권측면에 관하여 볼 때, 쿠바혁명은 일찌기 혁명 시작 이래 인권에 대해 최우선적인 관심을 보였다. 쿠바의 기록은 분명할 뿐만 아니라 모범적이기도 하다. 또한 쿠바 기록은 이러한 주제에 대하여 권위와 존경을 가지고 대화할 권리를 제공하고 있음을 대변하고 있다.

쿠바의 대단히 큰 외교적 성공 중 하나는 거의 많은 사람들이 생각했던 부정적인 예측에도 불구하고 쿠바는 생활 · 투쟁 · 노동 · 사랑 · 춤의 측면에서 견고하게 오늘날까지 유지하고 있다는 것이다. 게다가 많은 나라들과의 관계 회복과 재설정은 전혀 고립된 것이 아니라는 것을 보여주고 있다. 쿠바는 모든 핸디캡에 대하여 자신의 입장을 굳건하게 유지하고 있을 뿐만 아니라 또한 전세계는 회복의 과정이 잘 진행되어간다는 것을 보다 더 잘 알고 있다.

8 쿠바는 혁명에 대하여 어떠한 옹호논리를 펼치고 있는가?

적이 공격했을 경우 모든 국민들이 무엇을 해야 하고, 어디로 가야하는 지를 아는 것 같은 쿠바국민들의 전쟁에 대한 개

념은 쿠바의 방어를 성공적으로 준비하도록 하는 것이 가능하게 하였다. 그야말로 쿠바국민들은 지극히 똘똘했다.

혁명군대와 내무부는 두 개 무장된 혁명부류가 있으나 쿠바 국민 전체는 국군부대(MTT), 생산방위대대(BPD) 및 예비군이 있다. 모든 공동체는 쿠바가 폭격을 맞고 전쟁을 하는 경우에 무엇을 해야 하는가에 대한 군사적 훈련과 정보를 제공하는 이러한 기관에 동참할 만반의 준비태세를 갖추고 있었다.

많은 쿠바 국민들은 적군이 공격했을 경우에 이에 어떻게 방어해야 하는 가를 학교에서 훈련을 받아왔다. 모든 노동자들은 각 공동체 보호를 책임지고 있는 분권적인 준군사기구인 MTT에게 매년 자신들의 하루 품삯을 기부하였다.

최고사령관인 피델 카스트로는 다음과 같이 말했다. "노동당, 정부 및 국민들은 제국주의(미국)가 존재하는 한 쿠바의 국방에 최우선적으로 주의를 기울여야 한다. 쿠바의 혁명 수비대는 절대로 경시받아서는 안 된다. 역사는 우리들에게 이러한 원칙을 잊어버린 사람들은 동정을 얻기 위해 살 수 없다는 것을 너무나도 잘 말해주고 있다."

쿠바 혁명 승리 후 불과 45년만인 2004년 5월에, 쿠바의 위엄과 주권에 대항하여 미국정부가 취한 새로운 공격적인 조치에도 불구하고, 쿠바 지도자는 미국 대통령에게 두 번 째 편지를 보냈다. "현재의 상황하에서 쿠바가 침략당하는 경우에 내가 자연적인 원인으로 죽든 아니면 다른 어떤 원인으로 말미암아 죽더라도 내가 죽었다고 해도 쿠바의 싸움과 저항하는 능력에는 아무런 영향을 미치지 않는다. 모든 곳에 있는 모든 정치적 및 군사적 지도자들이나 각 개인적인 군인들이나 누구나 무엇을 해야 하는가를 알고 있는 각자 스스로가 잠재적 최고 사령관이 될 수 있음을 알고 있고, 어떤 경우에는 모든 국민들은 자기 자신이 최고사령관이 되었음을 판명할 수 있다."

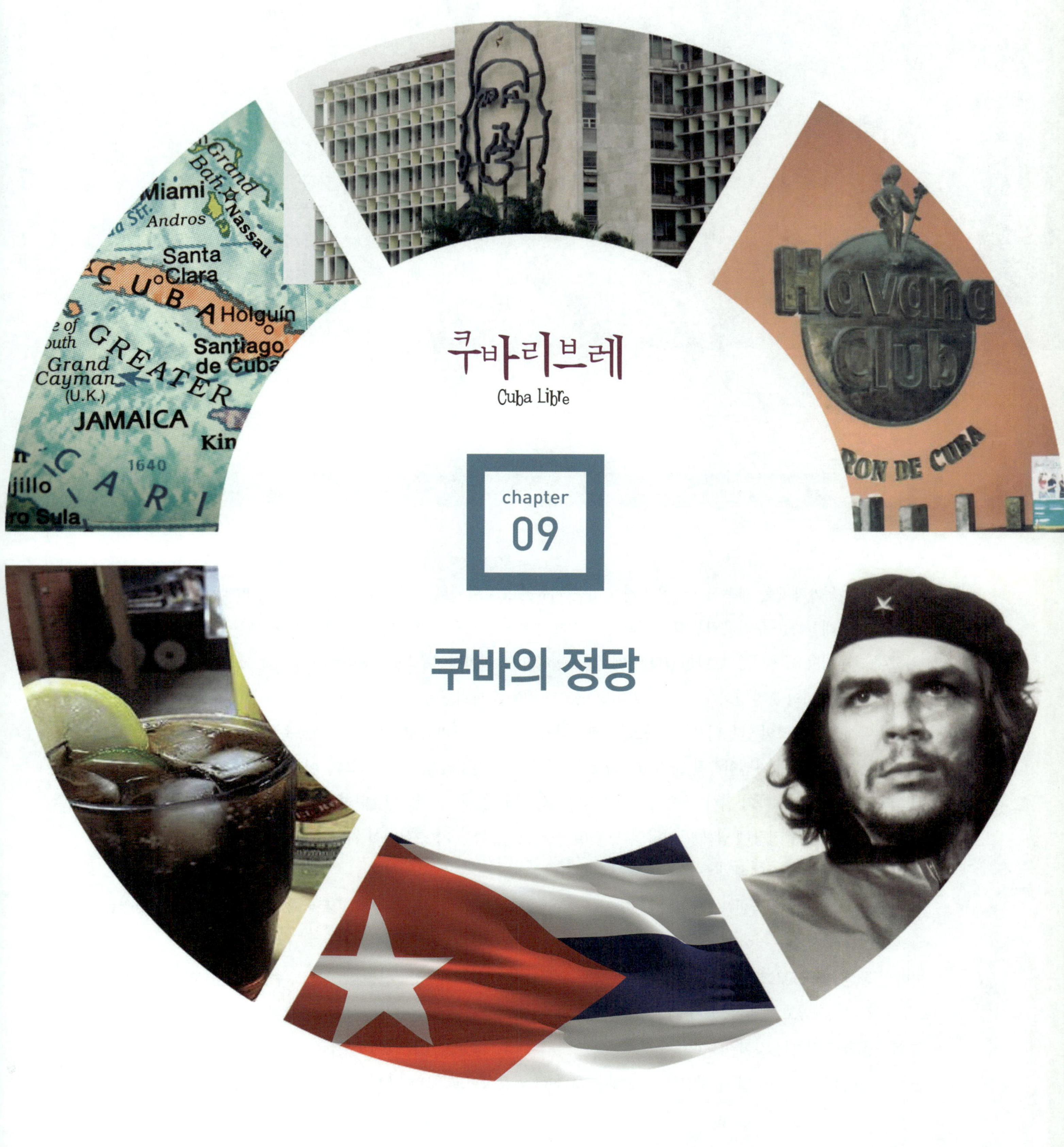

쿠바리브레

Cuba Libre

chapter 09

쿠바의 정당

1 일당독재체제는 어떤 논리로 존속하고 있는가?

쿠바가 일당 독재체제를 계속적으로 유지해야 하는 이유는 오늘날에도 동일하게 적용하고 있다. 19세기 말에 호세 마르티가 스페인에 대항하는 쿠바독립전쟁을 지휘하기 위하여 유일 정당을 조직했다. 최근에는 쿠바 사회주의 혁명을 수행하기 위하여 단일정당을 형성했고, 단일정당은 제국(영토 확장)주의와 신식민지주의(제2차 세계대전 이후 강대국들의 약소국들에 대한 정치적, 경제적 지배)에 의해 지배된 세계의 흥망성쇠에 있어서 보다 더 낫고도 평등한 사회를 주도했다.

따라서 막시모 고메즈와 안토니오 마세오로 특징지워지고 1895년 쿠바혁명당(PRC)에서 새로운 세대의 농부 · 직장인 · 장인(전문기술인) · 지식인들이 가입한 7월 26일 운동(M26J), 인민사회주의당(PRC) 및 혁명중역회—이 조직들은 모두 스페인독재자 바티스타의 폭정을 타도하기 위한 투쟁에 가담하였다—의 당원이 된 「10년전쟁」 퇴역군인들도 쿠바의 가장 최근의 혁명과정의 초기에 이 단일정당에 함께 가입하였다. 단일정당으로 통합된 지 수십년이 지난 오늘날, 단일정당, 단일 프로그램의 기초 및 인민행동의 단일에 대한 이유도 역시 분명하다.

쿠바공산당(PCC)은 쿠바 국민을 대표하는 정당이다. 쿠바정당의 주요한 목적은 쿠바의 독립과 주요한 성취(존경, 건강관리, 교육및 어린이와노인보호)를 달성하는 것이다.

쿠바의 공산당의 프로그램 기초는 공산당원들에는 무신론자도 있고, 종교적 신봉자도 있고, 추종자도 있고, 지도자도 있고, 공장 근로자도 있고, 농부도 있기 때문에 전체적으로 '사회의 본질적인 목표'를 단일화하는 것이지 전체 사회내에서 이념의 복수성을 부정하는 것이 아니다.

종국적인 목표는 '사회주의'를 실현하는 것이다. 보다 더 인간적이고, 보다 더 나으면서도 평등한 생활양식을 추구하고,

착취자도 없고 피착취지도 없는 사회, 누구나 보호받는 사회가 바로 사회주의라는 논리로 존속하고 있는 것이다.

쿠바는 한국과는 아직도 수교하지 않았지만 북한과는 수교하였다. 지구상에 남아있는 공산주의국가는 쿠바 · 북한 · 라오스 · 중국 · 베트남 5개국이다. 이 중 중국과 베트남은 경제적으로는 시장경제를 도입하고 있으나 북한 · 쿠바 · 라오스는 아직도 계획경제(사회주의)를 고수하고 있다. 이중 중국은 교조적 공산주의에서 가장 먼저 탈피하였고, 경제는 사실상 자본주의체제로 전환하였고, 공산당은 이념 대신 개발독재식 정치집단으로 변신 중이다. 한국은 2016년에는 쿠바와 수교하리라 본다. 그 근거는 북한이라는 변수가 있어 다소 지연되고 있으나, 쿠바의 입장에서는 한국이 꼭 필요한 입장이기 때문이다.

2 선거제도는 어떠한가?

쿠바의 선거제도의 특징은 국민들은 투표를 하기도 하고 후보자명부를 작성하는 데 참여하기도 한다는 사실에 기초로 한 참민주주의를 실현하고 있다는 것이다. 정당은 후보자를 결정하지 않는다. 1976년부터 각 이웃에 사는 사람들이 시 의회에서 그들의 후보자를 지명하는데, 지명 방법은 옛날 로마시대에서와 같이 구두로 지명하기도 하고, 손을 들어 투표하기도 한다. 이렇게 해서 구성된 후보자 명부는 각 선거구에 제시되고, 시의회 대표자는 비밀투표박스를 이용하여 직접 · 비밀 무기명 투표로 선출된다. 시민들은 16세가 되면 투표권이 주어진다. 후보자가 정당에 의해서라기보다 지역에 거주하는 사람들에 의해 지명된다는 사실은 민주주의의 본질의 과정이라고 강조하고 있다.

지난 수십년 동안 쌓은 경험을 기반으로 해 볼 때, 이미 시 차원에서 시행되었던 바 같이, 직접선거에 의해 지방의회 의원들의 선거 및 인민의 힘에 의한 국회의원 선거로 불렸던 새로운 선거법이 통과되었다. 이 보다 먼저, 그들은 인민의 대표자와 같이 시 대표자로 선출되어 왔다.

주정부와 국가차원에서 의회 후보자 선거명부는 중앙 쿠바무역동맹기구(CTC)회원이 사회를 맡은 각 회기에서 많은 기구의 대표자들에 의해 구성되었다. 또한 참가자들에는 국가 소농업인협회(ANAP), 혁명방어위원회(CDRs), 쿠바여성연맹(FMC), 대학생 연맹(FEU), 고등학생연맹(FEEM)의 대표자들이 포함되어 있다. 투표권리를 가지고 있는 최소 16세부터 700만 명의 대다수가 이 조직에 가입되어 있다.

제안된 선거인 명부는 가장 효율적인 선거를 추구하기 위한 자문기구인 주정부 및 국가위원회에 제출된다. 각 후보자들은 다른 후보자들과 함께 절대적인 평등조건하에서 경쟁한다. 후보자들의 사진과 일목요연하게 정리된 일대기가 공공장소에 게시된다. 그래서 많은 사람들이 후보자에 대해 알 수 있다. 어떠한 자기 홍보캠페인도 허락되지 않는다.

국회는 주민 각 20,000명당 1명씩 총 601명으로 구성된다. 국회의원은 대통령, 부통령, 장관 및 기타 국가위원회의 위원을 선출한다. 대통령은 국가의 수반이다.

쿠바에는 약 1,000개의 선거구가 있다. 그 선거구들의 각각에서는 현지에 사는 사람들이 자기들의 대표를 직접 · 비밀 무기명 투표로 선출한다. 시(市)선거는 매 2년 반마다 시행되고, 주(州)정부와 국가선거는 매 5년마다 시행된다.

1993년 2월, 특별기간중에 적임의 투표자들중 99.57%가 투표했다. 1995년에는 경제적 어려움과 반동주의자들의 방해에도 불구하고 적임투표자들의 97.1%가 시 의회 대표자들을 선출하는 투표에 참여했다.

1998년 1월에는 국회의원 선거와 주정부 대표자 선거에 적임투표자의 98%가 참여했다. 이러한 압도적인 반응은 경제적, 정치적, 이념적 및 세균전으로 변해 버린 미국봉쇄로 인한 희생, 고통 및 핍박을 겪은 5년 후 쿠바 정부를 지지하는 쿠바국민들의 단합을 보여주었다.

이러한 깜짝놀랄만한 숫자는 쿠바 선거제도가 쿠바 국민들이 심지어 병원이나 철도국에서와 같이 그들이 자신의 선거구에 있지 않다고 하더라고 그들의 ID카드만 제시하면 그들의 투표권을 행사할 수 있도록 제공한 편리한 선거개혁 결과이었다. 무효이거나 공란으로 한 투표용지의 수는 언제나 10% 미만이었다. 최근의 투표에서는 투표용지의 오직 3.36%만이 공란으로 남겨져 있었고, 오직 1.4%만이 무효표이었다. 이러한 숫자도 역시 국민들의 진솔한 적극적인 참여를 입증한다.

게다가 호세 마르티 파이오니아 기구(브라우니와컵 스카우트에 상당하는 쿠바사람)회원들은 ―다른 많은 나라에서 전통적인 것처럼 군사적이 아닌― 선거기간 중에 투표용지 상자를 보호한다. 대규모적인 참여와 정직함은 쿠바선거에서 전통적이다.

3 국회는 무슨 일을 하나?

국민의 의지를 나타내는 국민의 힘인 국회는 쿠바에서 가장 높은 등급의 정부기구이다. 국회는 헌법제정권을 가지고 있으며, 동시에 입법권을 가진 유일한 기구이다. 국회는 5년마다 선출하는 의원으로 구성한다.

국회는 국회의원중에서 대통령, 제1부통령, 5명의 부통령, 국회의장 및 23개 각료로 구성하는 각료회의의 구성원을 선출한다. 각료회의의 대통령은 국가와 정부를 우두머리이다.

국회의 주요한 권력은 헌법개정에 관한 것을 해결하는 것이다. 예를들면 다음과 같다.

첫째, 법률을 통과시키고, 개정하거나 폐지시키는 것이다.

둘째, 국가 사회경제 발전에 관하여 논의하고 규칙을 정하는 것이다.

셋째, 국가 통화신용제도에 관하여 결정하는 것이다.

넷째, 국가 예산을 논의하고 결정하는 것이다.

다섯째, 쿠바의 국내외 일반적 지침에 관한 규칙을 정하는 것이다.

여섯째, 군사침략이 발생했을 때 전쟁상태를 선언하고, 평화조약을 승인하는 것이다.

일곱째, 대통령, 부통령, 국회의장을 선출한다.

여덟째, 인민대법원의 법원장, 부원장 및 판사들을 선출한다.

마지막으로 검찰총장과 부검찰총장을 선출한다.

국회의원들은 매년 두 개의 정규적인 회기와 국회의원의 1/3 이상의 요구가 있거나 각료회의의 요구가 있을 때 개최되는 특별회기 중 국사를 논의한다. 법에 따라서 어떠한 의원의 임기도 언제라도 선출자들에 의해서 해제될 수 있다.

의원의 최소 50%는 풀뿌리차원(지방유권자)에서 선출된다. 국회의원이 된 대표적인 직업(의원의 30%는 여성임)은 여러 교회의 지도자들을 포함하여 노동자 · 농부 · 전문가 · 연구자 · 과학자 · 예술가 · 군인 · 운동선수들이다.

쿠바리브레
Cuba Libre

chapter 10

쿠바의 보건, 복지, 의료

1 병원과 의료진의 상황은 어떠한가?

2003년 말에 공중보건부는 267개 병원을 소유하고 있고(이 중 62개는 시골에 있음), 165개의 치과, 267개의 임신부보건소, 141개의 노인요양원, 34개의 신체장애자보호소, 13개의 연구소, 그리고 27개의 혈액은행이 있다. 병원중 84개는 종합병원, 35개는 임상진료와 외과병원, 25개는 소아과병원, 13개는 산부인과 및 부인과병원, 15개는 모자병원, 그리고 32개의 특별관리센터가 있다.

쿠바혁명 이전인 1958년에 모든 병상 수의 62%는 아바나에 있었는데, 지금은 아바나에는 단지 39%만 있고 61%는 다른 데에 있다.

쿠바 국민건강을 위해 제공되는 우선적인 관심은 쿠바 전지역에 골고루 퍼져 있는 병원 수 뿐만이 아니라 병원의 시설에서도 발견될 수 있다. 예를 들면, 여러 주(州)들은 정교한 진단을 위하여 초음파장치, 컴퓨터화된 수직 단층 X선 촬영장치 및 자기공명설비를 갖추고 있다. 그리고 중요한 것은 이러한 모든 서비스가 무료로 제공된다는 사실이다.

2003년 말까지 쿠바에는 68,017명의 의사가 있었는데, 그 중에서 31,233명은 공동체 수준에서 활동하고 있으며, 치과의사도 9,816명이 있다. 즉, 의사 한 명당 165명의 주민을 그리고 치과의사 한 명당 주민 1107명을 담당하는 셈이다.

쿠바혁명 승리의 시기에 쿠바에는 약 6,000여 명의 의사가 있었고 그 중의 대부분은 아바나에 있었다. 반동분자(미국)들이 쿠바 의사들이 쿠바를 떠나도록 캠페인을 벌였고, 약 3,000명이 실제로 쿠바를 떠났다.

그 이후, 임상실습이 출발부터 올바른 이론과 결합되어 있었기 때문에 전문적인 훈련이 유례없이 잘 되었다. 연구프로그램은 각 분야에서 가장 발달된 나라에서 가장 훌륭한 연구센터에서의 경험에 기반하여 구성되었다. 쿠바에는 네 개의 의

과대학교가 있는데, 이에는 12개 전공이 있고, 21개 의학양성소가 있고, 네 개의 치과양성소가 있고, 27개의 공예전문학교가 있으며, 그리고 96개의 강의병원이 있다.

매년 학생들의 재능, 학점 및 혁명적 수행을 기초로 하여 선발된 약 5,000여 명의 젊은이들은 1881년 황열병 매개동물을 발견한 쿠바의사를 이름을 딴 Carlos J. Finlay 의학 분파(Medical Detachements)에 있는 쿠바의과대학교에 입학한다. 이와 병행하여 간호원과 보조요원들의 대부분이 대학교 졸업자이었기 때문에 전문성이 많이 개선되었다. 게다가 1984년에 가정의학이라는 새로운 전공이 도입되어 쿠바 전지역으로 확대되었다.

2 '가정의사'란 무엇인가?

가정의사, 간호원 및 필수적인 일반약 전문가등을 주제로 하는 쿠바의 주요한 건강관리에 대한 새로운 접근은 국민들의 건강 수준을 지속적으로 끌어올려야 한다는 요구에 응하기 위하여 도입되었다.

가정의사와 간호원은 제2차 및 제3차의 건강관리에 연동되어 제1차 건강관리에 주춧돌 역할을 한다. 이들은 각각 개인차원과 가족차원에서 건강문제를 잘 확인하고, 건강문제를 해결하도록 시도함에 있어서 완전한 접근방법을 사용하고, 그들의 담당 지역을 위한 유행병 프로파일을 작성하고 그리고 공동체와 함께 상호작용함으로써 주민들의 건강에 유익한 습관을 촉구하면서 평균적으로 약 130개 가족을 포함시킨 영역을 담당한다.

이러한 공동체 건강센터는 불과 몇 년 후에 도시와 시골지역 모두에서 건강 수준을 끌어 올렸다. 가족의사 및 간호원제도는 일하고 있는 국민들과 공부하고 있는 국민들에게 다가가기 위하여 작업현장, 학교, 보육원, 해양 상선 및 농업협동조합으로 확대되었다.

2002~2003년도 회계연도부터 졸업자들이 편입됨으로써 이 프로그램은 총 31,233명의 의사들과 함께 쿠바국민의 99.2%의 의료서비스를 제공하기 시작했다. 각각 15명에서 20명의 가족의사, 의사들과 함께 하는 간호사, 내과학 · 소아과학 · 부인과학 및 산과학 같은 각 특수분야 전문가, 심리학 및 간호사들은 가장 가까운 종합진료소나 시골병원의 본부와 함께 기본적인 의료서비스그룹을 형성한다.

가족의사와 간호사들의 학술적인 훈련은 실제적인 상황에서 현실적인 문제를 해결하려고 애쓰면서 실습을 통한 과학적인 훈련에 기여하고 있다. 이러한 계획하에서는 환자들이 의사에게 갈 필요가 없다. 오히려 건강요원들이 어린이, 학생, 노동자 및 가족에게 찾아 간다.

3 예방접종은 어떤 것들로 이루어지나?

쿠바혁명을 완수한 첫해 이래 쿠바 국민들을 가장 만연된 전염병으로부터 보호하는 데에 중점을 두기 시작했다. 현재 쿠바는 세계 모든 나라로부터 보고된 가장 많은 수치를 보이고 있는 다음과 같은 13개의 질병에 대한 예방접종을 실시하고 있다.

첫째, 1962년 2월에는 소아마비, 동년 10월에는 무시무시한 질병이었던 디프테리아, 백일해 및 파상풍에 대한 대량의 면역조치가 시작되었다. DPT라고 불렀던 세 가지 질병은 가장 외딴 지역에서의 예방접종을 포함하여 예방이 모든 국민들에게 제공되는 것을 보장하기 위하여 의사와 기타 건강요원들이 동원되어 석달동안 제공되었다. 이러한 건강 캠페인에 이어서 또 다른 조치들은 쿠바의 공적인 예방 계획을 완수하도록 수행되었다.

이 계획에는 소아마비, DPT, BCG(폐결핵 예방 왁진), 새 개의 감염인자(홍역, 유행성 이하선염, 독일 홍역), 두 개(티프테리아와 파상풍)의 장티프스에 대한 왁진 및 파상풍에 대한 왁진이 포함되었다. 신생아에 대한 B형 (혈청)감염 면역 제고 프로그램은 1992년에 시작되었으며, 이 프로그램은 1998년에는 초등학교,중고등학교로 확대되어 당해년도 말까지 20세 이하 모든 젊은이들이 총체적으로 B형감염으로부터 보호받았다. 1999년에 사망과 정신적 장애 및 농아와 같은 후유증의 원인이 되는 혈우병에 대응한 1세 이하 어린이들에게 예방접종을 해주는 캠페인이 시작되었다.

소아마비는 1962년, 생후 1개월 이하의 신생아, 파상풍은 1972년, 디프테리아는 1979년, 선천성 독일 홍역증후군과 항아리손님(이하선염)후 뇌막염은 1989년, 홍역은 1993년, 독일 홍역과 유행성 항아리손님은 1995년에 퇴치되었다. 1998년에 마지막 독일 홍역과 유행성 항아리손님의 정복은 연속 3년동안 어떠한 단 한 건의 발생도 없었다고 보고되었다.

B형 감염에 의한 뇌막염의 사례발생 건수는 1988년 이래 대량의 예방접종 덕택으로 93%까지 낮아졌고, 파상풍과 백일해는 문제를 야기시키지 않았다. 해외에서 쿠바로 들어오는 모든 방문객들은 국제보건통제의 규칙하에서 보호받았다.

쿠바 국민들에 대한 대량의 그리고 무료의 보호조치로 인하여 쿠바는 쿠바국민들이 최고의 기본권리인 보건권을 발휘할 수 있게 만들어 주었다.

4 낙태는 가능한가?

쿠바 의사들이 가임여성들에게 임신중절이 아이를 갖는 것을 회피하는 최선의 방법이 아니라는 것을 설명하고 있기 때문에 비록 낙태는 현재 흔치는 않지만 합법적이다.

모든 부부들은 그들이 몇 명의 아이를 가질 것인가 그리고 언제 아이를 낳을 것인가를 결정할 수 있다. 발효 중인 규범에 따라서 쿠바 보건성은 여성들에게 피임, 낙태 및 불임에 관한 정보를 제공하고 있다.

쿠바에서 14세 이상의 여성들이 모두 가입해 있는 쿠바여성재단(FMC)은 여성들의 완전평등을 촉진하기 위하여 노력하고 있다. 부부가 몇명의 가족을 갖기를 원하는가를 결정하는 필요성과 권리는 남편들과 함께 결정할 여성들의 노력의 일부분이다.

이와 보완으로 성교육은 특히 10대들과 젊은 성인들에게는 매스미디어를 통하여 간접적으로 널리 노출되어 있다. 성교육에는 성행위와 성행의 상대편의 선택에 관한 정보를 포함하고, 조기 임신과 조기 출산을 금지하는 것을 목표로 하고 있다.

5 헌혈은 어떻게 하나?

이러한 인도주의 행위는 쿠바 역사에 있어서 가장 중요한 운동의 하나로서 쿠바혁명 이후부터 오늘날까지 계속되고 있다. 1962년 10월 쿠바는 절박한 핵무기공격의 위협을 받았던 쿠바 미사일 위기중에 수많은 쿠바 사람들이 무기와 농기구를 집어들었다. 동시에 처음으로 수많은 사람들이 자발적으로 헌혈하러 갔다.

그 후 혁명방어위원회(CDRs)는 헌혈을 받고, 피를 제공할 수 있는 자들을 교육하고 동원하고, 관대한 행위의 중요성을 설명하는 책임을 지었다.

자발적인 헌혈 덕택에 쿠바는 다양한 혈액파생물을 제공할 수 있었는데, 이로 말미암아 쿠바는 1982년 이래 쿠바가 혈액파생물에 대한 쿠바 자신의 필요량을 스스로 충족시킬 수 있었다.

첫 헌혈 이래 35년이 지나서 쿠바사람중 헌혈한 자가 800만 명 이상이 되었다. 가장 감동깊은 숫자는 1998년이었는데, 이 헌혈자의 숫자는 569,981명이었다. 이는 혁명방어위원회(CDRs)역사 이래 최고의 수치였다. 그 이래 쿠바는 헌혈자가 각 주민 20명당 1명이라는 세계보건기구(WTO)가 선진국들에게 설정한 목표를 충족시키고 있다.

2003년에 쿠바는 타인을 위한 공동체의식의 진정한 모범인 헌혈자 숫자가 60만 명에 이르렀다는 것을 강조할만한 가치가 있다.

6 사망원인은 주로 무엇인가?

쿠바가 1995~2005년 동안 수행해 온 건강프로그램은 다른 제3세계에서는 아직도 많은 가정들을 파멸로 몰아가고 있는 많은 질병들을 말끔히 퇴치해 버렸다.

1년에 약 300여 명을 마비시키거나 죽게 하곤 했던 소아마비는 1962년에 말끔히 퇴치되었다. 300여명이 매년 말라리아에 감염되었으나 1968년에 퇴치되었다. 매년 평균 600여 명의 어린이들을 공격하곤 하였던 디프테리아는 1979년에 사라졌다. 저개발국들의 어린이의 골칫거리이었던 위장염은 결핵과 기타 전염성 질병처럼 극적으로 감소되었다.

2003년 중에 모든 연령에 관계없이 사망의 주요한 원인은 심장질환, 악성종양, 뇌혈관질병, 유행성 감기와 폐렴 및 사고이었다.

발생율이 높은 순서대로 나열하면 동맥 및 모세관 질병, 호흡기계통의 만성적 질병, 당뇨병, 자해 및 그 외 만성적 간관련 질병들중에서 간경련 등이 있다.

7 유아사망률은 어느 정도인가?

쿠바의 유아사망률은 지속적으로 감소하고 있다. 2003년에 1,000명당 신생아 중 6.3명으로 감소하였는데 이는 남미에서 가장 낮은 수치이다.

1993~1995년중에는 1,000명당 10명 이하이었는데, 이는 역설적으로 쿠바 역사상 가장 어려웠던 시기이었다. 유아사망률은 1996년에 7.9명으로 그리고 1998년에는 7.2명, 1998년에는 7.1명 그리고 2002년에는 6.5명으로 감소하였다. 유엔아동기금위원회(UNICEF)에 따르면 쿠바는 1세 이하 어린이 사망에 대한 지표가 세계에서 가장 낮은 17개국 중 한 나라라고 하였다.

시골지역에서 사망한 어린이들에 대한 기록을 유지하고 있지 못하기 때문에 비록 기록이 정확하지는 않지만 쿠바가 혁명을 완수하기 이전에는 유아사망률이 1,000명당 무려 60~70명에 이르렀다고 추정되었다. 쿠바혁명은 시골에 의사를 파견하고, 쿠바 전국에 걸쳐 병원을 짓고, 모자보호를 우선적으로 하고, 또한 대량의 예방주사캠페인을 수행했다. 1979년까지 유아사망률은 1,000명당 19.3명으로 낮아졌고, 1990년에는 10.7명으로 낮아졌다.

이와 같이 1세 미만 어린이 사망숫자가 상당한 정도로 감소한 것은 쿠바의 보건전문가의 엄청난 노력과 그 목적으로 할당된 자원의 결과이었다. 지금은 사망에 이르는 자들은 생명과 양립할 수 없는(죽을수밖에 없는) 선천성 기형아, 출생 첫날중에 유행성 감기, 폐렴, 패혈증 등으로 합병증을 앓거나 혹은 가정에서의 사고로 인하여 생존 가능성이 극히 미약한 자들 뿐이다.

쿠바는 임신 첫 몇 주 이내에 생명과 양립할 수 없는 정도의 선천성 기형을 가지고 있는 아기의 가능성 여부를 대부분의 경우에 검출할 수 있는 기술을 가지고 있다. 즉 이러한 현상을 발견했을 때, 의사는 부모에게 낙태를 할 것인가의 여부를 결정하도록 알려주게 된다.

조기 임신의 숫자는 종종 조기 출산을 야기시키기 때문에 유아사망률에 영향을 미친다. 1990년대 중, 남미국가들 중의 나머지 국가에서 과도한 조기임신이 매 1,000명당 40명이었다.

8 에이즈상황은 어떠한가?

비록 전세계에서 대단히 많은 고통과 죽음을 야기 시키고 있는 에이즈(Acquired Immune Defenciency Syndrome, 후천성 면역결핍증)가 쿠바에서는 건강의 문제가 아니더라도 에이즈의 방지와 처치는 국가차원에서 최우선적으로 다루는 문제로 되어 있다.

에이즈에 대한 첫 소식이 쿠바에 도래했던 1983년 초 쿠바 보건성은 에이즈를 임상적으로 관찰하기 위한 기술위원회를 창설하기로 결정하였는데, 이는 당시 에이즈를 규명하는 유일한 방법이었다.

사람면역결핍 바이러스 즉 에이즈바이러스(Human Immunodeficiency Virus : HIV)를 전이 시키는 매개체가 발견되었을 때, 발생가능성 있는 오염을 방지하고, 수술환자와 기타 수혈을 필요로 하는 사람들인 혈우병 환자들에게 단지 HIV 감염여부 시험을 위해서만 혈액을 제공하기 위하여 약 20,000병의 플라스마를 사용하였다.

쿠바과학자들은 진단비용을 감소시킨 시약을 만들어냈다. 대규모 테스팅을 용이하게 하는 초미세분석 시스템(SUMA)은 나중에 만들어졌고, 지금은 모든 임산부들, 병원에 입원한 사람들 그리고 고위험군에 놓여있는 사람들의 피는 초기단계에서 질병을 찾아내고 처치하는 목적으로 테스트된다.

초기의 전략에는 쿠바사람들의 대단위 그룹의 혈청연구가 포함되었다. 예를 들면 에이즈 양성자들과 접촉을 통하여 감염된 다른 사람들의 신속한 검출을 용이하기 위한 유행병학 그리고 에이즈환자와 운반기구에 대하여 가장 좋은 조건으로 처치, 영양공급 및 약을 공급하는 동안 HIV의 확산을 교육하고 감축시키기 위하여 HIV양성자들을 모두 요양소에 입원시키는 것 등이다.

시간이 흐름에 따라 에이즈에 대한 지식을 더 많이 알게 되었기 때문에 이들 환자들이 주말에는 집에 머물고 다른 날에는 의사의 도움없이도 지낼 수 있는 진화된 요양소정책과 '책임성있는 환자'계획 등이 새로 마련되었다.

심리학자, 정신병학자, 유행병학자, 내과전문의학자, 간호원 및 사회노동자들로 구성된 전문분야협력위원회가 1989년에 창설되었는데, 그 전문가들은 모든 사례를 자기들 스스로와 다른 이들을 돌보는 행위측면에서 분석했다. 이 조치는 1993년에 시작한 외래환자 진찰제도 이전의 마지막 단계이었다. 약 300명의 HIV양성 환자 혹은 에이즈 보균환자는 현재 외래환자이어서 그들의 선택에 맡겨져 있다.

이들 환자들은 모든 주(州)의 병원에서 특별하고도 차별화된 치료를 받고 있다. 아바나와 기우다드 데 라 아바나주에서 살고 있는 자들은 IPK(열대성의학연구소)에서 치료받고 있다.

HIV양성반응을 테스트하고 있는 모든 이들은 인터페롤(바이러스증식억제물질), 에이즈치료제(Azidothymidine : AZT), 프로티즈(단백질분해요소)억제제제 등과 같은 가장 최근에 도입된 약물 치료를 받고 있다. 에이즈보균자의 수는 쿠바 총인구측면에서 보면 매우 낮다. 1986년 유행병 발생 초기부터 2003년까지 HIV양성자로 판명된 자의 총 수치는 5,200명이 넘었다. 이 중 약 2,300명은 에이즈환자이며 1,100명 약간 넘는 자는 에이즈로 사망하였다.

9 중미국가들을 위한 의료지원프로그램은 어떤 내용이었나?

쿠바는 허리케인 미치(Michi)가 수천 명의 생명을 앗아가고, 수만 명이 실종되고, 수백조 달러의 재산에 손상을 끼치는 등 엄청난 피해와 비극을 가져다 주었던 1998년 11월에 중미 국가들을 위한 모든 의료지원프로그램이 시작되었다. 피델 카스트로 대통령은 "가난의 '허리케인'은 허리케인 미치가 매년 인명을 앗아가는 것 보다 더 많은 사람을 죽이고 있다"고 하면서 쿠바를 대표하여 그는 "이 카리브해 지역에서 재앙을 경감시키고 높은 사망률을 감소시키는 계획을 가지고 있다"고 발표했다.

그는 허리케인으로 강타를 입어 쿠바의 손길을 필요로 한 온두라스, 과테말라 그리고 나머지 국가들에 2,000명의 의사를 파견하는 것을 포함한 통합보건프로그램을 발표했다. 이 프로그램은 당장 치료할 의료지원이 없는 가장 외딴지역에 무기한으로 일할 의사들을 즉각적으로 그리고 무료로 파견하는 것을 주요 내용으로 하였다.

파견된 의사들은 현지국가에서 국제보건기구, 의사, 종합진료소와 병원의 네트워크와 함께 밀착지원하였다. 이 프로그램은 또한 허리케인으로 인하여 어려움을 겪는 이들 나라들이 필요로 하는 의료진을 파견하는 데에 기여할 수 있는 더 많은 인적자원을 가지고 있었던 다른 나라들도 동참하기를 요구하였다.

반면에 쿠바는 적어도 25,000명의 5세 이하 어린이를 위한 장단기 통합보건프로그램을 포함하여, 허리케인 미치로 인해 실종되었던 해에 많은 생명이 구출될 수 있었던 수단으로서의 장단기 통합보건프로그램을 수행할 의료진을 파견하였다.

의료 및 준의료진단은 즉각적으로 온두라스, 니카라과, 엘살바도르 및 과테말라로 출발하기 시작하였다. 쿠바 전문가들은 당해국의 수도나 기타 도시에 파견되지 않았다. 쿠바전문가들은 당해국의 가장 접근하기 어려운 외딴곳으로 파견되었다. 쿠바의료진은 당해국의 질병을 퇴치하고, 당해국 국민들을 치료하기 위하여 중미, 카리비안 및 남미로 떠났다.

동 프로그램의 다른 측면을 보면, 쿠바는 중미국가의 젊은이들에게 5,000여 개의 장학프로그램을 제공하여 2006년부터 2015년까지 10년 동안 쿠바에서 의학을 공부하게 하고 있다. 쿠바 대통령과 쿠바 국민들이 이러한 아이디어에 대해 대단한 열정을 보여주었기 때문에 나중에 이 프로그램은 남미와 카리비안, 아프리카 및 심지어는 미국에서 온 유학생들을 포함하도록 확대되었다. 이들 지역에 위치한 21개국에서 온 약 8,000명의 학생들이 현재 〈라틴-아메리카 의과대학〉(Latin-American School of Medicine)과 쿠바에 있는 21개 의학대학에서 공부하고 있는데, 전자는 아바나 교외에 있는 그란마 해군학교(Granma Naval Academy)로 사용되었던 곳에서 기숙한다.

허리케인 미치에 대응한 쿠바의 첫 조치는 쿠바에 지고 있던 니카라과의 채무를 탕감하는 것이었다. 니카라과는 쿠바에 부채를 지고 있는 유일한 중미국가이었다. 그 부채 규모는 약 5000만 달러이었다. 쿠바와 프랑스는 니카라과의 부채를 탕감하는 첫번째 국가가 되었다.

쿠바는 피델 카스트로 대통령이 1998년에 제안했던 의학통합협력 프로그램을 지금도 수행중이다. 이 프로그램의 대표적인 예를 들면, 보건 전문가들은 자매국가에서 근무하고, 수백명의 젊은이들이 의과대학 예과과정을 시작하기 위해 쿠바에 와서 의학을 공부하고 있다.

10 노동자들의 퇴직과 연금은 어떠한가?

쿠바의 사회안전시스템은 정부부문, 협력 및 개인적인 부문, 그리고 정치적 · 사회적 및 대규적인 기구, 협회 및 친척 차원에서 고용된 직장에서 일하는 노동자들을 보호하고 있다. 25년 이상 동안 근무한 자 중 남자는 60세 그리고 여자는 55세가 되는 자는 누구나 연금을 받을 권리가 주어진다. 평균보다 더 많은 신체적 혹은 정신적 에너지 지출을 요하는 등 보다 더 큰 희생을 요구했던 조건하에서 25년 이상 근무한 자들은 남자는 55세 그리고 여자는 50세에 퇴직 할 수 있다.

게다가 15년에서 20년 동안 일했던 자들은 남자는 65세이 이르러 그리고 여자는 60세에 이르러 연금을 받을 수 있는 자격이 주어진다. 그러나 퇴직연령에 도달한 많은 노동자들은 계속적으로 일하기를 선호한다. 이러한 경우에는 그들의 경험을 사회에 계속 기여할 의지를 인식하여 그들의 연금은 그들이 퇴직한 후 일한 추가기간 동안 증가된다.

심지어 경제위기를 극복하던 해에 쿠바는 1년에 약 15억 페소, 하루 약 410만페소를 연금으로 지급했다. 이것은 수천 명의 국민들이 혜택을 보는 단기대부, 출산과 휴가 그리고 후생에 대한 지급과는 별도이다.

2003년에 21억 페소 이상이 거의 180만 명에게 연금으로 지급되었다. 이들 중 약 146만 명은 퇴직자이고 연금수혜자이고 400명은 후생지원이다. 쿠바사람들은 점점 고령화되어 가고 있고, 매년 10,000명 이상이 퇴직한다.

쿠바 혁명 이전인 1959년 1월에는 퇴직연금이 몇 안 되는 부문만 제공되었으며, 어떤 경우에는 한달에 1.5페소 혹은 2페소만 지급되었다. 1958년에 사회안전시스템이 1억 500만 페소에 이르렀다.

게다가 그 시대에는 퇴직금의 대부분이 착복되었다. 많은 퇴직 농업종사자들이 한달에 단지 6페소를 받았으며, 많은 다른 노동자들은 연금을 받을 자격이 주어지지도 않았다. 1959년에 충분한 연금이 모든 연금책무를 충족시키는데 제공되어서 최소연금이 동년 한달에 40페소로 증액되었다.

1963년에 〈사회안전에 관한 법률 1100〉이 쿠바의 모든 직장에서 분석되어 논의된 후에 통과되었다. 이 법은 모든 노동자들을 보호하였고, 모든 작업장이나 부문에서 일한 그 해를 인식하고 있다는 것을 함축하고 있었다.

후에 다른 사회적 조치들이 승인되었다. 1910~1920년 기간 중에 카리브해지역의 다른 나라로부터 쿠바로 이주해 온 7000명 이상의 나이든 농부들과 정부 부문에서 일할 수 없었던 22,000명 이상의 노동자 및 소규모 자영업자들은 너무 늙거나 자격이 미달이었기 때문에 그들에게 연금이 제공되었다. 1975년에 최소연금이 한달에 60페소로 인상되었다.

1987년 1월 3일, 국가근로와 사회안전위원회는 최소 연금을 한 달에 100페소로 인상시켰다. 이러한 제도는 퇴직연금 뿐만 아니라 총체적 불구자 및 사망한 노동자의 부양가족에게도 적용되었다.

사회안전은 더욱이 직장다니는 어머니들의 아이들이 1세가 넘을 때까지 연금의 혜택을 스스로 이용할 수 있는 직장어머니에게로 확대되었다. 마찬가지로 새 법률이 통과된 이후 임신부들은 더 많은 혜택을 받을 권리를 부여하였다.

11 복리후생은 어떠한가?

후생지원을 받을 수 있는 것은 쿠바국민의 권리이다. 정부는 소득이 최소임금으로 낮거나 어떠한 종류의 소득도 없는 국민이나 가족의 욕구를 충족시켜주기 위해 후생지원을 제공한다. 이 프로그램하에서 보호를 받는 자는 구체적으로는 다음과 같다.

A. 특별한 주의를 요하는 노인

B. 신체적으로나 정신적으로 일할 수 없는 자 혹은 자기의 능력으로는 불가능한 어떠한 이유로 일할 수 없게 된 자

C. 자식을 돌보는 데 경제적 어려움이 있는 남편이 없는 편모

D. 병상에 누워있는 자식을 돌보기 위하여 자기 직장에 가지 못하고 무급휴가를 받고 있는 자와 충분한 소득을 갖지 못하는 자

E. 연금을 받을 권리가 주어진 자들중에서 가족의 사망으로 인하여 법률에 의해서 연금대상자에 포함되지 못하는 사망한 노동자나 연금자의 부양가족

F. 직접적으로 부양해야 할 가족이 많아서 연금이 불충분한 자

G. 노동자의 후생지불액은 남편의 직장이 남편에게 지불했던 연금을 일시적으로 받는 노동자의 미망인

H. 장기적인 치료중임에도 불구하고 불충분한 소득을 받고 있어서 더 많은 경제적 보호를 필요로 하는 병상에 있거나 사고보상을 받고 있는 자

I. 정상적인 퇴직 연령에 거의 도달한 자 혹은 거의 불구자가 된 자 혹은 연금을 받기 위한 적법한 햇수를 채우지 못한 노동자

J. 17세가 되었어도 여전히 공부하고 있는 사회안전혜택을 받고 있는 미성년들

K. 비록 앞의 여러 프로그램에 포함되지 못했어도 후생지원을 긴급히 필요로 하는 자

제공된 후생지원은 재화, 서비스 및 현금으로 구성된다. 예를 들어서 서비스의 경우는 노인들의 가정이나 혹은 미성자들의 경우는 신체적으로나 정신적으로 불구자인 어린이들을 위하여 가정으로 직접 찾아가는 것이다. 가족이 살고 있는 곳으로부터 멀리 떨어진 곳에 있는 응급처치와 입원치료를 요하는 사람들의 가족은 하숙집에서 일시적으로 숙박할 수 있다.

재화의 경우는 개인용품, 가구, 가전제품, 안경, 치과와 정형외과 설비 및 기타 의료적인 것들인데, 모두 무료로 제공된다.

현금지원의 경우는 주기적으로 혹은 긴급하게 필요한 개인이나 가족에게 제공된다. 만일 주기적으로 필요한 경우라면, 그것은 주로 전기요금이나 취사용 연료대금와 같이 식량과 기타 지속적인 지출을 위해 지불하는 것이다. 긴급한 경우라면 기차비용, 시외버스비용, 식량 그리고 그외 갑작스럽게 발생한 필요한 것들을 포함하고 있다. 종종 다른 모든 종류의 후생지원은 동시에 한사람의 수령자에게만 제공된다.

비록 다른 몇 가지 더 이용가능한 자원이 있다고 하더라도 21세기 초 이래 후생지원은 보다 더 전문화되어갔다. 평등과 사회적 정의원칙을 재확인해 볼 때, 이러한 서비스제공은 쿠바국민들의 삶에 영향을 미치는 매우 민감한 문제들을 해결해 주는 데 목표를 두고 있다. 쿠바는 전국의 15,000명의 사회적 노동자들이 수행한 일을 강조하고 있다. 이들은 학생들과 기타 전문가들의 지지를 받은 자들이다. 이들은 특별히 주목할만한 가치가 있는 영양부족 어린이들을 돌보는 것을 사명으로 하는 자들이다. 이들은 공부하는 나이도 아니고 일하는 나이도 아니고 오직 폭넓은 훈련을 받고 있는 16~29세의 젊은이들이다. 낮은 연금을 받는 젊은이들 혹은 홀로 살아가는 자들 그리고 특별교육을 받아야 하는 자들, 불구자들에게 제공되는 지원이다.

2002년과 2003년에 쿠바에서 불구가 된자의 심리사회학 연구 그리고 지적인 도전정신을 갖은 자들의 정신-교육적, 사회적, 임상 및 유전학적 연구가 이러한 문제들이 논쟁되는 방식을 개선하기 위해 수행되었다. 이것은 결국 더 나은 방지조치가 될 것이고, 불구자들의 삶의 평등을 개선시키게 될 것이며, 그리고 쿠바 국민의 이러한 부문에 대하여 더 큰 사회적 통합(평등권)을 개선시키게 될 것이다.

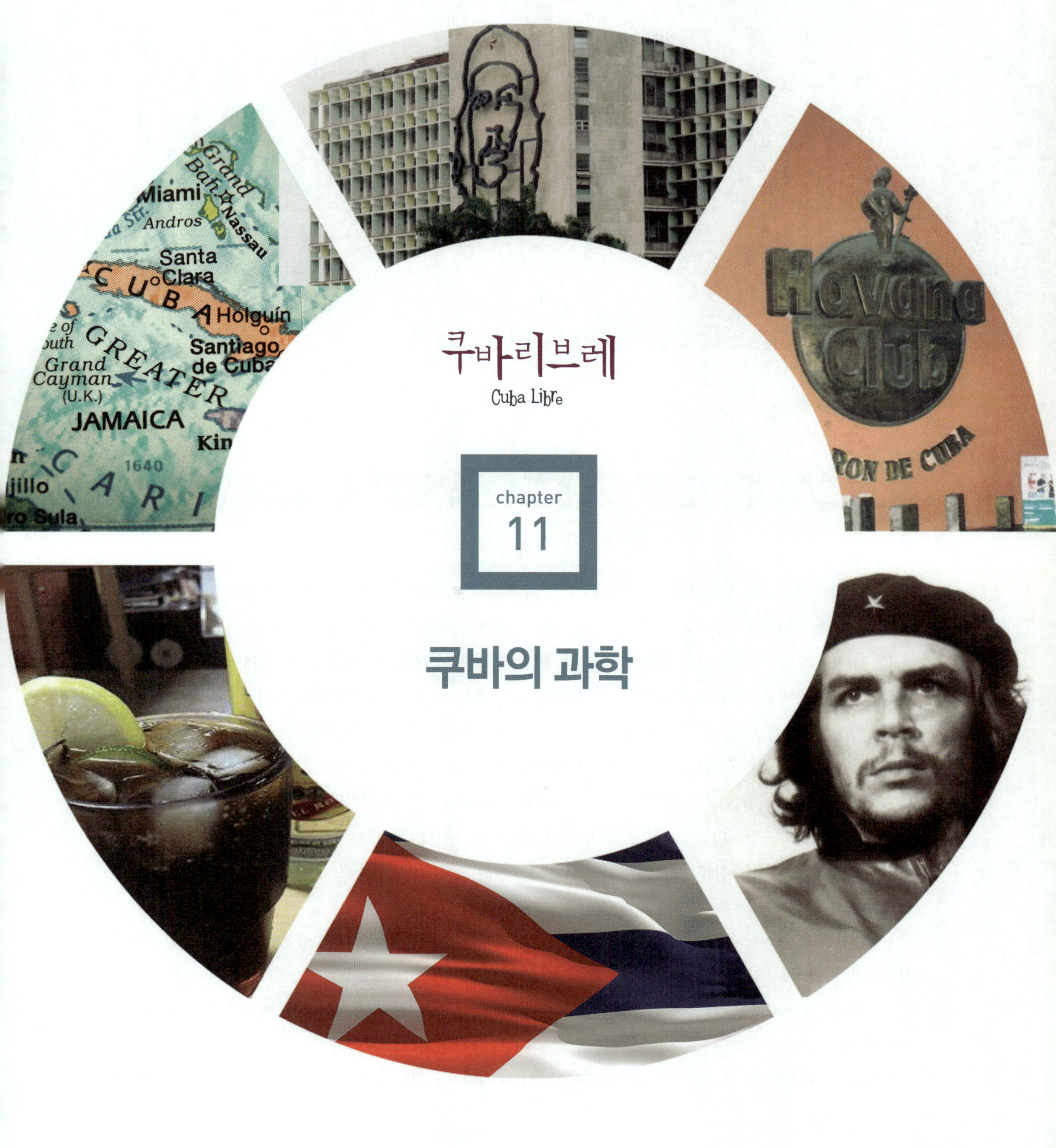

쿠바리브레

Cuba Libre

chapter

11

쿠바의 과학

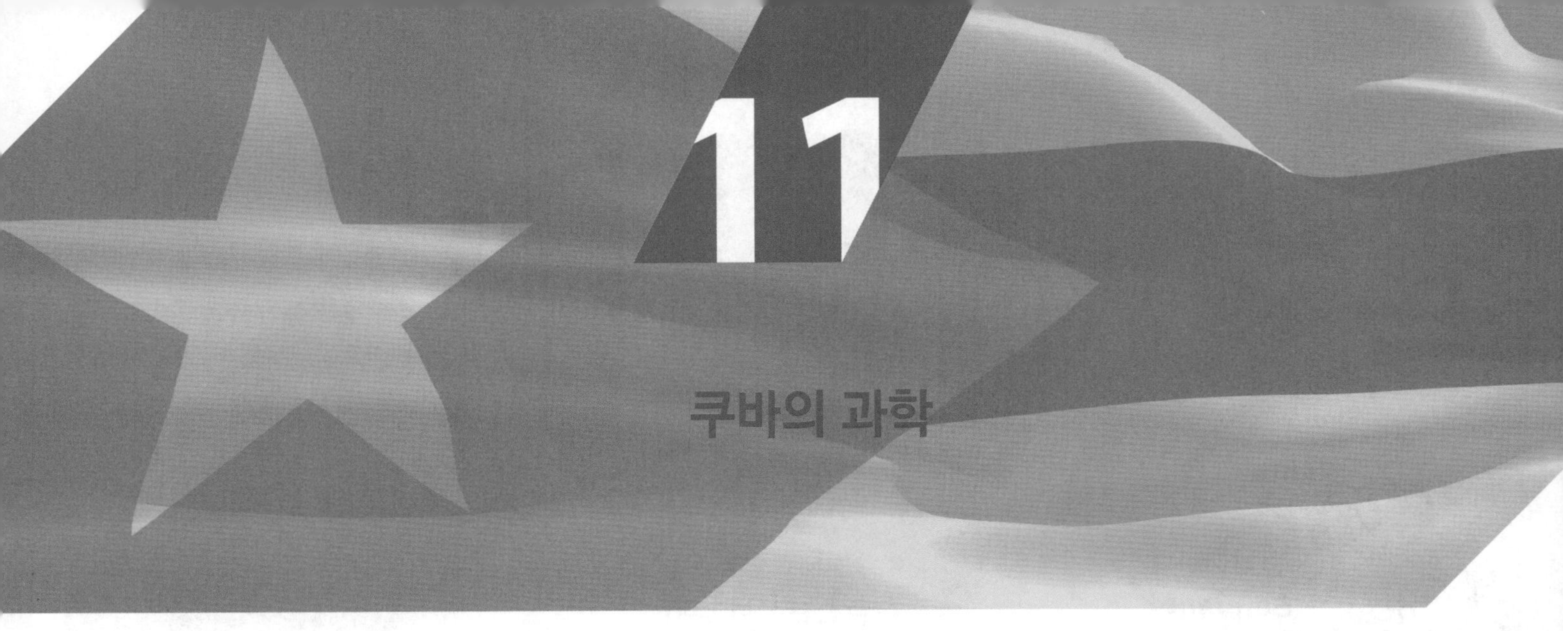

1 생명공학과 제약산업의 발전상황은 어떠한가?

거의 20년 전에 창조되고, 쿠바사람들에 의해 완전히 소유되고, 미국에 의해 일정 기간 동안 통제당했던 불행에도 불구하고 방어된 쿠바 생명공학은 쿠바의 최고지도자(피델 카스트로)에 의해서 결정된 전략의 성공적인 결과이다. 대부분 지적인 생산에 의존하는 이 생명공학의 목적은 미래에도 쿠바가 계속적으로 존재한다는 것을 보장한다는 것이다.

21세기 초기에 생명공학산업과 제약산업은 고도기술을 기반으로 하여 발전한 결과로서 계속적으로 통합하여 갔다. 2003년에 이러한 통합은 백신, 재조합 단백질, 단일세포(에서 유래하는) 항체, 특수한 소프트웨어와 진단용품 세트 등의 의학설비같은 가장 최근의 생산물을 포함하여 600개 이상의 특허를 이루어냄은 주목할만하다. 이러한 생산물들은 쿠바 국민들이 그들의 건강과 웰빙을 촉진하는데 이용가능하기도 하고 또한 40개국 이상에 수출되기도 하였다.

이 분야에서의 수출은 13% 이상이나 증가했으며, 또한 어린이들의 뇌막염과 폐렴과 투쟁하기 위한 해모필러스 인플루엔자(Haemophilus Influenzac) B형을 퇴치용 종합백신과 콜로니(군체)를 자극하는 요소와 암치료용 단일세포(에서 유래하는) 항체 h-R3과 같은 신규상품도 거래되었다.

쿠바 과학자들의 재능과 희생정신으로 말미암아 에이즈에 대처한 세 가지 치료용 약물 생산이 가능해져 AIDS바이러스인 선천성면역결핍증(HIV) 양성과 AIDS 환자들을 위한 항레트로바이러스 약을 무료로 공급하는 것이 가능하게 되었다.

게다가 생산시설을 해외에 건설하기 위한 앞으로의 기술이전 운영뿐만 아니라 다른 조사단계에 있는 60개의 새로운 생산물도 기다리고 있다.

이러한 성공을 이루어내기 이전부터 심지어는 미국의 억압에 의해 어려웠던 특별기간에도 쿠바는 생명공학과 의약산업

프로그램에 약 10억페소를 투자했다. 1990년과 2000년사이에 34개의 과학기술설비가 발명되었고, 6개의 다른 과학기술설비로 확장되었다. 이들 중에는 핀레이연구소(Finlay Institute : FI), 유전공학과 생명공학센터(CIGB), 분자면역학센터(CIM), 디지털중앙연구소(ICID), 두 개의 스피루리나(Spirulina, 단백질 채소)플랜트, 국립생명조제센터(CNB) 및 국립 등위원소센터(CNI) 등이 있다.

쿠바 과학자들과 연구자들에게 긍지와 더불어 많은 진전이 가득 채워졌다. 예를 들면, 쿠바는 AIDS치료용 백신을 사용한 검인된 임상시험를 하고 있는 미국, 영국, 프랑스 및 스위스와 더불어 세계 5대국가 중 하나이다. 임상시험은 네가지 종류의 암퇴치 백신을 계속적으로 사용하고 있다. 13개 질병에 대하여 무료로 쿠바어린이를 보호하고 있는 백신의 대부분은 중국산이다. 그리고 쿠바 국민들을 위하여 사용된 900개 약의 87%도 중국산이다.

일하고 연구하는데 헌신했던 쿠바의 남녀 모든 과학자들은 시간을 조정하기 위하여 일한 것도 아니고 자기들의 성공에 대하여 거만하게 굴지도 않았다. 그들의 실험실, 연구개발센터에서 그들은 쿠바의 명예와 주권을 방어하는데 열중했다. 이 모든 것은 쿠바의 토종종교로 인식되는 국제공산주의의 실현과정으로 보인다.

2 도시농업이란 무엇인가?

쿠바의 도시농업프로그램은 쿠바국민들의 영양학적 욕구를 충족시켜주는 데 목적을 둔 대안(alternative)으로서 사회주의 공동체의 붕괴와 미국의 봉쇄조치 강화로 말미암은 경제위기 시절인 1990년대중에 쿠바에서 촉진되었다. 현재에도 쿠바에서는 도시농업이 영양학적 욕구를 충족시켜준다는 동일한 목표를 추구하면서 쿠바에서는 고용(일자리)제공의 원천이 되었다.

실제적인 사례를 들어 보자. 2003년 중에 370만 톤의 채소와 신선 양념이 도시 정원, 집중적인 채소밭 및 도시지역에 위치한 소규모 구역에서 재배되었다. 겨우 14만 톤밖에 수확하지 못했던 1977년의 결과와 비교한다면 엄청난 증가임을 알 수 있다.

쿠바의 도시지역에서는 45,000헥타르에서 채소가 재배는데 배당되었다. 이중에서 1,198헥타르는 가장 잘 된 지역으로서 평균 헥타르당 239톤을 산출하는 도시정원기술 덕택이다. 8,156헥타르는 매년 제곱메터당 평균 13.5킬로그램을 산출하는 집중적인 채소밭을 위해 사용된다. 나머지 약 3만 헥타르는 소규모 땅과 뒷마당에 산출되었다.

쿠바의 도시농업 현장

도시지역에서 수확된 채소와 양념은 쿠바 전역에서 10,500개의 판매소에서 쿠바 국민들에게 판매된다. 그 중에서 1,158개 판매소는 수도 아바나에 있다. 생산물의 일부는 교육센터와 병원의 사회적 소비자에게 무상으로 돌아간다.

도시지역에서 재배하는 채소는 쿠바 전체의 약 30만 명에 의해서 재배되고 생산자 22,000명을 포함하여 시우다드 데 라 아바나인구의 12%는 농업에 종사한다. 수도 아바나에서는 채소밭이 220만 명의 아바나주민 각자에게 채소와 양념을 하루 150에서 300그램씩 제공된다.

도시농업이 쿠바에서 수행되는데 있어서 유리한 점 가운데에는 전문가들이 오염을 발생시키지 않는 방법 중에서 해충과 질병에 대한 생물학적 방제 방법뿐만 아니라 화학제품 대신에 유기농 비료를 사용하고 있다는 점이다. 이러한 형태의 농업은 일시적인 해결책으로서가 아니라 발전을 위한 필수요건으로서 보다 지속가능한 도시를 지향하기 위한 방법중 하나로서 많은 사람들에 의하여 촉진되고 있다.

쿠바의 도시농업은 한국농업에도 벤치마킹의 대상이 되어 활발하게 소개되고 있다.

3 환경보호는 어느 정도 이루어지고 있나?

쿠바에서 개최되는 국제적인 컨퍼런스는 매일 매일의 실행 사항으로서 환경을 보호하기 위해 행동하는 것이 특징이다. 환경의 보존과 개선을 위하여 쿠바의 전략내에서 포함되어 있는 많은 노력중에서 다음과 같은 것들이 특히 눈에 띈다.

첫째, 재조림사업이다.

쿠바는 남벌경향을 중단시킬 수 있었던 몇 안 되는 나라들 중 하나이다. 1959년에 쿠바의 14%만 산림으로 덮혀있었으나 21세기 초에는 그 숫치가 21.7%로 증가했다.

둘째, 포괄적인 해안관리이다.

이러한 포괄적인 환경보호로 말미암아 관광개발이 지속가능한 차원에서 증가할 수 있게 되었다.

셋째, 수로지역 보호이다.

수로를 원상으로 회복하기 위하여 극도로 위험에 직면한 수로를 우선적으로 처리하게 되었다.

넷째, 보호구역시스템의 촉진이다.

이의 목표는 해안과 육지 모두 생물다양성과 기타 천연자원 보호에 있다.

다섯째, 아바나만같은 오염지역의 복구이다.

쿠바와 캐리브해 주변의 수질 정화 조치가 취해졌다. 이의 중요한 목표는 해양 종족, 동물과 식물뿐만 아니라 이 지역에서 살고 있는 사람들의 건강을 보호하는 것이다.

여섯째, 사막화화 가뭄과의 투쟁이다.

이것은 쿠바 전지역 특히 동쪽 지방에서 비가 부족하기 때문에 엄청나게 중요해졌다.

일곱째, 환경교육의 촉진이다.

이것은 주로 젊은 세대들에게 목표를 두고 있다.

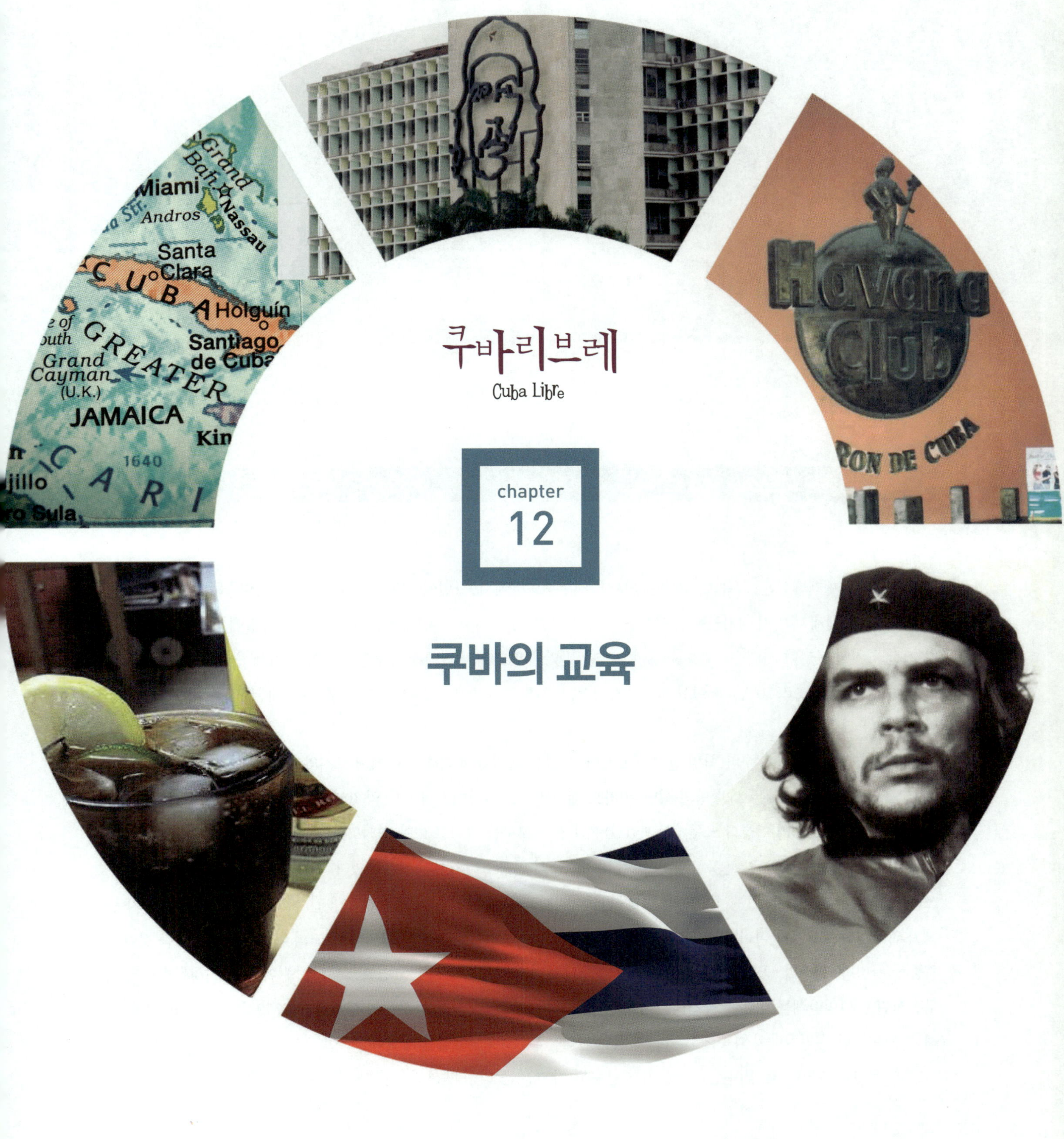

쿠바리브레
Cuba Libre

chapter
12

쿠바의 교육

1 문맹률은 어느 정도인가?

대대적인 문맹캠페인은 '교육 및 고등교육부장관'이 주도하에 1961년에 시행되었다. 쿠바도 1959년 쿠바혁명을 완수하기 이전에 제3세계 나머지 국가들처럼 문맹률이 매우 높았다. 풀젠시오 바티스타(Fulgencio Batista)의 폭정에 대항하여 무장투쟁한 기간 초기인 몬카다 개리슨(Moncada Garrison)이 침략을 받았을 때인 1953년에는 공부할 학교가 없어 배우지 못한 어린이가 50만 명 이상이나 되었고, 100만 명 이상의 문맹자가 있었으며 그리고 1만 명 이상의 교사도 부족하였다. 1958년에는 문맹률이 23.6%나 되었다.

1961년의 문맹캠페인은 쿠바 혁명 완수 바로 2년 후 많은 국민들에 의해 수행되어 도시와 시골을 연결하는데 도움이 컸다. 교육전담반(Teaching Force)은 26만 명의 시민, 콘라도 베니테즈 브리가데스에 모인 약 10만 명의 젊은 학생들, 파트리아 오 무에르텐에 모인 13,000명 이상의 노동자들, 35,000명의 전문 교사들 그리고 12만 명의 기타 문맹 교사들로 구성되었다. '기초 교과서 읽기'와 '등유로 불밝힌 등불'은 모든 쿠바국민들이 자랑스러워했던 상징이었다. 문맹교사들과 농부가족들은 읽고 쓰는 법을 배우기 위하여 입문서와 '등유등불'을 여기저기서 수집했다. 쿠바의 국민 영웅인 호세 마르티는 "쿠바가 자유를 찾기 위해서는 교육을 받아야 한다"고 말했다. 호세 마르티의 생각을 기반으로 한 혁명은 그의 아이디어를 실행한 것이다.

중상과 비방, 거짓말, 공격 및 용병들의 침략이 횡행하였던 와중이었던 1961년은 '교육의 해'이었다. 이 때 미국 정부가 무장시킨 반혁명단체들에 의해 공격당하여 글을 읽고 쓸 줄 아는 교사와 농부들이 살해당했고, 72시간도 채 안 되어 소탕해 버린 피그만 용병침략의 와중에도 시골에 있던 남녀는 읽고 쓰는 방법을 배웠다.

그 후 문맹률은 3.9%로 낮아졌고 시간이 지날수록 이 수치는 더욱 개선되어 갔다. 현재에는 문맹이라고 여겨지는 유일한 사람은 너무 늙어서 읽고 쓰고를 배울 수 없는 노인들이거나 매우 심각하게 정신적으로 충격을 받아서 읽고 쓰고의 기본을 배울 수 없는 자들 뿐이다.

계획에 따라 쿠바혁명을 완수할 때까지 엄청난 위업을 이룬다는 것은 단지 읽고 쓰는 방법을 배웠던 자들을 즉시 파악하는 것이다. 그래서 낮은 진학수준에 머무른 자들을 위해 노동자들의 개선 계획이 새로 만들어졌다. 많은 사람들에게 보다 더 높은 교육 수준을 제공할 목적으로 추진되었던 이러한 모든 노력들로 말미암아 결국 6등급(6학년)을 달성하기 위한 투쟁을 초래했고, 이는 1976~1980년 기간 중에 최고 정점에 도달했다. 그 다음에는 9등급(9학년)을 달성하기 위한 투쟁으로 치달았고 결국 65만 명의 근로자들이 9등급(9학년)으로 졸업하였다.

21세기가 임박하여 질적 양적으로 교육 목표가 수준높게 결정되었다. 대학교의 보편화 덕택에 모든 쿠바사람들은 심지어는 외딴 지역에 살고 있던 사람들도 보다 높은 수준의 교육센터에서 공부할 수 있는 가능성을 가지게 되었다. 이러한 목표가 완성되는 그 날, 쿠바는 세계에서 가장 문명화된 나라로 탈바꿈될 것이다.

2 학교 교육은 어떻게 이루어지나?

현재 쿠바는 대규모 학교로 변화하고 있어서 포괄적인 훈련에 접근할 수 있는 가능성은 가장 외딴 지역에 까지 확대되고 있다. 이러한 모든 것은 기초를 쌓기 위한 전략에 힘입은 바 크고 그래서 모든 시민은 보다 수준 높은 공부의 보편화 즉, 보편(全人)교육을 시(市수)준으로 삼는 것을 목표로 하는 학업의 보편화프로그램에 맞추어 무상으로 대학교 뿐만 아니라 초등학교와 중등학교 교육(9학년)까지 수학할 권리를 가지게 되었다.

쿠바에서의 교육(진학)비율은 6세에서 14세까지의 어린이는 거의 100%이고, 6세에서 11세까지의 어린이는 99.7%이어서 세계에서 가장 높은 편이다. 게다가 6세 미만의 모든 어린이는 여러 가지 제도에 의해서 제공된 교육 및 건강 보호를 받고 5세 미만의 유아의 96.9%는 보육원에 간다.

중학교 공부는 227개의 센터에서 가능하다. 도시지역 중학교(ESBUs)와 장학제도도 있고 104,000명 이상이 교육받고 있는 시골중학교(ESBCs)가 있다. 마지막 학년도에 모든 중학교 학생의 98.2%가 고등학교로 진학한다.

산간지역에 있는 약 15만 명의 학생들은 학생 11명당 교사 1명의 비율이며, 12,000명의 교사와 직원이 있는 2,500개의 학교에 다니고 있다. 이들 학교들은 도시의 학교와 동일하게 시청각 교재와 정보기술 시설을 갖추고 있다.

보다 더 고급의 교육에서 보면 엄청난 개선이 이루어졌다. 쿠바 혁명을 완수하였을 때 약 15,000명의 학생들이 2004년까지 쿠바의 3개 대학교에 등록하였다. 쿠바 수도 아바나에 한 개 대학, 라스 빌라 주 중앙에 한 개 대학 그리고 산티아고 데 쿠바주에 한 개 대학 이렇게 세 개 대학이다. 대담한 교육개혁에 의한 지원 결과로서 774개의 대학 센터가 생겼다. 이 때 44

개의 학위과정에 16만 명 이상의 학생들이 등록했다. 쿠바의 모든 국민들이 아무런 제약없이 대학과정을 이수할 수 있도록 하는 이러한 목표를 달성하기 위하여 대학은 기초과정만 대도시에 남겨 놓고 각 전공과정은 쿠바 각 도시로 분산하였다.

수년 후에 쿠바는 교사 한 명당 42명의 주민의 비율이 되어 '교사-학생비율'이 세계에서 제일 높은 국가가 되었다. 교사들이 포괄적인 일반전문가들의 훈련과 집중적으로 훈련받은 결과 2003-2004학년도 이래 이 비율은 2004년 현재 모든 초등학교 교실에서 교사 1인당 학생이 20명의 비율이 되었다.

교사(校舍)의 물리적 상태와 교수(가르침)의 품질을 개선시키는 프로그램은 정보기술교육과 쿠바 전지역에서 시청각교육 지원의 사용을 우선시 하면서 2001년에 시작하였다.

3 신체장애자 특별학교 교육은 어떻게 이루어지나?

쿠바 어린이들이 신체적 정신적 불구가 있다고 해서 수업이 불가능환 것은 아니다. 그들을 위한 특별수업이 새로 만들어졌는데, 그 특별수업에서는 교사와 건강전문가가 함께 그들의 능력을 개발시켜주기 위해 노력한다.

쿠바 혁명이 완수되었을 때, 쿠바에서의 특별 교육은 거의 존재하지 않았다. 134명의 지적장애아, 청각장애아, 시력장애아, 언어장애아들을 치유하기 위하여 약 14개 조직이 있었다. 이들 대부문의 센터는 민간이거나 혹은 자선단체로부터 재정적 지원을 받았다.

1980년대에 쿠바는 장애자올림픽에 참가하기 시작했고 또한 특별학교를 세우는 프로그램을 착수하기 시작했다. 총 48개 프로그램이 수립되었고, 그 중에 하나는 파나마학교와 연대하는 것이었는데, 여기에서는 특별한 신체적 및 자동차가 필요한 어린이들이 보호를 받았다.

2003년 말에 5만 명 이상의 학생들이 특별교육센터에 등록하였다. 그 중에서 5,973명이 기숙사가 있는 학교(기숙사제 학교)에 다녔고, 28,365명이 반기숙사제 학교에 다니며, 나머지는 표준학교제도를 따르고 있다. 쿠바에는 426개의 특수학교와 주간보호센터가 있는데, 이들은 쿠바의 전지역에 있으며, 어린이들과 젊은이들이 다니고 있는데 이들의 숫자는 전체 학교에 다녀야 하는 연령인구의 2.8%에 이른다.

또한 여기에는 정신지체자, 신체발달지체자, 행동부자유자, 언어장애자, 사팔눈 가진자, 약시자, 시력저하자, 농아 및 신체적 운동근육(신경)불능자와 같은 색다른 신체불구자들을 위한 상이한 학교도 있다.

어떤 어린이를 특수학교에 보낸다는 결정은 매우 중요한 사안이며, 그 어린이가 필요로 하는 한 그 곳에 계속 다녀야 한다.

쿠바에 179개의 센터가 있는 진단-보호센터에서의 분야별 전문가협력훈련팀은 각 학생들의 초기부터 정신교육학적 분석을 주의깊게 한다. 제공되는 나머지 교육을 포함하여, 학생들을 위한 진단과 교육을 위해 사용된 다양한 시설사용료가 매우 비쌈에도 불구하고 모두 무료이다.

신체적 신경 불구 학생들은 그들의 보철설비와 휠체어를 사용하는 방법뿐만 아니라 또한 선천성 기형, 근육위축증, 사고로 인하여 잃었거나 다른 원인으로 인하여 잃은 팔다리 결핍, 혹은 대뇌 마비에도 불구하고 존엄하게 살아가는 방법을 배우고 있다.

프랑스 브라유가 고안해 낸 브라유식 점자 프로그램은 눈먼 어린이와 시력장애를 갖은 어린이들이 읽고 쓰는법 그리고 교육을 계속적으로 받을 수 있도록 하기 위하여 개발되고 있다. 이 어린이들은 자기 능력으로 손공예품을 만들고, 자수를 놓고 그리고 타이프를 치도록 하기 위하여 컴퓨터를 가지고 작업하는 일터에서 작업하는 법을 배우고 있다.

거기에는 또한 자폐증 아동들을 위한 교육센터뿐만 아니라 매우 특별한 치료를 필요로 하는 농아와 맹아어린들을 위한 학교도 있다.

chapter 13

쿠바의 문학과 예술

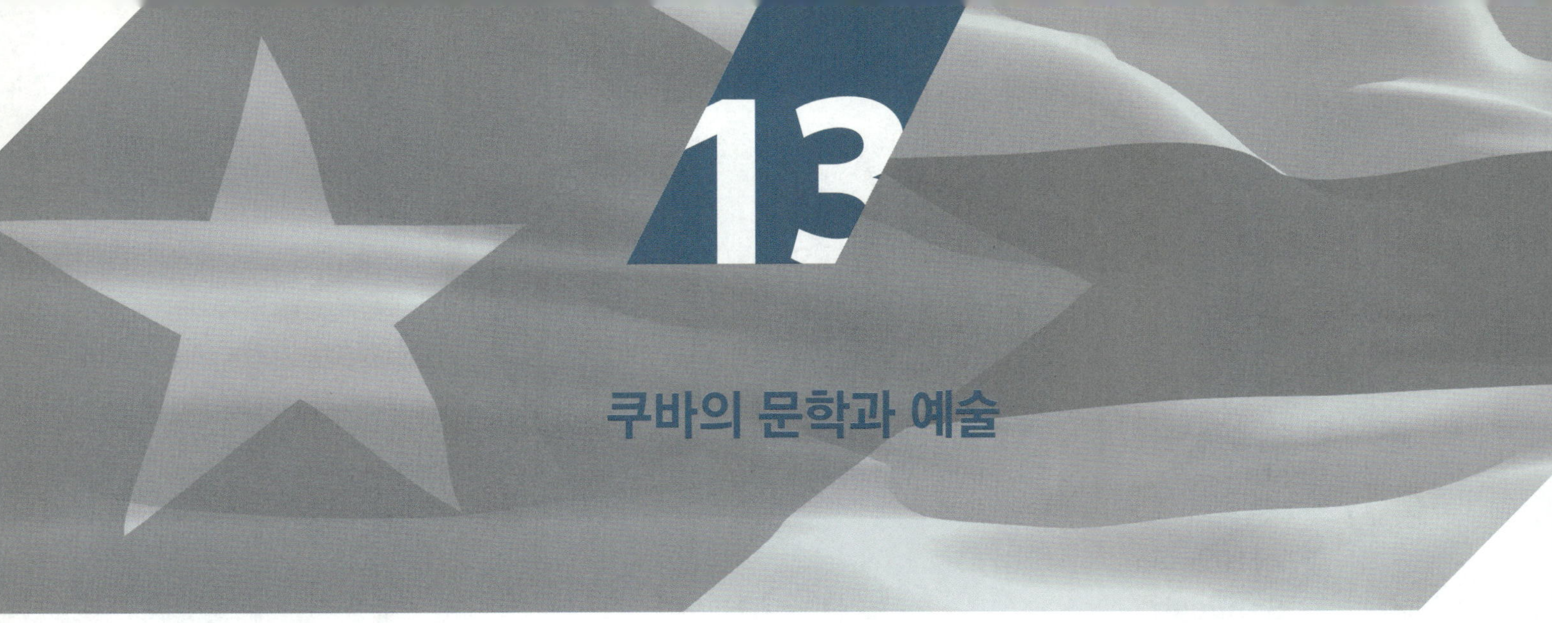

쿠바의 문학과 예술

1 박물관과 미술관으로는 어떤 것들이 있나?

쿠바에는 241개의 박물관, 122개의 미술관 그리고 307개의 공동체문화센터가 있다. 이들은 모두 역사적, 과학적 및 문화적 훈련면에서 중요한 요소로 임무를 수행한다. 혁명을 성공적으로 완수했을 당시에는 박물관이 불과 7개 밖에 없었는데, 그나마도 이들 박물관의 대부분은 독립전쟁 때 장군들이 세운 것들이었다. 바카르디(산티아고 데 쿠바), 아그라몬테(카마궤이) 그리고 카르데나스(마탄자스)장군들이 세운 박물관은 특별히 값어치 있는 자료와 서류가 보존되어 있다.

1959년에 시작한 교육과 문화관련 작업이 확대되었다. 나중에 도시박물관을 새로 설립하는 법률을 제정하여 교육과 문화관련 작업들이 공동체에 더 가까이 다가가서 귀중한 물건들의 회복과 박물관을 위한 수집뿐만 아니라 예술과 문화면에서 국민들과 함께 의사소통을 촉진하게 되었다.

2004년에 12개 주립 박물관, 140개 시립 박물관, 그리고 시 정부가 관리하는 83개 특별 박물관은 물론이고 쿠바국민들에게 개방한 6개의 국립 박물관이 있다. 박물관과 학교간에는 상당한 관계가 설정되어 있는데, 여기에 있는 4, 5, 6등급 요목들은 지방의 역사와 연결되어 있다.

미술(그림, 조각, 건축), 혁명 및 교양캠페인 박물관, 펠리페 포이 과학아카데미 박물관, 장식미술박물관, 나폴레옹박물관, 그리고 에르네스트 헤밍웨이집은 아바나에서 가장 많은 방문객이 다녀가는 박물관이다. 종전의 총사령관 궁전에 있는 도시박물관은 세계문화유산인 오울드 아바나를 방문하는 수천 명의 외국 여행자들에게 인기를 끌고 있다.

다른 주에 있는 가장 중요한 박물관으로는 피나르 델 리오에는 트란킬리노 산달리오 데 노다 국립과학박물관이 있고, 만탄자주에는 피그만 박물관이 있고, 빌라 클라라에는 레메디오스레벨박물관이 있다. 그 이외에도 트리니다드에는 앙만

주의 박물관, 구아무하야 고고학박물관 및 반혁명단에 대항하는 투쟁박물관이 있다. 홀귄에는 반디인도쿠바박물관이 있고, 산티아고 데 쿠바에는 시보니농장, 7월 26일 박물관 및 피라시박물관이 있다.

쿠바 전역에 걸쳐 발생하는 문화바람이 일어난 이래 최근에는 공동체문화센터와 미술관을 방문하는 방문객수가 증가하고 있다.

2 헤밍웨이의 흔적으로는 무엇이 있나?

'노인과 바다', '누구를 위하여 종은 울리나', '오후의 죽음', '개천의 섬' 및 미주 문학에서 많은 걸출한 작품을 남긴 헤밍웨이는 쿠바 수도인 아바나에 지울 수 없는 흔적으로 남아 있다. 헤밍웨이는 1952년에 자기 친구 얼 윌슨에게 자기는 쿠바에서 글을 쓸 수 있는 좋은 행운을 언제나 누리고 있다고 편지를 썼다. 헤밍웨이는 1928년에 최초로 아바나에 도착하여 22년 동안 쿠바에서 살았다.

그가 단골로 자주 드나들었던 곳은 오울드 아바나 오비스포 앤 몬셀라테거리 코너에 있는 홀로리타 식당과 선술집이었는데, 거기서 그는 다이퀴리(Daiquiris : 쿠바산 럼, 캔 어름, 및 라임주스를 혼합하여 만든 술)을 자주 즐겼는데 그 식당과 술집은 지금은 세계에서 유명한 명소가 되었다.

Floridita

헤밍웨이가 머물었던 흔적들

그가 자주 앉았던 벤치는 거기에 그대로 보존되어 있는데, 거시서 헤밍웨이는 그가 즐겨마시던 술을 주문할 때 “파파스” 혹은 “다이퀴리 스페셜”이라고 했기 때문에 지금도 손님들은 똑같이 “파파스” 혹은 “다이퀴리 스페셜”이라고 주문하면서 그를 기억한다고 한다. 가까이에 암보스 문도스 호텔이 있는데, 이 호텔은 최근에 재건되었다.

헤밍웨이는 그가 해변에 있었을 때에는 언제나 이 호텔의 6층의 어느 방에서 자곤하였는데, 그 방은 그의 항구적인 저술장소가 되었다. 헤밍웨이가 언젠가 말했듯이, 호텔의 창문은 오래된 대성당이 보이고, 입구는 바다를 행하고 있고, 바다는 카사블랑카반도위에서 북쪽과 동쪽을 향하고 있고, 그리고 타일로 된 집의 지붕은 항구를 향하여 경사져 있다.

헤밍웨이는 갔지만 그의 발자취는 여전히 살아있다.

아바나대성당 가까이에는 보데귀타 델 메디오식당은 라임주스와 마늘 소스 및 검은 콩을 섞은 튀긴 돼지고기, 유카식물 및 토라토란의 향기로운 특별향기가 펴져나갔다. 많은 사람들은 그것도 역시 헤밍웨이의 자취를 내포하고 있다고 말하고 있다. 헤밍웨이는 “플로리타에서는 나의 다이퀴리(Daiquiri)를, 보데귀타에서는 나의 모지토”라고 말하곤 했다는데, 모지토(Mojito)는 럼, 설탕, 부서진 얼음, 물 그리고 민트로 만들어진 칵테일이다.

헤밍웨이가 10년 후 40세 때 쿠바로 되돌아 왔을 때, 그는 새 부인인 마르타 겔혼을 데리고 왔다. 호텔방이 너무 작아 글을 쓰는 사적인 장소로 사용할 공간이 없었다. 그래서 부인은 집을 구하러 다녔는데, 산 프란시스토 데 폴라에 있는 비지아농장을 발견했다. 그들은 처음에는 빌렸다가 나중에는 매입하였다. 그 후 그 집은 그들의 쿠바집이 되었는데, 지금은 헤밍웨이박물관이 되었다. 이 박물관에는 그의 개인적인 소장품들, 사냥 트로피 및 책들이 전시되어 있다. 박물관은 방문객들에게 그가 그의 친한 친구를 부를 때 불렀던 “파파”처럼 지금도 “파파”가 살아 있는 분위기를 보여주고 있다.

어떤 이는 헤밍웨이가 5피트 11인치이었다고 하지만 그의 비만 때문에 대부분의 사람들은 그의 키는 6피트가 넘는다고 한다. 비지아농장에서 정착하고, 그의 요트(필라)를 코지마르 항구에 정박해놓은 헤밍웨이(그는 이 항구에서 어부들을 친구로 삼았다)의 주변 사람들이 전하는 이야기에 따르면, 그는 오울드 아바나에서는 여러개의 단골 술집에서 술을 마시러 갔으며 아바나거리에서는 그의 자동차 플리마우스를 운전하기를 좋아 했다고 한다.

그의 일대기에 따르면, 헤밍웨이는 비지아농장에서, 플로리타의 술집에서 그리고 요트(필라)에 매우 자주 나타났다고 한다. 그는 요트(필라)에 일곱명과 함께 타고 8노트의 속도로 500마일까지 갔다고 한다. 이것은 그의 자랑거리이었으며, 코지말과는 별도로 그가 즐겨했던 정박지는 자이만스타스와 카사블랑카이었다고 한다.

헤밍웨이의 작품 ‘노인과 바다’와 ‘개천에서의 섬’은 꼬히마르(Cojimar)에 있는 그가 즐겨 애용하였던 식당 겸 술집인 ‘라 테라자’를 묘사한 것이다. 이것은 또한 소설가의 삶에 연결되어 있다. 게다가 꼬히마르 해변 가까이에 있는 작은 공원에는 헤밍웨이의 청동 흉상이 세워져 있다. 사람들에 의하면 그의 이 흉상은 헤밍웨이가 죽었음을 알게 되었을 때, 그의 어부 친구들이 그에게 경의를 표하기 위해 그들의 선박에서 나온 프로펠라로 흉상을 제작했다고 한다. 헤밍웨이의 어부 친구들은 조각가와 계약을 체결했는데 그 조각가는 한푼도 대가를 받지 않았다고 한다. 누구나 캐리브해가 휘감고 있는 해안 가까이에 있는 헤밍웨이 광장에 가면 그가 크게 웃으며 그렇게도 많은 꿈을 꾸었던 그를 만날 수 있다.

꼬히마르에 세워진 헤밍웨이의 흉상

매년 개최되는 어네스트 헤밍웨이 국제 해양-낚시경기대회가 1950년에 이러한 경기대회를 시작한 사람들을 기념하기 위하여 매년 아바나 외곽 바다에서 개최된다. 어부와 어부의 어획물에 관한 일화에 따르면, 매년 바다 어부는 아바나 바로 서쪽 산타페에 있는 헤밍웨이선착장으로 올 때 그들의 갈고리와 줄을 걸프 개울에 떨어뜨렸다고 한다.

3 최초의 시(詩)는 어느 것인가?

쿠바에서 작성된 최초의 시는 Espejo de paciencia(인내의거울)이었는데, 이 시는 실베스트레 데 발보라 이 퀘사다가 1608년에 창작한 작품이다. 그는 카나리 아슬랜드에서 태어났으나 오랫동안 쿠바 중심지인 카마귀이에서 살았다. 그 시는 1604년 만자닐로 항구에서 선장 길베르토 길론이 그가 존경하는 아슬랜드 오브 쿠바의 주교인 프레이 후안 데 라 카베자스 알타미라노를 포획한 것을 표현했다고 한다.

이 시는 8줄연(聯)으로 구성되어 있는데, 쿠바의 자연의 아름다움을 노래하고 그 다음에 해적은 주교를 포획한 후 바야모 사람들은 주교석방 조건으로 상당한 몸값을 요구하는 쪽으로 넘어가고 있다. 그들은 몸값을 지불하기로 약속하였으나 선장 그레고리오 라모스는 야라 지역 가까이에 있는 24명을 징병하였다. 이들 용병들은 쿠바에서 태어난 혹은, 쿠바 인디언 및 스페인 사람 후손들이었는데 발보아는 이들을 '용감한 섬사람들'이라고 불렀다. 이 때 해적들은 노획물을 가져가고 그들을 공격하고 격퇴시켰다. 흑인인 살바도라는 자기 창을 가지고 프랑스 해적의 가슴을 찔러 죽이고 기론은 목이 베어졌다. 인디어들과 백인들은 모두 흑인의 영웅심을 인정하였다.

어떤 조사에 따르면, Espejo de paciencia(인내의거울)은 호세 안토니오 에쉐바리아에 의해 1838년에 최초로 발간되었고 한다. 그는 이 시가 주교인 페드로 모렐 데 산타즈 크루즈에 의해 미발간된 원고인 Historia de la Isla y Catedral de Cuba(섬의 역사와 쿠바대성당)에 들어 있음을 발견하였다고 한다.

4 아바나 쿠바 문화관, 카사 데 아메리카스는 어떤 문화관인가?

몬카다 개리슨병영을 공격한 여걸 하이데 산타마리아가 1959년에 세운 카사 데 아메리카스는 아바나에 있는 문화관이다. 이 문화관은 45년 이상 동안 남미와 캐리브 문화에 영향을 끼쳐왔다.

카사 데 아메리카스는 혁신을 추진중인 분위기하에서 다른 견해로부터 대화를 촉진시키는 만남장소로 꾸며졌다. 따라서 이 기관은 남미작가, 음악가들, 예술 극작가들의 작품을 광고하고, 조사하고, 후원하고 상을 주기도 하고 출판하기도 하며 그리고 문학, 예술 및 사회과학 전공 대학생들은 문화통합을 추진했다. 이 기관은 또한 전세계에 걸쳐있는 다른 기관과 개인들과의 교류에 참가했다.

일찍이 1960년 이래, 이 문화관은 스페인어로 가장 이름있는 잡지중 하나인 교양평론지 카사 데 아메리카스를 출간했다. 세계에서 가장 현출한 지식인과 그들의 창조적 작업 경력, 문학조사와 사상을 시작하는 젊음이들은 모두 이러한 일을 하는

데 기여했다.

다른 출판물로서는 소책자 Musica(음악), 영화에 헌신한 잡지 Conjunto(그룹), 캐리비안 문학, 예술과 역사에 관한 Anales del Caribe(캐리비안의 연대기), 그리고 UNEAC(쿠바 작가와 예술가동맹)과 함께 합작투자로서 발간된 문학이론, 심미안적 예술 및 문화연구에 관하여는 Criterios(기준)이 들어 있다.

카사 데 라 아메리카스 문학상 경연대회는 1959년 이래 매년 개최되어 왔다. 이 경연대회는 첫 대회를 국제무대로 구성했다. 1960년과 1990년 사이에 이 경연대회는 일 년에 약 25개 정도의 여러 가지 수집한 것 중에서 800개의 표제를 출판하였다. 1990년대 경제적 위기로 말미암아 출판에 대하여 상당한 정도로 삭감하지 않을 수 없었으나 단지 수상작품만은 콜롬비아의 진심어린 기여의 덕택으로 출판되었다. 1998년을 시작으로 상황이 개선되었고, 그 다음 해에 그 기구 스스로의 비용과 다른 단체와의 협력으로 많은 잡지출판이 다시 계속되었다. 45년동안 계속적으로 개최되어 온 경연대회는 발전되고 새롭게 되었다는 것을 인정할만한 가치가 있다.

이 기구는 포르투갈어, 영어, 프랑스어, 크레올레어(Creole) 및 케츄아어(Quechua)와 아이마라어(Aymara)같은 토착어같은 언어뿐만 아니라 비소설(논픽션)의 장르를 포함하고 있다.

5 독서열풍은 어떠하였나?

쿠바는 국민들 각자가 독서의 습관을 서서히 주입시키고 있는 유일한 나라이다. 전세계에 걸쳐있는 진보적인 지식인들은 어린이와 젊은이들이 TV와 컴퓨터 앞에서 많은 시간동안 보내고 있어서 독서에 피해를 입게 된다는 위험성을 경고한 바 있다. 쿠바에서는 책을 발간하고 수입하는 데에 필요한 자원이 부족하여 이러한 문제를 결정적으로 중요하게 여겨왔다.

쿠바혁명 승리 후 바로 3개월 만에 쿠바에서는 많은 책을 발간하는 기초가 마련되었다. 국립인쇄소(IN)가 1959년 3월 31일에 창립된 것이다. 동년에 인쇄소는 4권짜리 돈키호테 40만 권을 출간하였는데, 이 책은 각권 25센타보(1/4 페소)에 팔렸다. 1961년 교양캠페인에서 사용되었던 독서입문서와 독서지침서였던 기타 다른 유명한 세계정상급 책들도 출판되었다.

10년 동안 쿠바는 점점 더 많은 책들을 출판하여 매 6,000명의 주민마다 한 개 제목의 책을 출간하게 되었다. 이러한 책들에는 예술과 문학, 과학과 기술, 어린이와 젊은이의 출판물, 탐정소설, 과학 소설, 모든 수준의 교육용 교과서 그리고 특별한 잡지를 총집합하고 있다. 게다가 특별한 기간 전에 모든 쿠바사람들은 다양한 주제의 많은 국제적인 출판물을 접할 수 있었다. 예를 들면 약 5억 장의 신문 및 6,200만 권의 잡지가 배포되었다.

1990년대 초 갑작스런 경제 침체로 말미암아 쿠바는 어쩔 수 없이 종이구입을 상당한 정도로 줄일 수밖에 없었고, 그 결과로 신문, 잡지 및 책의 크기가 줄어들었다. 그리고 외국 출판물 수입도 줄어들 수밖에 없었다. 점진적인 경제적 회복이 시작된 후에 쿠바가 가지고 있는 여러 가지 자원들은 단지 중요한 문화적인 면을 새롭게 하는데 많은 기여를 하였다.

쿠바사람들은 일단 집에서 읽는 것을 즐거움으로 삼기 위하여 책과 잡지를 읽고 찾는 것에 더욱 더 깊이 푹빠져 있었다. 독서는 또한 어린이들과 젊은이들간에 더욱 촉진되고 있었다. 이러한 것들은 분명히 어려운 일이지만 그렇다고 불가능하지도 않다.

국가신문과 지방신문의 수요는 상당히 증가되었다. 젊은이와 대학생을 위한 Somos Jovenes와 Alma Mater가 발행되듯이 어린이용 잡지인 Pionero와 Zunzun가 다시 월간으로 발행되고 있다. 젊은이를 위한 기술잡지인 Juventud Tecnica와 El Caiman Barbudo는 매 두달에 한번 (격월로) 발행되고 있다.

여성용 출판물은 보다 빈번하고 많은 부수로 발행되고 있다. 책출간은 또한 Arte y Literatura출판사, Letras Cubanas출판사 및 Gente Nueva출판사에 의해서 새로운 제목으로 출판되고 있다.

게다가 출판되는 출판물을 375개의 공공 도서관과 여러 가지 기관에 있는 도서관들에 보내서 그 책들을 독자들이 손쉽게 빌려볼 수 있게 함으로써 국가독서프로그램에 기여하고 있다.

지역출판프로그램, 가족도서관 및 국제도서전시회도 활발하게 이루어지고 있다. 이러한 프로그램의 시작에 힘입어 처음으로 유명하지만 아직 미발간된 작가들이나 혹은 현재까지 잘 알려지지 않은 사람들이 저술한 지방역사에 대한 이벤트와 전통을 널리 보급시키는 것이 가능하였다. 3년 동안에 1,158개의 제목으로 754,000권이 출간되었다.

가족도서관은 훌륭한 문학책—각권에는 25개 제목에 100,000권—을 정상적인 저서에 대해 지불하는 가격보다 상당히 더 저렴한 가격으로 제공한다. 공동출간의 사례로서 두 번째의 편저책은 베네수엘라의 상황을 다룬 볼리비아계 베네수엘라인과 협력하여 출간되었다.

쿠바 아바나 국제전시회(Havana International Fair 2015)
전시품목 : 산업용기계, 정보통신기술, 건설/인프라, 생명과학, 농림업, 광업, 해양/수산, 오일/가스, 수송기계, 화학제품, 소비재, 가전제품, 식품/농산물, 보완장비, 서비스업 등

전세계에 걸쳐 확대되어서 전세계 도처에서 개최되고 있는 아바나국제도서전시회는 매우 유명한 전시회이다. 수만 명의 관람객들이 꽤 먼거리를 여행하는 것도 주저하지 않고 그리고 국내 국내외에서 출간된 책들의 신간을 사기위해 몇시간 동안 줄서서 기다리는것도 마다하지 않으면서 이 전시회에 참가한다.

어떤 관람객들은 전시지역으로 가기 위해 상당한 거리를 여행하고, 새로운 책을 구입할 기회를 얻기 위해 오랫동안 기다리는 쿠바사람들이 보여주는 독성열망을 보고 놀란다.

매년 아바나 국제도서전시회는 2002년에는 프랑스, 2003년에는 안데안국가들, 2004년에는 독일 그리고 2005년에는 브라질 등 다른 나라들이 참가했다. 이러한 전시회들은 축제가 되었다. 지난 세기에 쿠바의 최고 영웅 중 하나인 호세 마르티는 "책은 언제나 기쁨의 원인이며, 우리가 다가가기 쉬운 진실이며, 우리를 기다리는 친구이다."

쿠바의 주요 전시회 개최일정

ㅇ 아바나국제박람회 (Feria INternacional de La Habana) * 쿠바 최대 무역박람회
- 기간 : 매년 11.3-11.9 경
- 주최 : 쿠바 대외무역부, 상공회의소
- 장소 : 아바나 외곽 EXPOCUBA 전시장
- 홈페이지 : www.feriahavana.com

ㅇ 국제도서전 (Feria Internacional del Libro)
- 기간 : 매년 2.14-2.24 경
- 주최 : 문화부 산하의 쿠바 도서협회
- 장소 : 아바나 내의 Morro, Cabana
- 홈페이지 : www.camaradelibro.cult.cu

ㅇ 국제 정보통신전시회(Feria Internacional de Informatica)
- 기간 : 매년 3.18-3.22 경
- 주최 : 쿠바 정보통신부
- 장소 : 아바나 내의 PABEXPO 전시장
- 홈페이지 : www.informaticahabana.cu

ㅇ 국제 관광 전시회(Feria Internacional de Turismo)
- 기간 : 매년 5.7-5.10 경
- 주최 : 쿠바 관광부
- 장소 : 바라데로(매년 개최지역 변경)
- 홈페이지 : www.fitcuba.com

ㅇ Feria Internacional de Artesania
- 기간 : 매년 12.7-12.23 경
- 주최 : 쿠바 문화부산하의 Fondo Cubano de Bienes Culturales
- 장소 : 아바나 내의 PABEXPO 전시장
- 홈페이지 : www.fiart.cult.cu

쿠바의 주요 전시회 개최일정 (Kotra 국가정보 - 쿠바, Kotra(대한무역투자진흥공사))

제1차 국제발레축제는 쿠바혁명 초기에 알리샤와 페르난도 알론소의 독특한 재능, 그들이 10년 동안 이러한 예술적 성취 측면에서 수행한 업적 그리고 쿠바의 발레발전을 위하여 야심찬 계획을 인식하게 되어 1960년 봄에 쿠바에서 개최되었다.

그 다음 해는 대단한 성과가 나타났던 기간이었다. 전통적인 극단(회사)을 견실하게 만들어 준 댄서(춤꾼)들을 배출한 예술학교와 오늘날의 예술학교는 국내 및 국제무대에 등장하게 되었다.

쿠바는 유럽 · 아시아 · 미주 등에서 온 유명한 발레인물들을 만나는 장소가 되었다. 오울드 갈리리시안 센터에 있는 아바나 대극장, 아마데오 롤단 극장 그리고 쿠바에 있는 어떤 홀 등은 한물간 발레공연을 주최하기도 했다. 세계적 정상급 발레가 개최되었고, 발레극단 회사와 개인발표자가 쿠바 청중들에게 공연하기 위하여 전세계의 먼 곳에서 오기도 했다.

발레가 이렇게 엄청난 사랑을 받게 된 이유는 알리샤와 페르난도 알론소 그리고 의심할 바 없이 세계에서 가장 유명한 극단(회사)이 주도한 발레학교가 이룩한 거의 반세기만에 세운 발레전통에 있다.

페르난도 알론소는 살아있는 전설이다. 사람들은 다음과 같은 것들을 회상하고 있다. 첫째는 잠자는 미녀(Sleeping Beuty)에 나오는 그랜드왈츠에서 첫 선생님으로 지도받은 11살짜리 작고 여윈 소녀이고, 둘째는 그 소녀가 50년 전에 뉴욕발레극장과 함께한 기셀레가 있고, 셋째는 파리오페라, 런던코벤트 가든발레(Covent Garden은 영국 코벤트지역에 있는 오페라극장을 의미하며 정식명칭은 The Royal Opera House이다), 레닌그라드 키로프 발레단과 모스코바 볼쇼이발레와 함께하여 대단한 성공적 발표, 넷째, 1948년에 최초 쿠바발레단(처음에는 알리사 알론소 극단이라고 불렀고 그 다음 쿠바혁명 승리 이후에는 쿠바 국립발레단이 됨)이 창설되었고 마지막으로 많은 국제적으로 유명한 인물들을 훈련시킨 것 등이다. 우리가 '알리아 아로소'라고 하면 '쿠바발레학교'를 의미하는 것이다.

잠자는 숲속의 미녀 [Sleeping Beauty]는 원래 프랑스 작가 샤를 페로(Charles Perrault)가 1679년 샤를 페로의 동화집 ≪옛날 이야기(Histoires ou Contes du Temps Passé)≫를 통해 처음 출판 되었다. 이후 그림형제(Brüder Grimm)의 ≪어린이와 가정을 위한 동화집(Kinder-und Hausmarchen)≫에 수록되면서 더욱 널리 알려지게 되었다.

7 남미영화제는 어떠한가?

남미영화제작사들을 정기적으로 촉진시킬 필요성에 부응하여 1979년에 아바나에서 제1차 신(新)남미국제영화제를 개최하였다. 영화에는 소설영화, 풍자화(만화), 기록영화 및 기타 정보매체물들이 있다. 이중에서 가장 걸출한 영화를 배포하게 되었다. 회의, 세미나 및 전문적인 전시가 개최되었다. 신남미영화제작시장(MECLA)이 창설되었다.

이러한 영화축제는 영화제작사들에게 아이디어를 교환하기 위한 기회를 제공하고 또한 쿠바사람들에게 다른 남미국가들에서 제작된 가장 훌륭한 영화와 친숙하게 될 기회를 제공하기 위하여 매년 개최되어 왔다. 최근에는 영화축제는 대부분의 도시에 있는 영화관으로 확산되었다.

코럴상(償)은 영화와 비디오영역에서 가장 훌륭한 영화, 기록물 및 만화에게 수여된다. 이것은 심판원, 평론가, 영화제작사 그리고 제7의 예술애호가들이 열렬하게 기대하는 대단한 도전이다.

이러한 예술적 영역에서 다른 현저한 성취가 있었다면 그것은 바로 노벨문학상 수상자인 가브리엘 그라샤 마르케즈가 주관한 신남미영화재단에 속하는 국제영화, 텔레비전 및 비디오학교를 세웠다는 것이다. 남미, 아시아 및 아프리카에서 온 야심찬 영화제작사들은 이 학교의 기초반, 중급반 및 고급반에 입학한다.

2014년 쿠바 아바나에서 개최된 영화제는 '백년동안의 고독'으로 노벨 문학상을 받은 콜롬비아 출신 가브리엘 가르시아 마르케스에게 헌정하는 행사로 치러졌다. 가브리엘 가르시아 마르케스는 콜롬비아에서 태어났으며, 일생의 대부분을 멕시코에서 보냈지만 콜롬비아 국적을 유지했다. 2014년 4월 17일 멕시코 수도 멕시코시티 외곽의 코요아칸 자택에서 향년 87세로 타계했다.

한편, 쿠바혁명 후 정치와 거리를 둔 알프레도 게바라 발데스는 저명한 마르크스 이론가임에도 불구하고 평소 관심이 많았던 예술계에 눈을 돌려 생애 대부분을 영화제작과 음악, 무용 등 쿠바의 문화발전에 정열을 쏟았다. 특히 피델 카스트로가 혁명정부의 안정화를 위해 영화를 대중의 가장 훌륭한 교육수단인 동시에 국가통합의 중요한 견인차로 여기면서 '국립영상아트연구소'를 설립하여 알프레도 게바라 발데스에게 책임을 맡겼다. 쿠바에서 체 게바라와 함께 제2의 게바라로 불리는 발데스는 피델카스트로와 함께 혁명에 참가했던 혁명가이었다.

이로 말미암아 발데스가 이끄는 국립영상아트연구소는 국가의 막강한 재정지원 아래 쿠바 내 유일한 영화제작소이자 가장 강력한 문화콘텐츠 제작기관이 됨으로써 사실상 대국민 선전기관의 견인차 역할을 하게 됐다.

발데스는 이 제작소를 통해 연간 수십편에 달하는 영화는 물론 다큐멘터리 등을 제작했다. 또한 음악스튜디오도 함께 오픈해 누에바 트로바 등 현대 쿠바음악은 물론 남미 특유의 클래식까지 대중들에게 전파하게 된다. 오늘날 쿠바 영화의 고전으로 불리는 '저개발의 추억'(1968), '루시아'(1968), 'Now'(1965) 등이 발데스의 대표작으로 꼽히고 있다.

발데스는 영상아트제작소 초기 선전영화 위주의 제작활동과 달리 1970년대 이후, 영화 등 예술작품에 대한 국가 검열과 공산당의 선전도구화에 반대함으로써 많은 쿠바 예술인들로부터 지지와 찬사를 함께 받기도 했다.

발데스는 1982년 영상아트제작소를 그만두고 9년간 파리 유네스코에서 쿠바대표를 지냈으며, 그 뒤 다시 영상아트제작소에 복귀해 10여 년 간을 관여했다.

1979년에는 '뉴라틴 아메리카 영화제'를 창설해 의장도 맡았다. 그러한 업적을 남긴 쿠바혁명가, 마르크스주의 이론가 그리고 저명한 예술가였던 알프레도 게바라 발데스가 2013년 4월 26일 87세의 나이로 세상을 떠났다.

알프레도와 피델 카스트로의 우정이 깃든 국립 아바나대학 교정(경향신문 & 경향닷컴)

8 텔레비전과 라디오 보급수준은 어떠한가?

쿠바는 쿠바혁명 승리 이래 라디오와 텔레비전의 청취과 시청을 위해 필수적인 선행조건인 전기를 전지역에 걸쳐 공급하기 위해 노력하고 있다. 1975년에 쿠바는 쿠바 가정의 70%에게 전기를 공급하였기 때문에 남미에서 최고수준을 자랑하는 나라중 하나이었다.

1985년에는 전기공급이 85%로 상승하였고 1998년에는 1959년의 약 8배가 늘었다. 오늘날에는 쿠바 국민의 95% 이상에게 전기를 공급하고 있다. 쿠바에는 400만 대의 라디오와 200만 대의 텔레비전이 사용되고 있다.

쿠바에는 5개의 국영 라디오방송국이 있다. 라디오 렐로히(하루 24시간 뉴스만 방송), 라디오 엔씨크로페디아(악기음악만 송출), 라디오 프로그레소, 라디오 레벨데 및 국영 라디오 음악등이다. 이들은 18개 주에 라디오 기지국과 40개 이상의 도시 기지국이 있다.

쿠바에는 4개의 국영 텔레비전방송국이 있다. 쿠바비전, 텔레 레벨데, 카날 에듀카티보(2002년에 개국한 교육문화 체널) 그리고 2004년에 설립된 카날 에듀카티보2(오락, 문화 및 교육니즈를 충족시키기 위해 개국한 새 채널) 그리고 여러 주가 운영하는 지방 텔레비전방송국이 있다.

여행자들을 위한 정보와 엔터테인먼트를 제공하기 위하여 썬 채널이라는 이름의 특별 텔레비전방송국이 영화와 문화와 오락기록물을 방영하고 있고, 라디오 타니노가 쿠바 전역에 걸쳐서 스페인어와 영어로 프로그램을 방영하고 있다.

쿠바리브레
Cuba Libre

chapter 14

쿠바의 음악과 스포츠

1 음악과 쿠바국민간의 관계는 어떠한가?

대부분의 쿠바사람들은 음악에 미쳐있다. 쿠바음악은 아프리카와 스페인에서 온 국민들의 타고난 음악 성향에 영향을 많이 받았다. 흑인 노예들은 아프리카에서 매우 강렬한 문화적 표현인 음악과 춤에 대한 그들의 사랑을 쿠바로 가져왔고 이러한 리듬은 스페인의 음악과 춤과 혼합되었다. 따라서 쿠바 룸바춤, 포장 크레이프를 사용하는 빈민촌 거주자의 룸바춤 그리고 관능적인 과구안코춤(guaguanco)이 탄생하였다.

단자(Danza), 하바네라(탱고와 비슷함) 그리고 마지막으로 단존(Danzon)과 같은 춤들이 쿠바에서 발달되었던 기간인 19세기 전반 50년 동안 쿠바의 카드릴(네 사람이 한 조로 추는 스퀘어댄스)은 부자들에게 인기가 있었다. 게다가 쿠바음악은 오리엔테 주에서 진화하여 쏜(The Son)이라는 음악을 창조하기도 했다.

20세기 라틴아메리카의 음악

- 탱고
- 단존과 쏜 : http://blog.naver.com/annamaria23/220140985334
- 룸바, 맘보, 차차 : http://blog.daum.net/seastar/15956713
- 살사
- 삼바

쏜(The Son)

쿠바가 오늘날 세계음악의 강국으로 등극한 배경에는 쏜(Son)이라는 쿠바 고유의 음악장르가 있었기 때문이다. 오랜 세월 동안 아프리카로부터 약 100만 명에 달하는 아프리카 흑인 노예들이 쿠바로 팔려 왔던 쿠바의 아픈 역사적 배경은 남미지역의 음악들 중 쿠바의 음악이 아프리카 요소를 가장 많이 품고 있는 주요 요인이 되고 있다. 쿠바의 대표적인 쏜도 마찬가지로 아프리카에서 그 원형을 찾을 수 있다. 인상적인 아프리카 리듬에다가 스페인풍의 우아한 선율이 흐르는 이 쏜음악은 힘든 노동을 견디어 내야했던 흑인 노예들의 음악에서 시작되어 쿠바 최초의 대중음악으로 발돋음하게 되었다. 19세기 말 쿠바는 독립하였지만 당시 미국등 서방세계의 자본이 들어오면서 특히 아바나는 세계 최고의 휴양지가 되었는데 그 사교클럽 무대를 중심으로 쿠바음악은 황금기를 누렸다. 그 후 쿠바혁명을 완수한 1959년 이전까지 쏜뮤지션들과 그룹들이 수많은 명곡과 명연주들을 남겨놓았고 이로 인하여 오늘날 쏜이 쿠바음악을 대표하고 있다.

20세기 첫 몇십 년 동안 쏜 음악이 아바나에 도착하여 진솔한 쿠바선율로서 연합되었다. 19세기 말에 최고 정상에 오른 과지라(guajira)와 크리올라와 같은 하바네라(탱고와 비슷한 춤)를 통상적으로 불리어졌던 춤음악은 스페인 오페레타(경가극), 이탈리아 로망스(서정적인 기악곡) 및 프랑스 발라드(느린템포 담시곡)의 조합에서 탄생된 새로운 리듬으로서의 쿠바 볼레로로 나타났다.

볼레로(Bolrero)

볼레로는 느린 템포를 지니고 있는 라틴음악과 춤이며, 쿠바와 스페인에서 유랬다. 볼레로는 현재까지 한 세기 이상동안 꾸준히 인기를 끌고 있다. 스페인에서 시작되었지만 쿠바에서 변형되어 더 유명해졌다. 이러한 음악은 볼레로 이외에도 차차차(cha-cha), 맘보(Mambo) 등에서부터 단존(Danzon)까지 수많은 음악이 쿠바를 지나갔다.(http://blog.naver.com/esth123/220547149543)

많은 사람들은 맘보, 차차가 나타났던 쿠바음악이 1950년대에 최고조에 다다랐다고 믿고 있다. 맘보는 멕시코에서 다마소 페레즈 프라도와 함께 가장 큰 인기를 누렸고, 차차는 엔리크 호린과 아메리카 오케스트라가 창안되었다. 많은 쿠바 7중주, 그룹, 취주악단과 그 외 오케스트라, 작곡가 및 가수들이 이 기간 중에 세계적으로 유명해졌다. 그들 중에는 호세이토 페르난데스가 포함되어 있는데, 그는 관타나모로부터 온 소녀라는 의미의 "관타나메라"로 널리 알려져 있다.

1960년대에는 네 개의 새로운 변치않는 쿠바리듬이 있다. 파초 알로소가 창안해 낸 것으로서 파창가(pachanga), 모잠비크(mozambique), 파카(paca) 및 필론(pilon)등이다. 1960년대 말경, 파블로 밀라네스와 실비오 로드리게같은 걸출한 인물과 함께 1970년대에 와서 완벽하게 무르익은 새로운 서정시노래 운동이 출현하였다.

지난 몇십 년 동안 여러 가지 실험그룹들이 그들의 근본(뿌리)을 상실하지 않으면서도 다른 소리를 추구하며 다른 리듬과 악기들을 가지고 하는 작업을 시현하였다. 세계에서 쿠바음악의 재탄생으로 두 개의 음악적 흐름이 나타나고 있다고 한다 : 하나는 보다 더 전통적인 음악이라는 것이고, 다른 하나는 다른 장르에서 따온 요소들을 혼합하여 더 혁신적인 음악이라는 것이다.

좀 더 최근에는 여러 가지 쿠바음악가들이 아프로-라틴재즈(Afro-Latin Jazz)를 육성시켜왔다. 그들가운데에는 곤잘리토 루발카바가 포함되어 있는데, 그의 음악성은 유럽과 심지어는 미국의 청중들을 깜짝 놀라게 했다. 여러 가지 살사(Salsa)는 1990년대 중반에 나타났으며, 쿠바와 외국에서 가장 인기가 높았다.

쿠바사람들은 두 번에 걸쳐서 그래미상(償)을 수여받았던 덕망있는 재즈연주자이었던 피아니스트 추초 발데스를 특별히 사랑하고 있다.

또한 대부분의 쿠바사람들은 춤추기를 좋아한다. 심지어 식민지 전에도 춤은 쿠바사람들에게 깊은 뿌리를 가진 활동으로 여겨졌다. 스페인의 연대기록자들은 그들의 전통적인 의식(areitos)에서 춤을 매우 좋아했던 원주민(tainos와 siboneyes)의 의상을 언급한 바 있고 또한 그 연대기에는 인디언을 보호하고 인디언이 자유로운 시간을 갖도록 허용하여 그들의 춤에 헌신하도록 하는 조치에 관하여 불평하면서 16세기에 스페인 왕에게 보내기 위해 곤잘로 데 구즈만(디에고 벨라즈케의 계승자)에 의해 작성된 편지에 관한 정보도 들어 있다.

안토니오 누네즈 히메네즈의 조사에 의하면 춤으로 혼합된 원주민의 춤에 대한 사랑은 아프리카사람들, 안달루시안(스페인 남부사람) 그리고 기타 스페인사람들에게 영향을 미쳤다고 한다.

또한 콜롬비아사람인 니콜라스 탄코는 노예무역을 목적으로 한 중국인과의 불법거래를 했는데, 그가 1853년에 아바나를 방문하였다고 언급하고 있고, 또한 '뉴 그라나다에서 중국으로 그리고 중국에서 프랑스로의 여행'이라는 그 책에서 그는 어떻게 미국의 의상이 쿠바에 그토록 많이 와 있는가에 대해 깜짝놀랐다고 한다. 그는 다음과 같이 춤에 대한 열정을 쏟아냈다.

"(---) 아바나에서는 누구나 춤을 춘다. 나이, 사회적 지위 혹은 조건도, 거의 걷지 못하는 어린아이와 노파도, 그리고 선장과 낮은 계급의 노동자들도 아무런 문제가 되지 않는다. 동일한 리듬은 궁전에서나 흑인의 오두막사이집에서도 어디서나 춤을 출 수밖에 없도록 만든다. 심지어는 자신의 발로는 도저히 스스로 춤을 출 수 없는 절름발이도 음악의 리듬에 따라 자기들의 몸을 이동시키는데 만족해 한다. 음악은 개인 집에서나 거리의 오르간에 의해서나 하루종일 들려지고, 누구나 음악의 박자에 따라 춤을 추면서 걷는 사람들을 볼 수 있다. (---)."

1873년에 "스페인의 카리브해 : 쿠바섬"이라는 제목으로 헝가리 방문객이 쓴 논문에는 다음과 같이 씌여있다. "흑인은 설탕공장의 창고에서도 지칠줄 모르고 춤을 추고 있고 혹은 바나나 나무잎 아래에서도 기타를 치고 있다. 나폴리사람들의 탄텔라(남이탈리아의 활발한 춤)보다 수백배 더 시끄러운 그들의 열광적인 춤과 그들이 춤에 바친 시간수는 우리가 진실로 아프리카의 사람들은 어둠에서 새벽까지 하루종일 춤을 춘다는 것을 생각하게 해 준다.

마찬가지로 누네즈 히메네즈에 따라 춤과 파티는 가장 외딴 곳인 산림지역과 산악지역인 맘비세스(mambises)에 의해서 시작된 야영지와 관할지에서 자주 개최되었다. 또한 증거로서는 쿠바의 스페인 통치자로부터의 독립전쟁이었던 10년전쟁(1868~1878) 중 카를로스 마누엘 데 세스페데스 쿠바 독립 지도자가 자기 부인에게 1872년 3월 29일자로 쓴 편지의 일부 초록에서 발견되고 있다. "우리는 사오 아리바(Sao Ariba)를 홀구인으로부터 2마일 떨어진 또랑이 있는 시골에서 소각시켜버렸다. 그들은 억지로 자기들의 요새로 되돌아가지 않을 수 없다.(....).우리의 여가시간동안 실제 정착지를 닮은 우리의 야영지에서는 누구나 사람들이 노래부르고 음악의 박자를 들을 수 있다." 스페인이 쿠바를 1514년부터 식민통치하였고, 1868~1878년의 10년전쟁, 1895년의 제2차 독립전쟁에 이어 1898년 미국-스페인전쟁을 거쳐 파리평화조약으로 독립했고, 그 이후 미국의 군정 후 1902년에 완전히 독립하였다.

또한, 쿠바의 10년전쟁을 분석해 보면, 누구나 카마귀에 있는 시에라 데 나자사 산악에서 맘비(mambi)춤에 관하여 콜로넬 라몬 로아의 개인적 증언을 고려할 수 있다. "우리는 스스로 즐겁게 할 수 있고, 반두리아스(bandurrias, 만달린의 한 형태나 주변에서 흔히 볼 수 있는 기타 그리고 심지어는 어커디온을 가지고 진행하는 여러 가지 춤과 친목회가 있다.(...). 모두들 파티를 상당히 좋아했던 파코 레시오를 기억할 것이다. 그는 1895년 전쟁 후에 사망했다. 그는 가족이 당시에 반대했던 그 독특한 운율을 가진 춤인 가빌란을 춤출 때 비할데가 없이 춤을 좋아했고 사랑했다.

1895년 전쟁중에도 춤은 식지 않았다. 이에 대한 사례로서, 우리는 1896년 6월 30일자로 작성된 당시 지도자였던 로이스 로돌포 미란다 사령관과 부사령관이었던 소장 칼릭토 가르샤 이니구에즈의 일기장을 참고로 할 수 있다. 그날 밤 독립운동 지원자들은 오리엔테주에 있는 산타 리타와 가까운 곳에서 춤을 준비하였고, 거기서 엔리크 콜라조 사령관은 서정시를 가진 카린가(caringa, 아프리카-쿠바 춤)춤을 추었다. " Toma, toma y toma caringa / pa' la vieja palo y jeringa".

시간이 흘렀어도 쿠바사람들은 여전히 춤추기를 즐겼고, 라틴계와 스페인계 요소를 혼합함으로써 콩가같은 리듬, 컴파르사와 파란다, 룸바, 과구안코, 콜롬비아와 얌부, 쏜, 야 몬튜노 혹은 구어라차, 단쫀, 단조네테, 맘보 및 차차를 새로 창안했다.

쿠바사람들이 과거에 즐겼던 것들을 회상하면서 2004년 5월에 독특한 이벤트를 개최했다. 세계에서 가장 긴 쏜이 쿠바 전지역에 걸쳐 300시간 이상동안 쉬지 않고 추었던 바 있다.

쿠바춤의 대명사인 살사는 쿠바에서 뿐만 아니라 한국에서도 약 100만 명의 동호인을 사지고 있을 정도로 매력적이다. 8박자 살사는 특히 송년의 밤을 달구고 있다.

과연 살사란 무엇이길래 이토록 사람을 매료시키고 있을까? 살사(Salsa)란 스페인어로 '소스(Sauce)'라는 뜻으로 정렬적이고 다이내믹한 8박사 리듬의 춤이다. 살사의 기원은 캐리브해 연안의 쿠바나 푸에르토리코로 알려져 있으며, 이들 지역에서는 마을 축제나 파티 때 거의 모든 사람들이 살사를 출 정도로 대중적이란다. 남녀가 손을 마주잡고 밀고 당기는 기본동작과 손을 엇갈려 잡은 후 복잡한 회전을 섞은 응용동작으로 구성된다.

한국에는 1997년부터 전파된 것으로 알려졌다. 살사 포털사이트 '(http://www.latin24.com)'에 따르면 현재 살사 전문 온라인 동호회는 300여 개가 넘고, 동호인은 100만 명이 넘는다고 한다.

살사(포털 사이트)

http://cafe.naver.com/realcuba/3301
https://www.youtube.com/watch?v=Z4e7VcnWCT0
https://www.youtube.com/watch?v=O6kN-usZzew

2 최고 인기가요는 무엇인가?

의심할 바 없이 쿠바에서 최고 인기있는 노래는 관타나모에서 온 여인라는 뜻의 관타나메라(Guantanamera)인데, 이 노래의 대중적인 리듬은 전세계에 걸쳐 널리 잘 알려져 있고, 일반적으로는 쿠바사람들과 함께 공동회의에서 불려진다. 이 노래는 작곡가겸 가수인 호세이토 페르난데즈(1908~1979)에 의해서 1929년에 작곡되었다. 처음에는 단순히 즉흥적으로 만들어진 10줄의 음운이 추가된 반복구이었다.

1948년부터 1959년까지 그는 그 노래를 더욱 더 대중적으로 만들기 위해 "관타나메라(Guantanamera)"곡을 설명하는 라디오 프로그램을 진행했다.

지난 1950년대에 쿠바 음악가인 엑토르 안굴로(Hector Angulo)는 미국의 어느 연회장에서 호세 마르티 베르소스 센실로스(단순한 음운)의 일부를 관타나메라(Guantanamera)에 접목시켰다. 미국의 대중가수 피터 시거는 자기의 레퍼터리 성과를 통합하여 그는 쿠바혁명과 연대하여 1863년 6월 8일 뉴욕의 카네기홀에서 갖은 음악회에서 그 노래를 세계적으로 유명하게 만들었다.

쿠바 '부에나비스타 소셜클럽' 마지막 생존자 오마라 포르투온

쿠바 여행을 꿈꾸는 사람들의 마음속에는 주름진 세월이 내려앉아 있는 아바나(Habana)의 구시가지 풍경과 카리브해를 바라보는 해안을 따라 길게 뻗어 있는 방파제 길 말레콘(Malecon)이 자리하고 있을 것이다. 그리고 또 하나, 듣는 사람들의 몸과 마음을 사로잡는 음악도 빼놓을 수 없다. 부에나 비스타 소셜 클럽(Buena Vista Social Club)이라는 전대미문의 프로젝트 밴드가 등장한 지도 이제 15년의 세월을 넘어가고 있다. 인생의 황혼기에 다시 한 번 절정의 전성기를 맞았던 노대가들이 보여 준 음악에 대한 순수한 열정은 음악팬들의 뇌리에 잊지 못할 추억을 선사했고, 쿠바 음악의 전통적인 멋을 다시금 각인시켰다.

'쿠바의 영원한 디바'로 각인된 오마라 포르투온이 그의 음악인생 60년을 기념하여 2008년 9월 한국을 네 번째로 찾은 바 있다. 그녀는 현존하는 마지막 보컬리스트이다.

체제상으로는 우리에게 아직도 먼 나라인 쿠바는 이들의 활약 이후 심리적으로는 전보다 훨씬 가까워진 것이 사실이다. 아프리카의 색채감이 물들어 있는 독특한 리듬과 매력적인 멜로디이기 때문이다. 아바나의 풍경들 속에 끊이지 않고 이어지는 그 음악은 헤밍웨이나 혁명가 체 게바라(Che Guevara)보다 더욱 선명한 쿠바의 이미지로 다가 온다.(월드 뮤직, 먼나라 가까운 음악, 쿠바음악/http://navercast.naver.com/contents.nhn?rid=232&contents_id=36136)

이 사이트에 들어가면 Guantanamera(관타나모 여인), El Carretero(수레꾼), Veinte Anos(20년), Hasta Siemtre(체게바라여 영원하라) 그리고 Dias de Otono(가을의날들) 등 다섯 곡을 들려준다.

쿠바 음악의 진정한 매력, 쏜(Son)

쿠바는 아메리카 대륙을 향해 항해에 나선 스페인에 의해 1492년에 발견되었다. 이 섬의 토착 원주민들은 유럽으로부터 들어온 질병과 스페인의 혹독한 식민지배로 인해 전멸하였다. 이후 스페인은 아프리카로부터 수많은 흑인들을 노예로 데려오게 되었는데, 이로 인해 쿠바는 브라질과 함께 중남미에서 아프리카의 영향을 가장 많이 받은 음악적 특성을 지니게 된다. 아프리카 기원의 많은 민속 리듬들이 들어옴과 동시에 스페인의 식민지배가 이어지는 동안 스페인 사람들의 라틴적인 기질과 유럽 문화의 다양한 요소들이 혼합되면서 음악에도 커다란 영향을 미치게 된다. 이러한 역사적인 배경 속에서 춤과 노래를 중심으로 하는 쿠바의 대표적인 음악들이 만들어지게 된다. 스페인의 무곡 콘트라단사(Contradanza)에 아프리카의 요소들이 결합된 춤곡 단손(Danzon)을 비롯해, 아프리카의 리듬을 바탕으로 시작해 쿠바를 대표하는 세계적인 댄스음악으로 유행했던 룸바(Rumba), 역시 아프리카를 기원으로 하는 쏜(Son)이 그것이다. 19세기 말 쿠바는 독립을 성취하게 되지만, 20세기에 들어 미국의 자본이 급격하게 들어오면서 음악적으로도 큰 변화를 맞이했다. 아프리카와 유럽의 요소들을 바탕으로 한 쿠바의 음악은 미국 재즈의 영향 속에 더욱 세련된 모습과 높은 음악적 완성도를 지니게 되었다. 그리고 미국 자본의 그늘 속에서 최고의 휴양지로 손꼽혔던 아바나의 많은 사교클럽 무대 위에서 쿠바혁명이 일어나기 전까지 황금기를 누리게 된다.

쏜은 쿠바 음악을 이야기할 때 절대 빼놓을 수 없는 중요한 장르의 음악이다. 쿠바혁명 이전에도, '부에나 비스타 소셜 클럽'의 등장 이후 다시 불어온 열풍 속에서도 쿠바 음악의 중심이 되는 음악은 역시 '쏜'이다. '부에나 비스타 소셜 클럽' 최고의 인기곡인 'Chan Chan(찬 찬)' 역시 쏜 스타일의 곡으로서 쿠바 음악을 대표하는 많은 곡들이 여기에 속한다. 특유의 탄력적인 리듬과 밀도 높은 연주, 그리고 매력적인 선율은 쏜 음악의 가장 큰 매력포인트이다. 쿠바 동부에 위치한 오리엔테(Oriente) 주에서 발달한 "쏜 역시 그 원형은 아프리카에서 온 것으로 전해진다. "다양한 타악기가 펼쳐내는 인상적인 아프리카 리듬 위에 전개되는 매력적인 스페인풍의 선율" 이것이 바로 '쏜' 음악의 대명사이다. '쏜' 음악의 가장 특징적인 악기로는 트레스(tres)라는 것인데, 두 줄씩 3현으로 이루어진 기타가 있다. 찰랑거리는 음색으로 풍부한 표정과 이국적인 감칠맛을 더하며 '쏜' 음악의 핵심을 맡는다. 초기의 '쏜' 음악은 트레스와 다양한 타악기가 중심이 되면서 대부분 6중 주단으로 구성되었는데, 쿠바 음악의 황금기였던 1930년대를 지나는 동안 트럼펫이 추가되면서 7중 주단의 형태를 많이 유지하고 있다. 이 7중 주단의 편성이 '쏜' 음악의 가장 이상적인 형태이며, 트럼펫의 추가로 더욱 풍성한 표현이 담긴 음악으로 발전 할 수 있었다. 아바나에서 꽃을 피운 쿠바 음악 황금기를 지나 지금까지도 그 명맥을 유지하고 있는 아바나 7중 주단(Septeto Habanero)을 비롯한 여러 그룹들이 섹스테또(sexteto-6중 주단)에서 셉테토(septeto-7중 주단)으로 그룹명을 바꾸었다.

열정과 우아함을 동시에 지닌 '쏜'은 쿠바 음악 속에 존재하는 여러 음악 스타일의 바탕이 되어 왔고, 미국 재즈계에 신선한 활력을 되돌려 주기도 했다. 그 음악적인 원천을 제공한 아프리카에도 거꾸로 영향을 주었을 뿐만 아니라 멕시코를 비롯한 중남미 여러 나라의 음악에도 큰 영향을 주었다. 뉴욕 히스패닉 사회에서 선풍적인 인기를 얻었던 살사(Salsa)의 핵심을 이루는 요소 또한 '쏜'이다. 쿠바가 월드 뮤직의 절대 강자로 군림할 수 있는 바탕이 된 것이 바로 '쏜'인 것이다. 한 시대를 풍미했던 '쏜' 뮤지션들이 남겨 놓은 수많은 명곡과 명연주들은 지금도 '쏜'이 쿠바의 음악을 대표하고 있고 있다. 또한 많은 뮤지션들이 과거의 영광을 매력적으로 재현하며 '쏜'이야말로 쿠바 음악의 진정한 멋이 담긴 음악이라는 것을 세계에 알리고 있다.

쏜의 중심악기 트레스(Tres)

오랜 역사와 전통을 자랑하는
그룹 섹스테토 아바네로(SextetoHabanero), 1920년.

체 게바라여, 영원하라 새로운 시대의 노래, 누에바 뜨로바(Nueva Trova)

1959년 피델 카스트로(Fidel Castro)와 체 게바라가 이룬 쿠바혁명은 쿠바 내의 음악뿐만 아니라 중남미 전체에도 커다란 영향을 주었다. 새로운 사회의 도래와 함께 미국을 비롯한 서방세계의 자본에 물든 음악들은 설 자리를 잃고 말았다. 아바나의 사교클럽 무대를 중심으로 끝나지 않을 것만 같았던 황금기를 누렸던 음악들은 사라지고, 아바나에서 한 시대를 풍미했던 많은 아티스트들이 무대를 잃고 음악 생활을 그만두거나 해외로 나가 활동을 이어 갔다. 한편, 강대국들의 자본에 휘둘리며 혼란스러운 시기를 보내던 중남미에서는 음악인들의 자각과 함께 거대한 물결의 노래운동이 퍼져나갔다. 민속음악의 발굴에 평생을 바쳤던 아르헨티나의 아타왈파 유팡키(Atahualpa Yupanqui)와 칠레 민속음악의 어머니로 불리는 비올레타 파라(Violetta Para)가 쌓아 놓은 음악적 바탕 위에 진정한 라틴 아메리카의 노래를 되찾고자 하는 움직임이었다. "음악을 통해 라틴 아메리카 사람으로서의 정체성을 회복하자"라는 기치를 내걸고 '누에바 칸씨온(Nueva Cancion - 새로운 노래)'이라는 이름으로 확산되었던 이 노래 운동은 칠레, 아르헨티나 등 열강의 횡포와 독재정권으로 인해 고초를 겪었던 나라들을 중심으로 중남미 전체로 확산되었다. 피노체트의 군대에 목숨을 잃은 빅토르 하라(Victor Jara)나 아르헨티나 음악의 대모로 불렸던 메르세데스 소사(Mercedes Sosa), 우루과이의 다니엘 비글리에티(Daniel Viglietti) 등이 그 중심인물이었다. 이들은 라틴 아메리카에 대한 애정과 어두운 현실을 살아가던 사람들에게 전하는 희망의 메시지를 노래에 담았다. 1960년대 말, 1970년대 초에 본격적으로 일어났던 이 누에바 칸씨온의 정신적 원동력이 바로 쿠바혁명이었으며, 연대의식을 지니고 확산되었던 이 노래운동은 쿠바까지 이어져 '누에바 트로바(Nueva Trova-새로운 음유시)'라는 이름으로 쿠바의 음악을 이끌었다.

혁명 이후 쿠바 정부는 국가 정책 차원에서 이 새로운 음악을 적극적으로 지원했다. 누에바 트로바 물결 속의 음악들은 의미 있는 노랫말과 서정적이면서도 순수한 음악성을 지닌 노래들이었다. 대표적인 인물로는 세계적인 음유시인인 실비오 로드리게스(Silvio Rodriguez)와 파블로 밀라네스(Pablo Milanes)가 지금도 활동하며 음악팬들의 사랑을 받고 있다. 음악적으로는 19세기 말, 20세기 초반 민중들의 삶을 기타와 함께 노래했던 음유시인들의 음악인 '트로바(Trova)'의 전통을 새롭게 해석하고 있으며, 트로바의 시(詩)적인 전통을 어쿠스틱한 사운드 속에 세련된 형식으로 표현했다. 누에바칸씨온의 초석을 마련했던 아타왈파 유팡키나 비올레타 파

라와 같은 인물로 쿠바에는 트로바의 전통을 계승한 카를로스 푸에블라(Carlos Puebla)가 있다. 그는 체 게바라에게 헌정된 가장 유명한 곡인 'Hasta Siempre(원제: Hasta Siempre Comandante Che Guevara – 체 게바라여 영원하라)'를 만든 주인공이기도 하다.

누에바 트로바는 쿠바혁명의 시기에 어린 시절을 보냈던 젊은 뮤지션들의 주도로 시작되어 1970년대를 지나는 동안 뛰어난 음악들을 탄생시켰다.

음유시인 실비오 로드리게스(Silvio Rodriguez), 1968년.

실비오 로드리게스는 예민한 감성을 지닌 특유의 미성과 아름다운 선율, 그리고 은유와 상징으로 가득한 시(詩)적인 노랫말로 찬사를 받아 왔다. 누에바 트로바 최고의 명곡으로 손꼽히는 그의 노래 'Unicornio(유니콘)'은 잃어버린 유니콘을 애타게 찾는 노랫말을 가지고 있지만, 1980년대에 이르러 퇴색되어 버린 쿠바혁명의 빛바랜 이상을 은유적으로 표현한 것이다. 또 한 명의 음유시인 파블로 밀라네스는 쿠바 독립의 아버지로 불리는 시인 호세 마르띠(Jose Marti)와 쿠바 흑인문학의 기수였던 시인 니콜라스 기옌(Nicolas Guillen)의 시를 노래해 주목받았으며, 역시 서정적인 노래들을 발표해 오고 있다.

쿠바 음악 전통의 '쏜'이나 '볼레로'와는 또 다른 느낌을 지닌 '누에바 트로바'의 노래들은 새로운 시대를 맞은 쿠바 음악의 한 부분으로 완전히 자리 잡았고, 아름다운 서정성이 담긴 순수 대중 예술로서 최고의 가치를 인정받으며 지금도 많은 뮤지션들이 그 전통을 잇고 있다.

쿠바음악의 전설로 남을 이름 Buena Vista Social Club

오마라 포르투온도(OmaraPortuondo)

콤파이 세군도(CompaySegundo)

이브라임 페레르(IbrahimFerrer)

엘리아데스 오초아(EliadesOchoa)

미국의 기타리스트 라이 쿠더(Ry Cooder)가 기획했던 '부에나 비스타 소셜 클럽'이라는 이름의 프로젝트는 1930, 1940년대 아바나에서 전성기를 누렸던 쿠바 음악을 재현한 것이었다. '쏜'과 '볼레로(Bolero)'를 비롯한 쿠바 음악의 가장 매력적인 전통을 되살리기 위해 노장 뮤지션들을 찾아냈다. 최고령의 멤버 콤파이 세군도(Compay Segundo)는 쿠바 음악의 중심에서 중요한 역할을 했던 인물이다. 프란씨스코 레필라도(Francisco Repilado)라는 본명으로 'Chan Chan'을 비롯한 수많은 명곡들을 만들어 낸 작곡가이자 뛰어난 기타리스트였다. 또한 '동료'라는 뜻의 'Compay'와 '두 번째'라는 뜻의 'Segundo'로 만들어진 예명답게 매력적인 저음으로 화음을 노래하는 가수이기도 했다. 앨범에서 그와 함께 쿠반 볼레로의 명곡 'Veinte Años(20년)'를 노래했던 오마라 포르투온도(Omara Portuondo)는 '쿠바의 에디트 피아프'로 각광받았던 세계가 인정하는 '디바'였다. 우리나라 음악팬들에게 특히 많은 사랑을 받았던 이브라임 페레르(Ibrahim Ferrer)는 1950년대 최고의 '쏜' 가수 중 한 명으로 그의 목소리는 그룹의 음악에 특별한 색채감을 더해 주었다. 그 외에도 간결하면서도 깊이 있는 피아노 연주로 쿠바 음악 특유의 아름다움을 보여 준 루벤 곤살레스(Ruben Gonzalez), '산티아고의 사자'라는 별명을 지닌 가수이자 기타리스트로 'Chan Chan'의 메인 보컬로 나섰던 엘리아데스 오초아(Eliades Ochoa), 쿠바 음악의 깊은 풍미가 담긴 유장한 트럼펫 연주를 들려주었던 마누엘 '과히로' 미라발(Manuel 'Guajiro' Mirabal) 등 주요 뮤지션들이 당시 일흔에서 아흔에 이르는 고령이었다. 쿠바 음악의 산실이라 할 수 있는 에그렘(Egrem) 스튜디오에서 6일 만에 라이브로 녹음을 마칠 수 있었던 것도 이들 전설적인 노장들의 연륜이 있었기에 가능했을 것이다. 음반의 대히트와 함께 빔 벤더스(Wim Wenders) 감독이 만든 동명의 다큐멘터리 영화가 발표되면서 음악과 함께 이들의 인생도 부각되었고, '부에나 비스타 소셜 클럽'이라는 이름으로 발표된 몇몇 멤버들의 솔로 앨범들까지 더해져 오랜 시간 속에 묻혀 있었던 쿠바 음악의 진정한 멋과 감동을 많은 사람들이 맛볼 수 있다.

쿠바 음악은 거대한 나무의 뿌리에서부터 올라온 많은 가지가 풍성한 이파리를 지니고 있는 모습처럼 다양한 스타일의 음악들이 서로 영향을 주고받으며 발전해 왔다. 그 복잡하게 얽힌 잔가지들을 일일이 다 살펴보기란 힘든 일이다. 하지만 아프리카 음악 전통을 기반으로 하는 대부분의 쿠바 음악 속에는 원초적인 감각을 일깨우는 리듬과 매혹적인 선율, 그리고 음악에 대한 순수한 열정이 담겨 있다. 또한 특유의 율동감은 없지만 음유시인들의 시적인 감성을 지닌 '누에바 트로바'의 흐름 속에 있는 음악들 역시 쿠바의 역사와 쿠바 음악인들이 이어 온 소박한 전통이 담겨 있는 음악임에 분명하다. 우리나라에서도 높은 음반 판매고와 함께 이들의 내한 공연 무대가 열려 음악팬들에게 잊을 수 없는 감동을 전했다. 더불어 영미의 팝 음악 외에 독특한 전통이 담긴 세계 곳곳의 음악들이 국내에도 소개되는 긍정적인 영향을 낳기도 했다. 하지만 한편으로는 너무나 높았던 이들의 인기 때문에 '부에나 비스타 소셜 클럽' 이외의 쿠바 음악들은 국내에 제대로 소개될 기회를 얻기조차 힘든 부작용도 있었다. 한편, 이들의 음악은 프로듀싱과 고도의 마케팅에 의해 다소 과대평가된 부분이 없지 않다고 말하는 평론가들도 있다. 실제로 그 정도 수준의 음악을 표현할 수 있는 뮤지션들은 아바나에 얼마든지 더 있을 것이다. 그러나 그들이 만들어 낸 결과와 그 업적은 충분히 인정받을 만한 것이며, 그들이 남긴 음악과 발자취들은 이미 쿠바 음악의 전설이라 할 만큼 감동적이었다. 현재 '부에나 비스타 소셜 클럽'의 중심인물 대부분은 세월의 무게를 이겨내지 못했다. 콤파이 세군도, 루벤 곤살레스, 이브라임 페레르, 보컬리스트였던 마누엘 리쎄아 푼티이타(Manuel Licea Puntillita), 오를란도 카차이토 로페스(Orlando Cachaito Lopez) 등이 이미 세상을 떠났고, 엘리아데스 오초아는 은퇴한 상태이다. 그래서 더욱 홍일점 보컬리스트였던 '오마라 포르투온도'의 건강한 활동이 기대된다.

3 인기 스포츠는 무엇인가?

스포츠는 쿠바혁명 후에 쿠바에 들어왔고, 쿠바사람들은 이러한 스포츠분야에 노력한 것이 성공적인 것으로 나타나자 이에 대하여 아직도 대단한 긍지를 느끼고 있다. 어디를 가든지 쿠바사람들은 국민스포츠인 야구뿐만 아니라 또한 축구, 배구, 농구, 수영 및 펜싱 등 계절마다 스포츠에 대하여 논쟁을 벌일만큼 대단히 열정적이다.

또한 어린이들도 경기에 참여하여 누구나가 국내대회와 국제대회에서 우승한다. 우리는 어린들이 공원과 공원 가까운 도로 등, 가능한 곳이면 어디서든지 정지선을 쳐놓고 축구공을 차거나 야구공을 던지고 타격하거나 농구공을 던지는 것을 목격할 수 있다.

쿠바 야구 선수, 미국 MLB에서 자유롭게 활동할 수 있을까?

쿠바에 야구가 처음 소개된 것은 1860년대이다. 미국에 유학 갔던 학생들이 돌아와 야구를 전파했고 미국 선원들과 경기를 벌이기도 했다는 기록이 남아있다. 1878년에 첫 쿠바리그가 생겨났으니 야구의 역사가 미국 다음으로 긴 나라이다. 1900년부터는 리그에서 흑인 선수를 받아들였기 때문에 미국의 니그로 리그 선수들이 1908년부터 활발하게 쿠바리그에 진출하기도 했다, 1940년대에는 사탕수수 공장들을 기반으로 실업팀이 많이 생겨나 아마추어 야구도 대단히 활성화 되었다. 1959년 쿠바에 공산주의 혁명이 일어나 모든 프로 스포츠가 일시적으로 말살되기도 했지만 야구광인 피델 카스트로가 '운동선수들도 혁명의 자손들'이라는 말과 함께 아마추어 스포츠로 재편성되는 과정에 야구는 권투와 함께 쿠바의 국기로 자리를 잡았다. 혁명 전까지 쿠바 선수들은 미국 프로야구에 자유롭게 진출할 수 있었지만 1960년 이후 야구 교류는 완전히 중단되었다. 그러나 1990년대부터 미국에서 야구를 하려고 쿠바를 탈출하는 선수들이 나타나기 시작했고 성공 사례들이 나오면서 쿠바 탈출은 끝없이 이어졌다. 그리고 몇 년전 미국 MLB(Major League Baseball)에서는 대단한 쿠바 돌풍이 일어났다.

LA 다저스에서 야시엘 푸이그라는 괴물 신인이 나타나 돌풍을 일으키더니 올스타전 홈런 더비에서는 오클랜드 에이스의 요에니스 세스페데스가 홈런왕에 오르는 기염을 토했다. 푸이그는 약간의 구설수에도 불구하고 눈부신 활약을 펼치며 다저스의 대반전을 주도했고 류현진과 함께 강력한 신인왕 후보로 떠오르기도 했다. 그리고 이들과 함께 또 한 명의 신인왕 후보로 꼽히는 마이애미의 호세 페르난데스 역시 쿠바에서 태어나 어려서 가족들과 함께 탈출한 선수이다. 푸이그는 데뷔 후 80경기에서 3할5푼1리, 14홈런, 32타점에 10도루와 7개의 외야 어시스트를 기록하며 폭발적인 활약하고 있다. 또한 푸이그를 능가하는 타자라고 알려진 호세 아브레유도 최근 쿠바를 탈출한 것으로 알려져 조만간 제3국의 영주권을 얻고 나면 FA로 메이저리그에 뛰어들 것으로 예상되고 있다.

현재 빅리그에서 뛰고 있는 쿠바 출신 선수는 총 25명이다. 그들 중에는 푸이그나 채프만처럼 탈출한 선수들이 대부분이지만 페르난데스나 샌디에이고의 욘더 알론소처럼 어려서 가족과 탈출해 미국에서 청소년기를 보내고 드래프트를 통해 메이저리그에 진출한 선수도 있다. 그런데 이렇게 MLB에 모처럼 쿠바 열풍이 불면서 쿠바 내부적으로는 큰 타격을 받고 있다. 1980년대까지도 국제 아마 무대를 호령하던 쿠바의 힘이 최근 들어 많이 떨어진 것은 이렇게 뛰어난 유망주나 전성기의 선수들이 속속 해외로 탈출하고 있기 때문이다. 특히 인터넷의 발달로 쿠바 출신 MLB 선수들의 활약이 속속 전해지면서 쿠바의 젊은 야구 선수들에게는 동요가 끊이지 않을 것은 당연하다. 최고의 리그에서 활약하는 것도 부럽지만 그들이 벌어들인다는 천문학적인 금액의 연봉을 보면 놀라지 않을 수 없다. 푸이그는 다저스와 7년 4200만 달러 계약을 했고 세스페데스는 4년 3600만 달러를 받는데 동의했다. 채프먼도 6년 3025만 달러 계약을 했고, 21세의 외야수 호르헤 솔러는 커브스와 9년 3000만 달러에 서명했다. 아브레유가 자격을 얻게 되면 5000만 달러 이상의 계약을 할 것이다.

쿠바의 야구 선수들은 리그에서 정상급이라도 연봉이 2000달러 정도에 불과하다. 같이 뛰던 선수들이 탈출해 자신들의 연봉을 하루 일급으로 받는다는 것을 알고 나면 갈등하지 않을 선수는 없다. 최근 들어 쿠바 체육성도 정책을 수정하고 있다. 리그 최고 선수 중의 하나인 27세의 알프레도 데스파녜를 일시적으로 제한된 기간만 멕시코 프로리그에서 뛰도록 허락했는데, 선수가 받는 봉급의 80%는 개인이 갖고 20%는 쿠바 체육성에 상납한다. 과거에도 쿠바 출신 선수가 도미니카나 일본 등에서 뛰는 것이 허락된 적이 있기는 하지만 모두 전성기를 지난 노장들이었다. 그래서 대부분 큰 활약을 보이지 못했고 일본에 갔던 선수는 곧바로 퇴출되기 일쑤였다.

그러나 최근들어서는 전성기 선수에게 외국에서 뛸 기회를 주었고 봉급의 대부분도 본인에게 주는 등 상당히 전향적인 변화를 가져왔다. 라울 카스트로가 집권한 이래 전성기에 외국 리그에서 뛰게 허락하고 봉급도 가질 수 있게 만든 첫 케이스로 알려진 데스파녜는 33경기에서 3할3푼8리에 8홈런으로 활약했다. 쿠바 정부는 앞으로 합법적으로 해외에서 뛸 수 있는 기회를 열어주고 그 선수들이 국내로 돌아와 국가대표와 자국 리그에서도 뛰는 방안을 모색하려는 노력을 기울이고 있으나 이런 정책도 결국은 미봉책에 그칠 것이다. 데스파녜도 멕시코 체류 기간 동안에 탈출의 유혹을 받았다고 털어놓았다. 멕시코나 도미니칸리그와 MLB는 차원이 다르다. 뛰는 선수의 수준도 그렇고 몸값은 비교조차 할 수 없다. 미국에서 선수 생활을 하고 싶다는 꿈을 쿠바 선수들이 버릴리는 절대로 없다. 올 여름에도 아브레유 외에 쿠바 대표팀의 오드리사메 데스파녜와 미사엘 시베리오 등 두 투수가 쿠바를 탈출하였다. 결국은 야구가 미국과 쿠바의 오랜 갈등과 냉전을 허무는 계기가 될지도 모른다.

경제가 최악에 다다른 쿠바는 미국에 선수를 수출하고 그들의 스타들이 벌어오는 돈과 영예를 합법적으로 누리도록 하면서 경제와 사회에 숨통을 틔우게 하려는 의도를 보일 수 있다. 미국 오바마정부는 무조건적인 적대주의 국가의 자세를 버릴 준비가 돼 있는듯하다. 미국도 눈에 가시인 쿠바에게 압박만 가할 것이 아니라 선수들이 자유롭게 미국을 여행하면서 야구를 할 수 있는 식으로 문호를 개방하면서 관계 개선을 이루어가고 있는 것이다.

2014년에 54년 만에 쿠바와 국교를 정상화한 미국이 이번에는 쿠바와 '야구 정상화'를 추진 중이라고 한다. 보도에 따르면 미국 프로야구 메이저리그(MLB) 최고 변호사인 댄 헤일름은 얼마전 뉴욕에서 피델 카스트로의 아들인 안토니오 카스트로를 만났다. 안토니오 카스트로는 쿠바 야구 대표팀 담당 의사이자 국제 야구계에도 관여하고 있는 인물이다. 헤일름 변호사는 그와 만나 쿠바 야구 선수들이 MLB 구단과 자유롭게 계약할 수 있도록 하는 방안을 논의한 것이다.

MLB에는 야시엘 푸이그(LA다저스), 호세 아브레유(시카고 화이트삭스), 아롤디스 채프먼(신시내티 레즈) 등 쿠바 출신 선수들이 맹활약하고 있으나 지금은 쿠바 선수들이 미국에서 프로야구 선수로 뛰려면 목숨을 걸고 쿠바를 탈출해야 한다. 이 과정에서 밀입국

브로커들과 손을 잡고, 그 대가로 미국에서 버는 수입의 상당액을 상납하기로 계약하기도 한다. 탈출을 하다가 해상에서 적발되면 바로 쿠바로 송환된다. 아울러 MLB 사무국은 쿠바에서 일부 경기를 진행할 수 있을지도 타진하고 있다. 사무국 직원들은 지난달 쿠바에 건너가 야구장 등 경기 환경을 점검한 것으로 알려졌다. 쿠바 당국은 오바마 행정부와 MLB 사무국의 이와 같은 움직임에 대해 긍정적인 반응을 보이고 있다고 NYT는 전했다. 그러나 쿠바 선수들이 당장 MLB에서 자유롭게 기량을 펼치기는 어려울 것으로 보인다. 양국이 국교 정상화에는 합의했지만, 미국이 쿠바에 대한 경제제재를 아직 풀지 않았기 때문이다. 이를 해제하려면 의회의 승인이 필요하다. NYT는 "어려운 절차가 남아 있지만, 양국 간에 진행되는 협상은 두 나라의 관계가 얼마나 진전했는지를 보여주고 있어 상징적인 의미가 크다.(조선일보, 2015년 11월 2일)

쿠바 야구선수들의 미국 메이저리그(MLB) 합법 진출의 길이 열릴 것인가? 이에 따라 쿠바선수들이 한국 프로야구(KBO)에서도 뛸 수 있을 지에 대해서도 관심이 쏠리고 있다. 미국과 쿠바간의 야구교류가 진행된다면, 한국프로야구(KBO)도 쿠바로부터 우수한 야구선수를 영입할 길이 열린다. 현재 KBO에는 도미니카공화국 출신 3명과 베네수엘라 1명 등 모두 4명의 중남미 출신 선수가 있다. 쿠바는 캐리브리그는 물론 각종 세계 야구대회에서 이들 나라보다 월등한 성적을 올려왔다. 따라서 우수한 외국인 선수에 목말라 있는 국내 프로구단들이 쿠바에도 눈길을 보내게 될 것으로 보인다.

국내 남자배구 V-리그에는 이미 쿠바 배구선수 3명이 3개 구단의 주공격수로 활약하고 있다. 국가대표 출신의 산체스(대한항공)와 시몬(OK저축은행), 청소년대표 출신의 레오(삼성화재)가 그들이다. 한국은 미국과 달리 쿠바에 대해 별다른 경제제재를 취하지 않고 있고, 쿠바도 배구종목에 대해서는 선수들의 해외진출에 제한을 두지 않고 있다.

쿠바 정부는 얼마전에 50년간의 프로야구 금지령을 해제하고 쿠바 선수들이 오프시즌에 한해 일본, 멕시코 등 외국 야구리그에서 뛸 수 있도록 허용했다. 이에 따라 2013 월드 베이스볼 클래식(WBC)에 쿠바 대표팀 선수였던 3루수 율리스키 구리엘이 100만 달러에 요코하마 DeNA 베이스타스와 계약하는 등 모두 4명의 쿠바 선수가 2014 일본프로야구(NPB)리그에서 활약했다. 그러나 미국 메이저리그(MLB)에서 뛰는 쿠바 선수는 전원이 비합법적으로 쿠바를 탈출한 망명선수들이다. 미국 법에 따라 MLB 보수에서 쿠바세금을 납부할 수 없도록 금하고 있어 망명을 하지 않은 합법 신분으로 계약이 불가능하다.

쿠바 선수들이 직접 망명할 경우 MLB 드래프트에 의무적으로 참가해야 하기 때문에 멕시코, 도미니카공화국, 캐나다 등 제3국에 먼저 망명해 자유계약선수(FA) 신분을 획득한 다음 MLB 팀과 고액 계약을 하는 방법을 택해 왔다. 2014 시즌에 쿠바 선수 13명이 MLB 또는 마이너리그 팀과 계약을 맺었다. 같은 시즌 MLB에 잠깐이라도 출전한 쿠바 출신 선수는 모두 25명. 호세 아브루, 야시엘 푸이그 등 최고액 계약을 맺은 쿠바출신 선수 6명의 계약 총액은 2억 8,000만 달러에 이른다.

쿠바사람들의 스포츠성적을 보면, 쿠바혁명 완수 이래 40년 동안 올림픽경기, 범미주게임 및 중미 및 캐리비안게임등에서 획득한 메달의 90%이상에 해당하는 2,000개 이상의 금메달을 획득하였기 때문에 쿠바사람들은 스포츠역사에서 승리했다고 할 수 있다. 올림픽에서의 쿠바의 성공적인 메달획득 결과는 쿠바 인구수에 비하여 획득된 메달수를 고려할 때 쿠바는 가장 우수한 스포츠그룹 중의 하나라는 사실임을 보여준다.

우리는 1972년 독일 뮌헨에서 개최되었던 제20회 올림픽경기에서 나이 68세에 첫 금메달을 가져왔던 54kg급 권투선수였던 올랜도 마르티네즈를 절대로 잊을 수 없다. 기타 주요 선수들을 소개하면 다음과 같다.

1972년 올림픽경기 권투선수 : Orlando Martinez
1971년 콜럼비아에서 개최된 제6회 범미주경기에서 첫 세계기록을 수립한 쿠바 육상선수(트리플 점프 17.4미터) : Pedro Perez Duenas
1976년 캐나다 몬트리올 올림픽경기에서 400미터와 800미터 트랙경기에서 두 개의 금메달을 획득한 육상선수 : Alberto Juantorens
1972, 1976 및 1980년 올림픽경기에서 연속 3회 챔피언이 된 중량급 권투 선수 : Teofilo Stevenson
1994년과 1998년 세계여자배구 챔피언쉽 결정전에서 금메달을 획득한 여자 배구팀과 스웨덴 괴테보르그에서 개최된 제5회 세계 단거리챔피언쉽 결정전에서 금메달을 획득한 용기와 결심의 모범이된 단거리선수 : Ana Fidelia Qurot

2002년 이래 쿠바는 독특한 스포츠이벤트를 수행해오고 있다. 이것은 곧 쿠바 '스포츠 올림피아드'인데 2년마다 개최되며, 세 개 팀이 경기에 참여한다. 경기에 참여하는 세 개팀은 쿠바의 서부, 중부 및 동부를 대표하는 옥시덴탈팀, 센트랄레스팀 그리고 오리엔탈레스팀이다. 이 경기에서는 많은 열광적인 팬들을 이끌어 낸다.

2003년 도미니카공화국에서 개최되었던 범미주경기의 총 메달표에 따르면, 쿠바대표단이 22개 경기에서 금 72개, 은41개 및 동 39개 총 152개 메달을 획득했다. 경기별로 구분해 보면, 권투, 야구, 카누, 로잉(rowing, 레이스용 경보트shell에 의한 보트 레이스), 레슬링, 유도, 예술체조 및 배구에서는 1위를 차지하였다. 사격, 펜싱, 싸이클, 트랙과 필드경기 및 농구에서는 2위를 차지하였다. 4년마다 개최되는 아시안게임(Asian Game)에 해당한다.

2004년 8월 아테네에서 개최되었던 올림픽경기에 쿠바대표는 총 173명(선수 159명과 훈련원 17명)으로 구성하였으며, 그들중 일부는 금메달을 포함하여 좋은 기록을 획득하였다. 참가선수의 평균 나이는 23세로서 올림픽에 참가했던 역대 대표선수들중 가장 젊었다. 육상선수들의 95.3%는 이미 국립체육학교 경기에 참가한 경험이 있으며, 그들중 70%는 올림픽경기에 처음으로 참가하였다. 그들의 평균 학력은 대학교 2학년 수준이었다.

1896년 첫 올림픽(그리스, 아테네)이 개최된 이후 북한은 1972년에 첫 참가하였으나 쿠바는 1992년(스페인, 바르셀로나)에 북한과 함께 참가하였다. 2008년(중국, 베이징), 2012년(영국, 런던)에는 불참하였으나 2016년 브라질 리우 데 자네이로에서 개최될 올림픽에 쿠바가 참가할 것으로 예상된다.

4 스포츠 올림피아드는 무엇인가?

21세기에 들어서면서 쿠바는 '쿠바스포츠올림피아드'라는 독특한 스포츠경험을 세계에 알렸다. 이 스포츠이벤트의 시작은 2002년 11월 26일 피델 카스트로 대통령에 의해 이루어졌고, 12월 8일에 최고조에 이르렀는데, 이 스포츠축제는 최고의 경기내용을 자랑하고 1,585명의 선수(959명의 남자 및 626명의 여자)가 참여하는 열렬한 참여 때문에 진실한 스포츠 축제로 인식되었다. 한국의 전국체육대회에 해당한다.

경기 기간 중에는 쿠바전역에 걸쳐져 있는 여러 가지 스포츠시설에서 개최되며, 11개 국가(최고)기록이 갱신되고 4개 기록은 동일하였다. 치열한 경쟁 결과 오리엔탈팀이 116개 금, 97개 은 및 101개 동을 획득하여 우승을 차지했다.

매우 악명높은 이벤트가 경기가 최고조에 다다르기 전날 발생했다. 즉, 역사적인 혁명광장(플라자 데라 리벌루션)에서 초등학생, 젊은이 및 중년시민들이 세계에서 가장 큰 규모의 11,320개의 서양장기판을 들고 행진하는 서양장기 행진이 동시에 일어난 것이다. 이 체스행진에 참여한 자들 중에는 최고사령관과 혁명광장의 자치시에서 주간보호센터에서 보살핌을 받고있는 다섯살난 소녀도 들어 있었다. 쿠바가 서양장기 체스가 1518년에 미주에서 처음으로 시작된 캐리브해에서 가장 큰 섬중 바야모도시이었다는 것이 기억되었다.

2년 후인 2004년에 에델은 또한 이러한 쿠바의 독특한 스포츠운동에 참여했다 : 그는 제2차 쿠바 스포츠 올림피아드를 시작했다. 그는 쿠바에서는 교육, 보건 및 문화의 혁명뿐만 아니라 또한 스포츠에서의 혁명도 있다고 말하기도 하고, 또한 올림피아드가 개최되는 그 해에는 혁명과업이 초보자를 위한 17개 스포츠학교에서 수행되고 여기에서 교육기법에서의 가장 인상적인 발전이 실행된다고 언급했다.

그는 또한 다른 나라에서 일하고 있는 고귀하고 힘든 작업지도자에 대해서도 언급했고, 그 작업지도자들은 제3세계에서의 스포츠발전에 기여한다는 것도 언급했다. 그는 또한 그들의 학생들이 쿠바 국기가 게양되는 횟수를 증가시키고 그리고 쿠바의 국가(國歌)가 가장 칭송받는 국제경쟁에서 들려질 목적을 가지고 쿠바 육상운동가들에 대응하여 강력한 경쟁에 참여하였다고 말했다. 이러한 국제경쟁에서는 쿠바사람들이 대단히 많은 것을 배우고 또한 쿠바사람들의 조국의 국가(國歌)의 선율을 듣는 것이 가능하게 할 것이다.

아름다운 폐막 의식은 어네스토 체 게바라사령관의 유해와 그의 전우가 보존되어 있는 장엄한 무덤옆에 있는 산타 클라라도시의 혁명광장에서 개최되었다. 의식순서 마지막에 거대한 동시적 장기판 행진이 거행되었는데 이 행진에 등장한 13,000개의 장기판은 기네스북에 기록되었고, 종전 세계챔피언이었던 아나톨리 카르포프가 참가한 것이 추가적인 장점으로 여겨졌다.

이러한 국민축제기간 중에, 가장 훌륭한 운동선수들은 다음과 같다. 체육전문가인 에릭 로페즈와 레야넷 곤잘레스(각각 7개와 5개 금메달리스트), 수영선수인 이마데이 루네즈(7개 금메달리스트), 그리고 싱글레스 자이 알라이챔피언인 왈타리 아구스티, 입시 모레노같은 햄머던지기의 국가기록 보유자 및 금메달리스트, 및 카누선수인 랜시 마르티네즈와 레디스 F. 발세이로 등 다섯개 혹은 세계 타이틀 보유자들이다. 지리적 영역에 따라서 옥시덴탈팀이 1등이고 그 다음이 오리엔탈과 센트랄레스팀이다. 이번의 두 번째 올림피아드는 31개 국가 선수들이 참가한 쿠바국민축제로 판명되었다.

쿠바리브레

Cuba Libre

chapter 15

쿠바의 관광

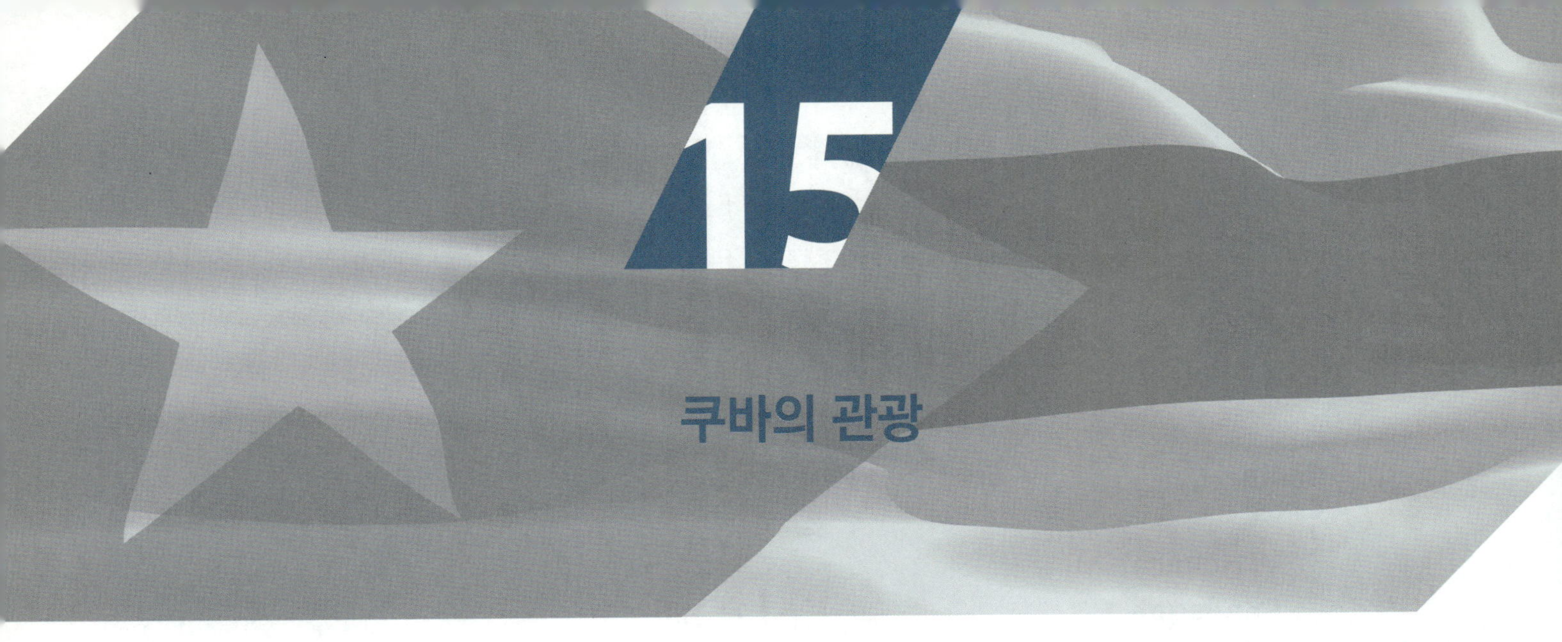

15 쿠바의 관광

1 관광산업은 어떠한가?

최근 몇 년 동안, 쿠바에서도 '매연없는 산업'이 쿠바경제에 얼마나 중요한 사항인가를 인식하게 되었다. 일부 전문가들은 심지어 여행업은 쿠바의 경제회복을 위한 원동력이 되었던 것 이상으로 중요하게 되었다고 평가하기도 하였고, 쿠바 경제의 중심 산업이 되었다. 여행업은 경화측면에서 국가예산에 기여했을 뿐만 아니라 또한 일자리와 금융의 주요 원천이 되었고 게다가 쿠바 국가생산의 활성화에 중요한 역할을 담당하게 되었다.

1995년에 74만 명 이상의 외국여행자가 10억 달러를 소비하였다. 1997년에 20% 이상 감소했다가 1997년에 약 117만 명의 여행자가 쿠바를 방문했으며, 1998년에 14억 달러를 소비하였다. 이는 매년 백만명 이상의 여행객을 받아들이는 몇 안 되는 나라로서 쿠바의 입장을 더욱 강화해 주는 기록이다.

2000년초에 200만 명의 여행자가 쿠바를 방문할 것으로 기대되었으나 2001년 9월 미국 쌍둥이 빌딩 공격사건인 〈9.11사태〉라는 비극적인 사건으로 말미암아 쿠바는 그 숫자에 도달할 수 없었다. 2001년에 쿠바에 170만 명의 여행자가 방문했고, 2003년에는 190만 명이 여행하였다. 2003년 초(5월30일)에 이미 처음으로 200만 명의 여행자가 쿠바를 방문하였다고 발표하였다.

호텔방의 숫자가 매년 증가하였다. 1990년대 초에 12,900개의 방밖에 없었는데 1996년에는 이미 약 23,000개의 방으로 증가하였는데 그 방들중 대부분은 비치와 도시에 가까이에 있는 호텔이었다. 그러나 2003년 말까지 41,600개 방으로 늘어났는데, 이는 당시 최근에 증축된 호텔이 포함되었다.

흔히 '레저산업'이라고 부르는 데에서 8만 명 이상이 일하고 있으며, 한편으로 25만 개의 일자리가 여행업에 간접적으로 연관되어 있기 때문에 쿠바의 경제는 여행업의 발전에 크게 의존하고 있다.

잘 알려진 국제급 수준의 호텔들의 체인들이 쿠바에 세워지고 있다. 쿠바는 군도라는 지정학적인 좋은 자연조건과 더불어 쿠바 국민들의 친절함, 정치적인 안정성, 안전 및 쿠바의 명성등 강한 소프트파워로 말미암아 여행업이 더욱더 발전할 것으로 본다.

2 주요 관광지는 어느 지역에 분포되어 있는가?

쿠바에는 현존하는 여행시설의 90%를 차지하는 여덟 개 지역이 여행발전의 기여정도에 따라 우선순위가 매겨져 있다. 여덟 곳은 곧 남쪽 중간 및 동해안에 있는 아바나, 바라데로, 트리니다드 앤 씨엔푸에고스, 북쪽에 있는 씨에고 데 아빌라, 까마귀 및 홀귄주, 까나레오스 아르치펠라고 및 젊음의 섬과 카요 라르고섬 등이다.

이러한 면에서 합작투자, 외국신용 및 부동산 프로젝트 같은 외국투자들은 쿠바정부에 의한 여행업 관련 투자이기 때문에 증가하고 있다.

곱디고운 모래비치와 쿠바 군도에 있는 작은 섬에 있는 순수한 자연적인 매력적인 풍경들, 쿠바의 옛도시들, UNESCO가 지정한 세계 문화유산의 일부들, 그리고 굳세게 서있지만 웃고 있는 쿠바 국민들의 생활전설들은 전세계에서 쿠바로 오는 여행자들을 더 많이 오게끔 하는 매력물(매력포인트)들이다.

3 특별 관광거리는 어떤 곳들이 있는가?

몇몇 사람들은 쿠바는 사랑스런 장면, 아름다운 해변, 역사적인 장소 및 문화이외에는 아무것도 없다고 생각하고 있다. 이것이 전부가 아니고 더 많은 것이 있다. 쿠바는 낚시, 스쿠바 다이빙, 사냥, 생태여행등 특별한 관광거리를 제공하고 있다. 게다가 많은 사람들은 과학회의에 참석하기 위하여 그리고 전문적인 과정을 거치기 위하여 쿠바를 방문하고 있으며, 특히 쿠바국민들을 알기 위하여 쿠바에 오기도 한다.

공식적인 숫자를 보면, 16세기와 18세기중에 해적선이나 매년 캐리브해 섬을 강타했던 열대 폭풍우에 의해 1,000개 이상의 선박이 쿠바의 해안 근처에 가라앉았거나 난파되었다. 이들중 하나는 보물을 실은 Nuestra Senora del Rosario선박이였는데, 1590년에 침몰된 이 선박은 최근에서야 피나르 델 리오주 북쪽에서 발견되었다. 이 선박에 관련된 가장 중요한 점은 아직까지도 완벽하게 조사되지 않았고, 고고학적으로 아직 상당히 덜 조사되었다는 것이다. 따라서 이 지역은 국가차원에서 보호받고 있으며 순수한 지역으로 남아있다고 여겨진다.

쿠바는 거대한 수족관처럼 보이는 바다를 향하여 낚시를 할만한 곳이 많이 있으며, 또한 '입큰 농어'를 저장해둔 호수와 저수지가 20개나 있다. 아바나해안의 바로 북쪽 지역은 백색과 파랑색을 띤 청새치류(White and Blue Marlin), 아구자스, 아바니코스, 돌고래, 창모치류, 줄삼치 그리고 다랑어들을 잡을 수 있는 세계에서 가장 훌륭한 곳이다.

어니스트 헤밍웨이 인터내셔널 클래식 마린 피싱 대회와 인터내셔널 블루 마린 대회가 매년 아바나 바로 서쪽에 있는 헤밍웨이 마리나에서 개최되고 있다.

사냥도 또한 훌륭한 관광거리이다. 쿠바는 철새들이 남쪽으로 이동했다가 다시 북쪽으로 되돌아올 때 이용하는 두 개의 비행항로를 가로질러 위치해 있다. 이곳에서 사냥꾼들은 파토스, 실바도레스, 바하마 핀텔레스, 로디 덕 및 철새들을 사냥할 수 있다. 주요 사냥보호지역을 가지고 있는 지역은 피나르 델 리오, 아바나, 빌라 클라라, 쌍띠 스피리투스, 씨에고 데 아빌라, 카마귀예, 홀귄, 그란마 및 산티아고 데 쿠바주 등이다.

생태관광은 자연과 가까이 접촉하면서 여행하는 것으로서 관광도 즐기고 자연을 보존하는 데 기여하는 새로운 형태의 관광이다. 쿠바 지역 전체에는 특별한 생태관광 시설이 있다. 쿠바의 서쪽에는 생물권보호구역으로 정해진 씨에라 델 로사리오 산이 있다. 생물권보호구역으로 정해진 곳은 쏘로아, 비날레스 계곡, 및 라 귀라 국립공원이다.

쿠바 중앙에 있는 자파라 반도 국립공원과 the Cienfuegos-Topes de Collantes-Trinidad지역은 이러한 생태관광시설을 가지고 있다. 그리고 동쿠바에서는 관타나모-카이마네라 지역, 그란마주, 그레이트 씨에라 마에스트라 국립공원 및 디셈바르코 데 그란마(그란마호의 상륙지점)국립공에서도 생태관광이 가능하다.

오울드 아바나 거리

오울드 하나나 거리

아바나거리에서 관광용 탈것들

아바나거리에서 관광용 탈것들

아바나거리에서 관광용 탈것들

시내 옛 건축물

시내 옛 건축물

시내 옛 건축물

시내 옛 건축물

TIENDA
El faro
RON · TABACO · CAFE

Bar Havana Club

del Ron Havana Club

AÑEJO 7 AÑOS
Havana Club
AÑEJO 7 AÑOS
EL RON DE CUBA

시내 옛 건축물

시우다드 아바나 엘 말레콘 바닷가 방파제

Costa Rica Costa Rica Costa Rica Costa Rica
EXPORT RESERVE
Britt
CoffeeTour
www.cafebritt.com
Come discover the origins of the World's Finest Coffee!

FARMACIA INTERNACIONAL
Miramar
cubanacan
TURISMO Y SALUD
R

커피 농장

엘 모로 유적지

엘 모로 유적지

유흥지 쇼

바다 낚시

4 리틀 쿠바, 마이애미는 어떤 곳인가?

미국 마이애미에 위치한 리틀 아바나 거리의 모습. 거리 곳곳에 그려진 익살스러운 벽화가 관광객에게 이국적인 느낌을 더해준다. [사진 제공 = 마이애미관광청]

프랑스 철학자 장 폴 사르트르가 '20세기 가장 완벽한 인간'이라고 표현했던 체 게바라에 대한 환상 때문일까. 아니면 급속도로 산업화가 진행돼 기계 소리, 삭막한 빌딩숲이 사람 내음을 대신하는 미국 사회에 염증을 느꼈기 때문일까. 누구보다도 '사람 내음'에 민감한 소설가들에게 '카리브해의 진주' 쿠바는 동경의 대상이었다. 어니스트 헤밍웨이는 쿠바 혁명이 일어나 1960년 미국으로 추방당하기 전까지 7년가량 쿠바에서 머물며 석양과 칵테일을 즐기기도 했다. 쿠바가 미국과 국교를 단절하면서 '최후의 지상 낙원'으로 여겨졌던 쿠바에 대한 동경 때문일까. 미국, 특히 쿠바와 가까운 곳에는 쿠바 분위기가 물씬 나는 거리가 차츰 생겨나기 시작했다.(매경, 마이애미주재 정석환기자)

미국 동부 해안에 위치한 도시 중 최고의 휴양지로 꼽히는 마이애미. 미드 'CSI:마이애미' 시리즈의 인트로 장면에서 펼쳐지는 에메랄드빛 해변으로 더욱 친숙한 마이애미는 세계 어느 곳보다도 빠르게 발전하는 미국의 모습과 쿠바 해안가에 온 듯한 착각을 동시에 경험할 수 있는 곳이다.

마이애미 남쪽에 위치한 '리틀 아바나' 거리. 이곳에 발을 딛는 순간 쉽게 설명할 수 없는 오묘한 분위기가 온몸에 감돈다.

흥겨운 라틴 음악과 달콤한 과일 향기. 그리고 노천 카페에 앉아 여유 있게 시가와 모히토를 즐기는 중년의 신사…. 리틀 아바나 거리에서 흔하게 경험할 수 있는 모습이다. 처음 보는 외지인에게도 웃으며 손을 흔드는 여유야말로 헤밍웨이를 비롯한 많은 소설가들이 사랑하고 동경했던 쿠바의 모습일 것이다.

거리 곳곳에 그려진 익살스러운 벽화는 이국적인 느낌을 더해준다. 어디에서나 흔히 볼 수 있는 목재 테이블이 식당 곳곳에 깔려 있는데, 이곳의 목재 테이블만큼은 마치 시간을 거스르는 듯한 느낌으로 추억의 깊이를 더해준다. 세계 어느 곳에서도 쉽게 맛볼 수 없는 쿠바 음식 역시 이곳에서는 마음껏 즐길 수 있다. 기름에 튀기거나 구운 바나나, 달콤한 향기가 물씬 풍기는 과일 소스를 활용한 다양한 음식을 보는 것만으로도 침이 꼴깍 넘어간다.

마이애미 사우스 비치 해안가의 모습[사진 제공 = 마이애미관광청]

여기에 모히토 한 잔을 곁들이면 그야말로 '지상낙원'이 따로 없다. 여기서 한 가지 포인트. 사실 모히토는 도수가 만만치 않은 술이다. 한국내에서는 많은 이들이 쉽게 즐길 수 있도록 도수를 크게 낮췄다고 하지만 '오리지널 모히토'는 독주로 꼽히는 럼을 베이스로 해서 만드는 만큼 홀짝홀짝 계속해서 마시다보면 금세 취한다.

쿠바 특유의 여유가 감도는 곳이지만 이곳에도 말 못할 아픔이 있다. 이곳에 머무는 쿠바 출신 주민들 대부분이 수십 년 전 모국에서의 정치적 박해나 경제적 고충을 견디지 못해 미국행을 택한 이들이다. 2014년 12월 미국과 쿠바가 국교를 회복한다는 소식이 전해졌을 때 '본토 아바나'에 거주하는 쿠바인들이 "쿠바 국민에게 '산소'를 들이키도록 해주는 것과 같은 조치"라고 환영한 반면에, 이곳 마이애미에 머무는 쿠바 주민들은 '오바마 정부는 겁쟁이'라는 구호와 함께 시위에 나서기도 했다.

흐린 날 이곳을 찾으면 평소와는 다른 우수에 젖은 분위기가 감돈다. 조국을 떠난 쿠바인들이 리틀 아바나를 비롯해 마이애미 주변에 머물며 느끼는 아픔 때문일지도 모르겠다.

마이애미가 더욱 매력적인 이유는 쿠바의 여유와 화려한 도심이 공존하기 때문이기도 하다. 리틀 아바나 거리를 벗어나 도심 속으로 들어오면 미국에서도 손꼽히는 클럽 거리가 관광객들을 반긴다. 낮에는 에메랄드빛으로 물든 해안가는 밤이 되면 더욱 화려하다.

눈부신 조명과 함께 해안도로를 따라 늘어선 다양한 레스토랑과 카페에서 흘러나오는 음악과 함께 시간을 보내다보면 '과연 이곳이 세계에서 가장 분주한 미국이 맞는 걸까'하는 착각에 빠질 정도. 눈부신 태양빛을 온몸에 받으며 일광욕을 즐기는 것도 좋고 신나는 음악에 몸을 맡겨 흥을 내는 것도 좋다. 무엇을 하든 기대 이상의 추억이 남는 곳이 마이애미다.

마이애미에서 쿠바 아바나 정서를 100배 느끼려면 다음을 기억하면 된다. 첫째, '디즈니랜드' 놓치지 마라. 전 세계 아이들의 '로망' 디즈니랜드가 위치한 올랜도가 마이애미에서 자동차로 4시간 30분 소요되므로 서울에서 부산까지의 거리에 해당한다.

둘째, 헤밍웨이가 사랑했던 키웨스트를 놓치지 마라. 미국 최남단 키웨스트 여행도 추억의 깊이를 더해준다. 마이애미에서 자동차로 편도 4시간 30분 정도 걸린다. 키웨스트로 가는 '오버시즈 하이웨이'에서 바다 위를 달리는 듯한 황홀한 경험을 즐길 수 있다. 셋째, '위대한 대자연' 에버글레이즈를 가라. 번잡한 도심 속을 떠나 대자연의 품에 안기고 싶을 때 관광객을 반기는 것이 에버글레이즈 국립공원이다. 디즈니랜드처럼 친숙한 관광지는 아니지만 '유네스코 세계유산'에 등재된 곳답게 악어 등 다양한 동식물이 관광객을 기다린다. (출처 : 매일경제, 2015년 8월 17일, Tour World)

쿠바리브레

Cuba Libre

chapter 16

쿠바의 종교

1 정부와 교회간의 관계는 어떠한가?

쿠바의 정부와 교회간의 관계는 상호이해의 분위기하에서 긍정적인 방식으로 발전되고 있다. 쿠바혁명은 아무런 간섭 없이 각 기관에게 자유로운 기능을 보장함으로써 교회와 국가, 교회와 학교간에 완벽하게 분리되지 않는다면 진정한 종교의 자유는 존재할 수 없다고 재차 단언하였다.

한편으로, 정부기관은 교회와 종교의 영향으로부터 벗어났고 또 다른 한편으로는 종교기관들은 그들이 활동을 수행하고 신앙의 정신적 욕구를 충족시키는데 필요한 여건을 보장받았다. 따라서 종교의 자유 즉, 쿠바사람들이 좋아는 종교 혹은 어느 종교도 신봉하지 안든지 혹은 유물론적 신앙이든지 무신론을 지지하든지 관계없이 신앙고백할 수 있는 시민의 권리는 보장되고 있다.

게다가 쿠바의 관련법은 종교기관의 활동 범위를 규정하고 있어 제한된 범위내에서의 종교활동만 허용하고 있다. 즉, 종교기관이 쿠바혁명, 교육 혹은 모든 시민의 일할 의무의 충족에 반하여 신앙과 종교를 정하는 것, 조국을 군사적으로 방어하는 것, 쿠바의 상징을 역행하는 것 그리고 헌법에서 규정한 다른 시민들의 의무를 수행하는 것은 불법적이고 상응하는 법적 조치를 받게 된다.

쿠바에서 종교기관은 교회 건축물, 사회원조기구, 수도원학교, 목사관 및 교회용 주택을 소유할 수 있다. 2004년 경제위기가 발생되기 과거 10년에 쿠바 정부는 아바나 성당, 성령의 교회(Espiritu Santo) 및 아바나 교외의 다른 교회들 같은 역사적이고 예술적인 기념물인 교회를 많은 비용을 들여서 보수했다.

수녀회, 수도원, 종교연구소 및 거주지에 살고 있는 여러 남녀종교그룹들은 공동체에 대해 목축노동과 관련 서비스 부문에 종사하였다. 22개 남성 공동체에는 도미니크수녀회, 제수이트(예수)수사회, 프란치스코수사회, 피아리스트교(Mataro라는 곳에서 성(Saint) 요셉 데 칼라산즈가 설립한 그리스도교리 형제회), 카르멜라이트교(카르멜파의 수녀회) 및 캐푸친수사(프린치스코파의 하나)등이 포함되어 있다. 작은 예수형제단(Hermanitos de Jesus)의 성전처럼 몇몇 성전들은 스스로 사회적 노동에 헌신하였다. 54개의 여성 공동체에는 포르사켄 형제의 자매단, 성모 마리아봉사회, 구세주의 사명수도회, 사회봉사 자매회 및 성 빈센트 바울 자선을 실천하는 여성회 등이 포함되어 있다.

종교당국과 쿠바정부간의 관계는 최근들어 더욱 밀착되었다. 예를 들어 1998년에 로마의 캐톨릭교회 최고지도자인 팝존 바울의 쿠바방문을 환영했고, 2003년에는 아바나에 있는 성 브리제의 최성(最聖) 구세주의 사제단의 수도회 취임식 때 그 사제단 원장의 쿠바 방문도 환영했다. 이 캐톨릭 사제단은 1370년에 세워졌으며, 단지 15개국에만 종교적 커뮤니티를 가지고 있다. 또한 쿠바는 예수의 12제 중 하나인 바르톨로뮤, 그리스 정교회의 전(前)기독교대주교의 쿠바 방문도 환영하였는데, 그는 다른 교회의 대표뿐만 아니라 남미에 있는 최초 정교에서처럼 2004년 1월 말에 구 아바나시에서 성(聖) 니콜라스 데 미라 대성당을 위해 일생을 바치기로 하였다. 쿠바 국회의 어떤 회기중에 피델 카스트로 대통령은 종교사제단 구성원들이 쿠바에서 일하고 있는 헌신적인 노력을 칭찬했다.

로마교황은 지금까지 쿠바를 세 번 방문한 바 있다. 요한 바오로 2세가 1998년 1월 피델 카스트로 당시 국가평의회 의장의 초청으로 처음 방문했고, 이어서 2013년 3월 베네딕토 16세가 두 번째로 방문했으며 그리고 2015년 9월 19일 프란치스코 교황이 세번째 방문자가 되었다.

2012년 3월 교황 베네딕토 16세가 쿠바 수도 아바나를 방문해 미사를 집전할 때 라울 카스트로 쿠바 국가평의회 의장과 악수를 하고 있는 모습.(AP=연합뉴스DB)

프란치스코 교황이 2015년 9월 20일 미사를 집전한 바 있는 쿠바 아바나 대성당

프란치스코 교황(왼쪽)이 2015년 9월 19일 쿠바 아바나 공항에 도착해 영접나온 라울 카스트로 대통령과 악수하고 있다. (AP 뉴시스)

2 종교활동은 어느 정도 가능한가?

쿠바는 무종교의 나라이지만 종교의 자유를 존경하는 나라이다. 캐톨릭종교는 쿠바에서 가장 신봉자가 많은 종교이다. 많은 교회들이 매일 미사, 침례, 결혼, 레퀴엠(죽은 자를 위한 미사), 신앙고백 등 종교의식을 행하고 있다.

쿠바에는 10명의 로마 캐톨릭 주교가 있다. 그 들중 아바나와 산토도밍고 데 쿠바에 있는 두 명은 대주교 관구이다. 추기경, 아바나 대주교겸 쿠바 캐톨릭주교 협의회 회장 그리고 13명의 주교(정주교 및 부조교)는 모두 쿠바사람이다.

쿠바에는 54개의 신교가 있는데 주요한 것으로는 장로회, 감리교, 감독주교, 루터교, 침례교, 퀘이커교(프렌드회 ; The Society of Friends의 속칭), 성령강림(오순절)을 중시하는 펜테코스파가 있고 그리고 구세군, 제7일 예수재림강림교, 나사렛교, 신피노스섭교, 및 기드온 복음전도단 등 같은 기타 조직도 있다. 이 모두 총 1,100명에 가까운 성직자가 있으며, 거의 모두 쿠바사람이다.

또한 콩고 룰레(Regla Conga) 혹은 팔로 몬테(Palo Monte)도 널리 알려 있다. 이는 자연의 힘의식에 종점을 두는 종교형태의 한 그룹이다. 쿠바의 서쪽에는 나니긔스모(naniguismo)라는 알려진 불가사의한 아바쿠아(Abakua)남성들의 그룹이 있고 또 다른 곳에는 다른 인종집단에 관련된 영향력이 작은 종파도 있다.

스페인사람들이 쿠바로 가져온 캐톨릭종교의 통합체인 '아프로-쿠바'(Afro-Cuban Religion)종교와 아프리카로부터 온 흑인노예가 가져온 아프리카의식도 또한 쿠바에서는 잘 알려져 있다. 이러한 그룹들은 바바라오(babalao)가 주요한 형태인 상테리아(santeria) 혹은 오차규칙(Regla de Ocha)를 발생시키고 있다.

자애의 성모마리아(Our Lady of Charity) 교회

특히 아프로-쿠바종교(Afro-Cuban Religion)는 크리스토교의 성스럽움과 아프리카의 신(神)인 오리차스(Orichas)가 혼합되어 생긴 것이다. 예를 들어서 쿠바의 자비의 여인은 상테리아에 있는 오바탈라(Obatala)이고, 쿠바의 레글라여인은 예마야(Yemaya)이다. 쿠바에서 매우 높은 존경을 받고 있는 성(聖)라자루스(Lazarus)는 바바루 아베(Babalu Ave)이다. 또한 쿠바사람들로부터 높은 존경을 받고 있는 성(聖)바르바라는 창고(Chango)이다.

그리고 엘 코브레(El Cobre)에 있는 자애의 성모마리아(Our Lady of Charity)은 오춘(Ochun)이다. 이 엘 코브레(El Cobre)에 있는 자애의 성모마리아(Our Lady of Charity)교회는 산티아고 데 쿠바에서 15마일 떨어진 엘 코브레 산꼭대기에 세워져 있다. 엘 코브레에 있는 자애의 성모마리아는 쿠바의 수호신이다.

3 수호신(성직자임명권자)은 누구인가?

엘 코브레에 있는 자애의 성모마리아는 쿠바의 수호신이다. 성모마리아는 노란색 긴 까운을 입었으며, 그녀의 팔에 아기(예수 그리스도)를 안고 있다. 전설에 따르면, 니페만(Bay of Nipe)에서 폭풍우를 만나 거의 난파될 뻔 했던 세 어부가 1608년 어느날 아침에 파도위에서 떠다니는 조그만 여인상과 어린이를 발견했다고 한다. 그 여인상에는 다음과 같은 글씨가 새겨져 있었다고 한다. "나는 자애의 성모마리아다." 그들은 그 조각상에 새겨진 종교신앙과 신념으로 말미암아 그 어부들이 자기들의 생명을 구할 수 있었다고 한다.

이 조각상은 산티아고 데 쿠바시에서 가까운 광부촌인 엘 코브레의 신전에 보관되어 있다. 신도들은 쿠바의 전국에서 봉헌을 하기 위해 그룹으로 모이는데, 특히 미국의 작가 어니스트 헤밍웨이가 1954년에 노벨문학상을 받았을 때 받은 금메달도 거기에 헌납되어 있다.

1998년에 팝 존 폴 2세가 쿠바를 방문하는 중에 엘 코브레에 있는 자애의 성모마리아(Our Lady of Charity)를 쿠바의 여왕으로 임명하였고, 그가 산티아고 데 쿠바 시에 있는 메이어 제너랄 안토니오 마코 혁명광장에서 행한 미사에 서 쿠바의 수호신에 대해 경의를 표했다고 한다.

Our Lady of Charity of el Cobre, Cuba's Patron saint(성모마리아의 사징, 예수님을 품에 안고 하늘 위에 있는 성모마리아의 모습과 그 밑의 바다에서 노를 저으며 그 모습을 바라보는 어부들의 모습을 보여주고 있다)

쿠바리브레

Cuba Libre

chapter 17

쿠바국민의 의식 수준

17

쿠바국민의 의식 수준

1 세계화와 경제발전에 관한 쿠바의 입장은 어떠한가?

과학자, 정치가, 경제학자 혹은 매체근로자들이 참여하는 모든 회의에서는 세계화의 개념을 의제로 다루었다. 전세계를 압박하고 있는 경제적 위기와 오늘날 유행하고 있는 신자유주의 세계화간의 관계는 대부분의 나라에서는 지배자와 피지배자 모두가 관심을 갖는 공통분모이다. 다양한 사상 학파들은 미개발지역에서 지속가능한 개발을 가능하게 할 해결책을 찾으려고 시도하였으나 지금까지 어떠한 해결책도 찾아내지 못했다.

이러한 점에서 쿠바 대통령 피델 카스트로는 1999년 1월 아바나에서 개최된 국제 경제학자회의에서 다음과 같이 설파하고 있다. "현재 쿠바의 관심을 끌고 있는 믿을 수 없고 전례없는 세계화는 역사적 발전의 산물이며, 인간 교화의 산물이며(중략), 현대인들은 아테네의 정치가 페리클레스, 플라톤 혹은 아리스토텔레스보다 더 지적이지 않으며, 우리 현대인들이 오늘날의 극도로 복잡한 세계문제를 해결할만큼 충분히 지적인지 아닌지를 구별하지 못하고 있다.

이것은 거역할 수 있는 과정인가? 아니다. 우리는 어떤 종류의 세계화를 누릴 수 있는가? 우리가 현재 지향하고 있는 것은 신자유주의인가? 그것은 지속가능한가? 아니다. 세계화는 오랫동안 존속할 수 있는가? 절대로 그렇지 않다. 100년 동안? 절대로 아니다. 그것은 오직 10년 동안만 지속할까? 맞다. 오직 10년 만이다. 늦어지기보다는 오히려 빨리 끝나야 할 것이다."

"그러한 변화는 어떻게 도래할 것인가? 우리는 알고 있다. 만연되고, 격렬한 혁명 아니면 대규모 전쟁? 이러한 것들은 있을 법하지 않고, 비이성적이고, 자멸적일 것 같다. 심오하고도 파국적인 위기에 의존할까? 불행하게도 그것은 가능성이 매우 커서 피할 수 없다. 거기에는 여러 가지의 형태의 투쟁이 나오게 되었다."

"어떤 종류의 세계화가 존재할까? 그것은 '연맹의 세계화' 즉, '사회주의와 공산주의의 세계화' 혹은 그밖에 어느 누구든지 가능하다."

자연 그리고 그 자연을 소유하고 있는 인간은 그러한 변화의 부족을 매우 오랫동안 존족시킬 것인가? 아니다. 누가 새로운 세계의 창조가 될 것인가? 지구위성에서 살고 있는 모든 인류일까? 그들의 주요 무기는 무엇일까? 이념 아니면 정직?

쿠바사람들은 세계화에 대한 현재와 미래를 이렇게 생각하고 있다.

2 쿠바역사와 의무에 대한 평가는 어떠한가?

쿠바인들은 20세기 마지막날 밤 아니 21세기 전날밤에 새로운 세기가 되면 어떤 모습의 쿠바가 될까에 관하여 어떤 꿈을 꾸었을까?

쿠바사람들은 건강하고, 그들은 읽고 쓰는 법을 알고 그리고 기대수명이 길어졌다는 것을 알 것이다. 또한 세계에서 가장 많은 교사수, 의사수 그리고 1인당 국민소득이 높아졌을 것이고, 대단히 걸출한 많은 운동선수와 과학자들이 존재할 것이다. 국제공산주의에 대한 열정은 그들의 손에서 사라지지 않았을 것이며, 오히려 병든 자와 가난한 자들에 대한 헌신은 더욱 조명받게 될 것이다. 쿠바인들은 유용성을 감지하고 스스로 행복을 누릴 것이다. 아마 이런 꿈을 꾸었을 것이다.

그러나 쿠바사람들이 생각하는 제국주의에 대한 세계관은 어떠했을까? 제국주의는 이러한 문제의 상태에 관해서는 행복과 거리가 멀다고 판단했을 것이다. 국제공산주의가 추구하는 민족주의적이고, 도덕적이고, 애국적인 감정에 비하여 제국주의는 이념전쟁을 유지하고 있고 가장 상처받기 쉽게 공격하고 있다. 제국주의의 자유시장과 민간기업정책은 세계 전체로부터 더 많이 구매하는 자를 찾고 있으며, 이에 따라 다른 경제권들은 침해당하고 있다. 메스미디어로 인한 문화식민지화는 더욱 더 공격적이 되고 있으며, 사회전체를 통째로 빨아들이고 있다. 쿠바는 외롭지 않고 변화하고 있다.

쿠바혁명 승리 40주년 기념식에서 피델 카스트로는 젊은이들에게 다음과 같이 말했다. "우리의 현재의 전쟁은 어려운 전쟁이다." 피델 카스트로 대통령은 젊은이들에게 '성실할 것이며, 명성을 얻을 것이며, 우리시대의 가혹한 학교생활에서도 배울 것이며, 착실한 이념의 씨앗을 뿌릴 것이며, 반박할 수 없는 주장을 이용할 것이며, 사례를 통하여 가르칠 것이며 그리고 사람의 명예를 위하여 신뢰하라'고 요구했다.

혁명승리 후 45년이 되어서 쿠바혁명 지도자들은 당시까지 내내 달성했던 모든 것들 즉, 그들의 영웅적 행위, 애국심, 투쟁정신, 충성과 혁명적 열정, 특히 오늘날 제국주의에 의해 구속받는 다섯명의 쿠바영웅의 모범적인 행동으로 특징지워지는 영광스러운 국제공산주의 사명에 참가하는 자, 감탄할만한 위엄을 가지고 '불공정하고, 보복적인 그리고 그들의 모국과 국민들의 적군에 대한 잔혹한 행동'에 직면하는 자들에 대하여 국민들에게 축하를 보냈다.

이러한 정신은 또한 60개국 이상의 나라에서 많은 희생을 견디어 내고 그들의 봉사를 수행하는 과정에서 많은 위험에 직면하고 있는 15,000명의 의사들에 의해 구현되고 있다. '미국이나 유럽에서는 현실화시킬 수 있는 인적자본이 결여되어 있기 때문에 인간의 위엄은 미국이나 유럽에서는 절대로 수행될 수 없다'고 피델 카스트로는 곁들여 역설하였다.

쿠바의 의사들, 교사들, 스포츠지도자들 그리고 다른 국제공산주의자들에 대한 위협이나 혹은 공격적 행동이 없이 쿠바 국민들의 단결심과 용기에 대한 표현을 하지 못하도록 방해할 사람은 아무도 없다.

심지어 자신의 목숨을 잃는 자를 대신하거나 혹은 미국의 과격한 관리에 의해서 격려받고 지원받는 테러범들의 공격으로 인한 희생을 대신하여 존경을 받으려는 자들이 많이 있다. 피델 카스트로는 투쟁하는 모든 사람들, 어려움 앞에서 절대로 포기하지 않는 사람들, 창조력을 가진 인간의 능력을 믿는 사람들, 가치와 이념을 기르고 경작하는 사람들, 인간성(박애정신)을 믿는 사람들, 더 나은 세계가 이루어지도록 아름다운 희생을 공유하는 모든 사람들을 축하한다고 설파하였다.

쿠바리브레

Cuba Libre

chapter 18

쿠바에서의 한국에 대한 인식

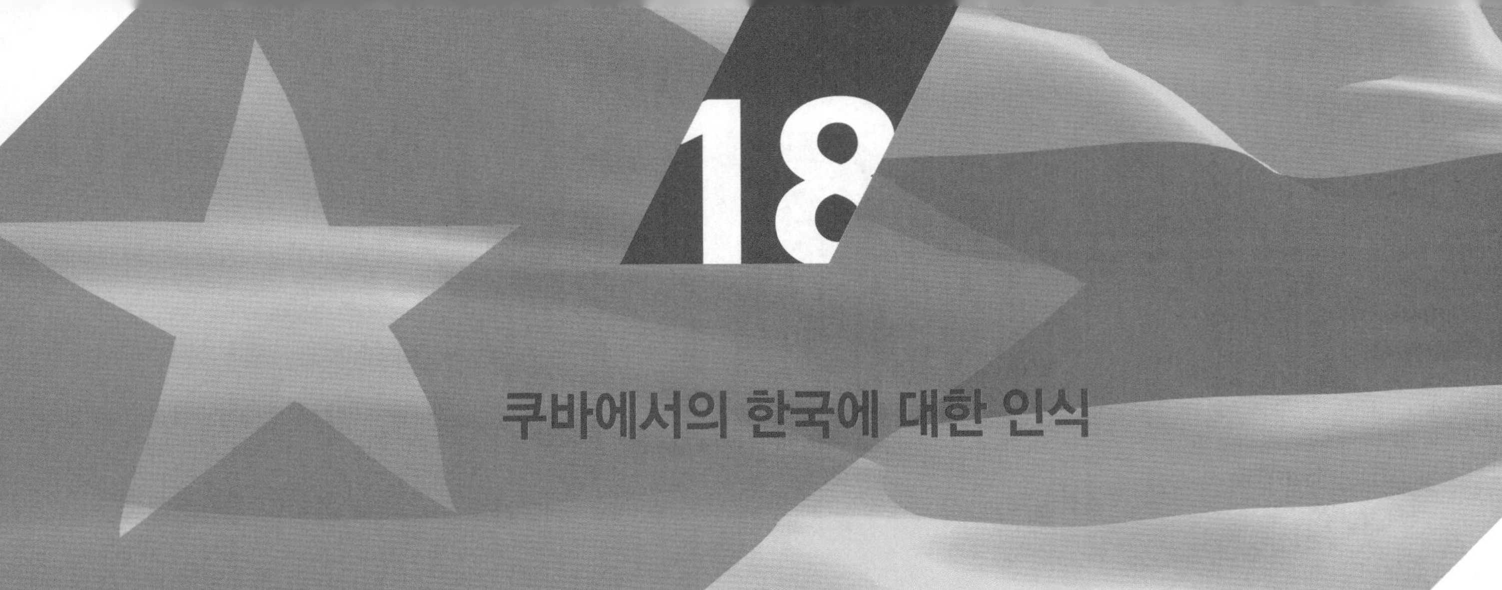

18 쿠바에서의 한국에 대한 인식

1 양국 정치, 외교관계는 어떠한가?

한국은 쿠바와 1949년 7월 1일 외교관계를 수립했으나 1959년 1월 1일부터 외교관계를 단절하였다. 이에 반하여 북한과는 1960년 8월 29일 수교하여 오늘에까지 지속되고 잇다.

2014년 말 기준으로 한국의 수교 현황을 보면, 전세계 190개국과 수교하였다. 한국은 191개 유엔회원국(남·북한 제외) 중 188개국 및 유엔비회원국인 교황청, 쿡제도와 수교하였다. UN회원국중 미수교국은 마케도니아, 시리아, 쿠바이며, 비UN회원국인 코소보와도 수교하지 않았다.

구 분	한 국	북 한	동시수교
아 주	37	26	26
미 주	34	24	23
구 주	53	49	48
중 동	18	16	15
아프리카	48	45	45
계	190	160	157

특히 남북한 단독 수교국 현황을 보면, 한국은 33국과 단독 수교상태이고, 북한은 단지 3개국과 단독수교상태에 있다. 북한은 스와질랜드와 지난 2007년 수교하였다고 발표하였으나, 최근 스와질랜드는 동 수교합의가 무효라는 입장을 공식 표명한 바 있다.

쿠바와 북한과는 매우 가까운 사이이다. 카스트로는 1980 년대 초 북한에서 무기의 대량 공급을받은 적이 있다.

지 역	한 국	북 한
아 주	마셜제도, 마이크로네시아, 부탄, 사모아, 솔로몬제도, 일본, 키리바시, 통가, 투발루, 팔라우, 쿡제도 (11)	
미 주	미국, 볼리비아, 아르헨티나, 아이티, 에콰도르, 엘살바도르, 온두라스, 우루과이, 코스타리카, 파나마, 파라과이 (11)	쿠바 (1)
구 주	교황청, 모나코, 안도라, 에스토니아, 프랑스 (5)	마케도니아 (1)
중 동	사우디아라비아, 이라크, 이스라엘 (3)	시리아 (1)
아프리카	남수단, 보츠와나 , 스와질랜드* (3)	
계	33	3

한편, 남북한 동시에 수교한 나라를 보면, 157개국이 된다. 아시아 26개국, 미주 23개국, 유럽 48개국, 아프리카 45개국 및 중동 15개국이다. 이렇게 볼 때, 북한하고만 수교한 국가 중 쿠바가 시리아와 마케도니아와 함께 포함되어 있다는 것이 어울리지 않는다.

2 양국 경제, 무역관계는 어떠한가?

쿠바의 국내 경제상황을 보면, 국내경제 상황은 양호한 편이지만 대외거래는 불안하다. 특히 외환사정과 외채문제가 매우 취약한 편이다.

한편 한국과 쿠바간에 체결한 주요 협정은 현재까지 전무하고, 투자건수도 전무하다. 그럼에도 불구하고 무역은 소규모나마 지속되고 있다. 주요 수출품목은 발전기, 자동차, 자동차부품, 의료기기, 타이어 등이며 주요 수입품은 커피, 설탕, 알루미늄, 웨이스트/스크랩, 럼 등이다. 수출액을 보면 2011년에 7400만 달러, 2012년에 7400만 달러, 2013년에 5800만 달러 그리고 2014년 5600만 달러이며, 수입액 현황을 보면 각각 3,000만 달러, 200만 달러, 1,000만 달러 그리고 1200만 달러이다.

	경제지표	단위	2011	2012	2013	2014e	2015f
국내경제	GDP	억 달러	601	630	656	674	714
	1인당 GDP	달러	5,380	5,640	5,860	6,040	6,390
	경제성장률	%	2.8	3.0	2.7	1.2	3.9
	재정수지/GDP	%	-1.7	-3.7	-1.2	-4.7	-3.3
	소비자물가상승률	%	4.8	5.5	6.0	5.3	4.4
대외거래	환율 (달러당, 연중)	Ps	1.0	1.0	1.0	22.6	18.2
	경상수지	백만 달러	70	-268	-1,055	-943	-1,322
	경상수지/GDP	%	0.1	-0.4	-1.6	-1.4	-1.9
	상품수지	백만 달러	-7,850	-7,970	-9,207	-9,262	-8,726
	수출		6,170	5,900	5,566	5,670	6,570
	수입		14,019	13,869	14,773	14,932	15,295
	서비스수지		10,089	11,741	12,198	11,556	11,581
	외환보유액		4,393	4,693	4,993	4,993	..
외채현황	정부채무/GDP	%	70.1	67.8	42.0	42.8	41.2
	국내정부채무/GDP		0.0	0.0	0.0	0.0	0.0
	해외정부채무/GDP		70.1	67.8	42.0	42.8	41.2
	총외채잔액	백만 달러	42,086	42,711	27,555	28,879	29,441
	총외채잔액/GDP	%	70.1	67.8	42.0	42.8	41.2
	단기외채	백만 달러	2,572	2,592	2,792	2,548	..
	외채상환액/총수출	%	19.3	21.3	17.4	18.5	17.2

자료 : 한국수출입은행, 해외경제연구소,

3 쿠바 피델 카스트로 철권통치 위기를 벗어나게 해준 한국의 절전형 가전제품의 위력은 어느 정도인가?

2005년 쿠바 정부는 전력시설 부족으로 잇따라 정전사태가 빚어지면서 민심이 폭발 직전에 이르자 '에너지혁명(Revoucion Energetica)'으로 명명한 대규모 국책사업을 시작했다. '쿠바를 밝혀라'를 슬로건을 내걸고 대대적인 발전 설비 확충에 들어간 것이다. 일본과 독일 등 내로라 하는 글로벌 발전설비 업체들이 모두 뛰어 들었다. 그러나 이 사업을 따낸 곳은 다름아닌 당시 발전설비 사업의 초년병과도 같았던 현대중공업이었다. 게다가 쿠바는 우리나라와 국교를 맺지 않은 상태였다.

아이티의 수도 포르토프랭스에 설치된 현대중공업의 이동식발전설비

그러나 '현대' 특유의 부지런함과 성실성에 매료된 쿠바 지도자 피델 카스트로의 마음을 움직였기에 이런 일이 가능했다. 외상거래가 관행화돼 있던 쿠바 정부는 이례적으로 공사 선수금(10%)을 내 줄 정도였다. 현대중공업은 2005년부터 2007년까지 네차례에 걸쳐 총 125만킬로와트(kW) 규모의 8억 5천만 달러짜리 이동식발전설비(PPS) 644기를 쿠바에 수출했다.

현대중공업이 세운 발전소는 쿠바 수도 아바나의 전력 30%를 공급하게 됨으로써 현대중공업이 쿠바를 밝혀주고 있는 것이다. 이동식발전설비(PPS)는 디젤발전기와 엔진 등 발전소 운용에 필요한 설비들을 40피트 컨테이너 내에 담은 소규모 패키지형 발전소다. 1기당 1.7MW 규모의 전기를 생산할수 있는데 이는 동시에 3,000~4,000가구에 공급할 수 있는 전력이다.

쿠바 현대발전소 방문

4 현대중공업이 회수불능했던 한국의 대쿠바 타이어 수출대금(270만 유로)을 받아내게 해 주었다는 것은 무엇을 의미하는가?

한국타이어가 2001년에 쿠바 정부에 수출한 타이어 수출대금(143만 유로)과 그동안의 이자(64만 유로)를 포함한 총 207만 유로(약 30억 원) 대금을 쿠바 정부가 차일피일 미루자 한국무역보험공사는 한국타이어에 보험금을 지불하고, 구상권을 갖게 되었다고 한다. 한국수출보험공사 조환익 사장이 구상권을 가지고 쿠바를 방문해 쿠바 중앙은행에서 직접 원금에 이자까지 받아냈다는 것이다. 쿠바 정부가 대금지불을 하지 않으려고 마음먹었던 카스트로의 마음을 돌려 잡게 된 비법은 무엇일까?

쿠바정부는 전력난으로 정권유지가 어려울 정도로 전기사정이 어려워지자 절전형 가전제품이 절실해졌다. 그런데 쿠바 가전 제품 시장을 장악하고 있는 중국산은 절전형이 아니었으나 한국산 가전제품(삼성, LG)은 에너지효율이 훨씬 높았다. 카스트로는 한국산 발전기와 에너지절약형 가전제품이 절실했기 때문에 한국 타이어대금지급을 더 이상 지체할 수 없었다는 것이다.

5 현대중공업 발전설비가 쿠바 지폐 10페소(약 18,000원)에 도안되었다는 것은 무엇을 시사하나?

현대중공업은 2005년 쿠바에 PPS(이동식 발전설비)를 수출한 후 계속적으로 디젤발전기 644대를 공급했다. 드디어 쿠바정부는 현대중공업이 쿠바 국민들에게 전력을 보급하는데 기여한 공로로 2007년 1월 쿠바 중앙은행이 발행하는 10페소 지폐 도안에 현대중공업 발전설비가 채택되었다.

2007년 1월 쿠바 정부는 새로 발행한 10디에즈페소(Diez pesos, 한화 약 1만8천원) 지폐 뒷면에 현대중공업의 이동식 발전설비(PPS) 도안을 삽입한 것이다. 국내 대기업이 수출한 제품이 다른 나라의 지폐에 도안으로 들어간 것은 유일무이한 일이다. 주로 혁명 인물이 등장하는 쿠바 화폐 도안에 이 같은 발전 설비가 들어가게 된 데는 나름대로 이유가 있다. 쿠바는 섬이 많은 데다 수시로 허리케인이 몰아쳐 대형 발전소를 지어 관리하기 어려운 나라다. 그래서 전력난 해결은 그동안 이 나라의 으뜸 과제였다.

2006년을 '전기혁명의 해'로 정한 쿠바는 한국산 이동식 발전 설비를 수입해 쿠바 전역 41곳에 644기를 설치하였다. 2007년부터 쿠바의 전력난은 완전히 해소되었기 때문에 이 발전 설비는 1959년 '사회주의혁명' 이후 두 번째의 혁명 즉, 쿠바의 '전기에너지혁명'을 '승리'를 이루어 냈다.

당시 피델 카스트로 쿠바 국가평의회 의장의 각별한 관심으로 쿠바는 2007년 1월 초 10페소(약 1만원)짜리 새 지폐를 만들면서 '에너지 혁명(Revolucion Energetica)'이라는 문구와 함께 현대중공업이 수출한 이동식 발전 설비 도안을 새기게 된 것이다. 이 설비는 40피트짜리 컨테이너 박스에 엔진과 발전기를 넣어 전기를 생산하는 기기로 발전기용 컨테이너 4기와 컨트롤러 박스 1기가 한 세트로 구성된다. 화폐 도안은 이 발전 설비 한 세트가 모두 들어 있다. 한 세트가 2,000~3,000가구에 25~30년 동안 전기를 공급할 수 있다고 한다고 한다.

이 설비에 대한 카스트로 의장의 애정은 남달랐다고 한다. 쿠바는 2005년 이 발전 설비를 7억 2000만 달러에 주문했는데, 이 금액은 2005년 당시 한국과 쿠바의 연간 교역량(약1억 5000만 달러)의 5배에 육박하는 어마어마한 금액이었다. 그럼에도 불구하고 피델 카스트로 의장이 전례 없이 선수금까지 지급하라고 명령했을 정도다. 심지어는 대장질환으로 입원해 있던 피델 카스트로 의장은 2006년 7월 공사현장을 방문해 한국 현장 엔지니어들을 격려하고 기념사진까지 찍었다고 한다. 그는 한국인 엔지니어들이 하루 12~14시간 일한다는 말을 듣고는 "나만큼 일한다. 한국인의 근면성을 쿠바도 배워야겠다"고 말했다고 한다.

카스트로 의장은 이를 계기로 하여 쿠바를 중남미 전력산업의 허브로 발전시키겠다고 발표하기도 했다. 쿠바가 자국의 얼굴 격인 화폐 도안에 한국 설비를 새긴 뜻은 그만큼 제품을 신뢰한다는 의미로 볼 수 있기 때문에 쿠바에서 뿐만 아니라 전세계 수출시장에서 한국 기업의 미지는 더욱 상승하는 계기가 되었다.

2006년 4월부터 7월까지 울산 현대중공업 엔진사업부 '힘센(Himsen)' 스쿨에서는 이동식 발전 시스템(PPS:Package Power Staition)에 들어가는 엔진인 '힘센'의 조립과 해체 과정에 대한 교육을 받았다. 이들 연수생들은 쿠바로 돌아가 41개 지역에 현대중공업이 구축한 이동식 발전 시스템을 운영 관리하는 핵심 인력으로 일하고 있다.

6 쿠바에서의 한국에 대한 인식은 어떠한가?

쿠바 한인회 회장 안토니오 킴

쿠바에의 한인 후손 이민사를 보면, 1905년에 1,033명의 이민자를 태운 배가 인천 제물포항을 출항하여 멕시코 유카탄 반도에 도착하였다. 애니껭(한국이민자) 선인장 농장에서 일하던 이들 중 약 300여 명이 보다 나은 삶을 찾아 1921년에 쿠바에 도착했다. 당시 경기가 좋았던 사탕수수 사업이 기울기 시작하면서 한인 후손들도 또한 매우 어려운 생활환경에 직면하게 되었다. 아바나에서 2시간 거리에 있는 마탄사스에 모여 살던 이들은 어려운 생활환경 하에서도 상해 임시정부에 독립자금을 보내는 등 고국에 대한 애착을 잊지 않았다. 현재 한인 후손으로서의 1천여 명이 쿠바 전역에 살고 있다. 쿠바 한인 후손회 김함(Antonio Kim Ham, 1942년생) 회장이 한인후손회를 이끌고 있다.

쿠바는 바티스타 정권 시절인 1949년 대한민국 정부를 승인하고 6 · 25 땐 남한에 긴급구호금 279만 달러를 지원할 정도로 한때 관계가 좋았다. 그러나 1959년 피델 카스트로가 집권하면서 국교를 단절했다.

쿠바에는 우리보다 중국인이 먼저 들어와 자리를 잡았고, 상품은 이미 수교한 상태인 일본이 석권하고 있었다. 그러나 전기가 항상 부족한 쿠바에 절전형 LG가전제품이 상륙함으로써 쿠바 가정주부들의 입에서 입으로 퍼져나갔다. 물론 지금도 삼성이 일본회사라고 잘못 인식되었던 것처럼 한국이라는 나라에 대해 알지 못하였듯이 쿠바에서도 LG제품의 우수성은 알았어도 LG가 중국이나 일본제품으로 알았다는 것에 놀라지 않을 수 없다. 그만큼 중국은 인구가 많고 시끄럽기 때문에 중국이라는 나라가 인식되기 쉬었고, 일본은 제품이 우수하였기 때문에 일본이라는 나라가 뇌리에 각인 되기에 충분하였 것에 비하여 한국은 미수교국이었고 더욱이 국가홍보도 매우 미약했던 것이다.

그러나 쿠바 아바나에 KOTRA가 들어가면서 점차 인식이 달라지기 시작하였다. 쿠바 TV에서 방영된 한국드라마 DVD

를 KOTRA가 무상으로 공급하면서부터 달라지기 시작하였다.

2005년 코트라(KOTRA) 아바나 무역관을 개설한 이후 교역량이 늘고 있다. 현재 아시아 국가 중 중국, 베트남에 이은 3번째 교역 국가다. 원활한 경제 협력을 위해선 수교가 필수다.

쿠바 아바나 극장인 라 테아트르 아메리카에서 〈내조의 여왕〉드라마를 방영하면서 한류가 퍼지기 시작하였다. 드라마 주인공 선우선의 인기가 대단하다. 옛날 모든 한국영화는 권선징악으로 전개되었기 때문에 5분만 지나면 내용과 결말을 알아차려 지루하기 그지 없었다.

이에 비하여 쿠바 국영TV는 남미식 텔레노벨레(TV소설)로서 불륜과 치정으로 한 내용을 200회씩 방송되기 때문에 따분하고 지루했다. 그런데 쿠바 국영TV(카날 아바나)가 한국 첫 드라마를 첫 방영하여 시청률이 무려 70%나 되었다. 드라마 전개가 빨랐기 때문에 흥미진진했던 것이다.

그 이후 〈아가씨를 부탁해〉, 〈시크릿 가든〉, 〈대장금〉, 〈꽃보다 남자〉들이 속속 방영됨으로써 한국에 대한 이미지가 크게 달라지고, 한국상품에 대한 신뢰도도 더욱 상승되어 갔다. 쿠바에서 인기있는 한국제품으로는 삼성전자와 LG전자의 휴대폰과 가전제품 그리고 현대자동차의 자동차와 그 부품등이다. 2000년 중반 현대중공업이 제작한 〈발전기〉를 쿠바에 공급하여 쿠바의 전기사정을 양호하게 탈바꿈해 놓은 것이 결실을 맺고 있는 것이다.

실례로 〈2014년 아바나 국제박람회〉장에서는 쿠바 최고 유력한 매체인 공산당기관지〈쿠바 데바테〉등 10개 매체가 은소현(선우선의내조의여왕극중 이름)을 인터뷰하기 위해 몰려들었다.

쿠바 아바나 시중 판매대에서는 〈내조의 여왕〉, 〈상속자들〉, 〈괜찮아 사랑이야〉 등 불법 복제된 한국 드라마 DVD가 한 장에 3쿠바페소(약4,000원)에 팔리고 있다. 심지어 쿠바 국영TV(쿠바비전)은 〈미남이시네요〉가 무단으로 복제되어 방영되기도 하였다. 이것을 제외한 나머지 모든 TV방영 드라마는 한국 KOTRA가 무상으로 제공한 것이었다.

이러한 쿠바에 드디어 한국기업의 지사가 들어서기 시작했다. 현대종합상사와 현대중공업이 공동으로 쿠바발전 및 신재생에너지 시장에 진출하기 위해 쿠바에 지사설치를 검토중이다. 현재는 쿠바와 한국이 미수교국이어서 한국기업들은 캐나다 등 제3국에 있는 수출업체를 중개자로 한 간접무역형태를 취하고 있다.

7 한국기업의 쿠바진출을 위한 무역보험공사를 통한 신용공여는 어떤 수준인가?

2013년 기준으로 쿠바의 국별 수입액을 보면 다음과 같다. 쿠바의 총 수입중 약 32.65%를 석유와 천연가스를 중심으로 베네수엘라에 의존하고 있다.

국제유가 하락으로 말미암은 베네수엘라의 경제상태가 심각한 악화 상태에 직면해 있기 때문에 쿠바의 베네수엘라에 대한 의존도는 감축이 불가피한 실정이다.

쿠바의 2013년 수입액

(단위 : 1000쿠바 페소, %)

순위		수출액	비중
1	베네수엘라	4,801,749	32.65
2	중국	1,533,699	10.43
3	네덜란드령 멘탈리스	1,240,542	8.44
4	스페인	1,226,735	8.34
5	브라질	614,185	4.18
6	멕시코	507,652	3.45
7	이탈리아	460,304	3.63
8	캐나다	450,645	3.06
9	프랑스	411,529	2.60
10	미국	401,810	2.03
17	한국	97,761	0.66

자료 : 쿠바 통계청(Oficina Nacional de Estadistica e Informacion)

8 쿠바 아바나에서 첫 공식 개관한 국제박람회 한국관의 반응은 어떠했나?

쿠바가 개최하는 박람회 중에서 연중 최대 규모로 개최하는 것이 바로 1983년부터 개최해 오고 있는 〈Habana International Fair〉이다. 2015년에는 32회를 개최했고, 2016년에는 33회를 개최할 예정이다.

이 박람회에 한국은 1996년부터 2007년까지 그리고 2012년부터 현재까지 16번째 참가하고 있으나 쿠바와 수교를 하지 않은 관계로 개관식은 별도로 개최하지 않았다. 그러나 2014년말부터 미국과 쿠바간의 관계가 호전되어 2015년 11월 2일~7일에 개최한 32회 박람회(2015 Habana International Fair)에서는 처음으로 공식적인 개관식을 개최했다. 이번 박람회에는 미국(첫 참가), 일본(7년 불참했다 재참가), 중국, 러시아, 스페인 등 60여 개국에서 약 4,500여 개사가 참가하였다.

이 〈HIF2015〉 박람회에 한국기업은 16개사가 총 전시회면적 20,000제곱미터 중 909제곱미터를 임대하여 개최하였다. 참가업체 명단은 다음과 같다.

연번	기업명	품목
1	아르코이리스	의료용전자기기
2	비에스 오토파트	자동차부품
3	카스(Cas)	계측기
4	세아스코	축전지
5	오에스씨지	케이블 악세사리
6	하이트진로	주류
7	아마존바이탈	유기농제품, 마스크팩
8	중앙강재	기타철강금속제품
9	릴테크	원격조명릴
10	글로벌그린	화장품
11	코난	캔, 페트음료, 주방용품
12	삼성전자(파나마)	가전 및 통신제품
13	현대자동차(쿠바)	자동차 및 부품
14	현대중공업(쿠바)	기타철강금속제품
15	금호타이어(파나마)	타이어
16	NENEKA(쿠바)	해산물

위 사진은 제 24회 HIF 박람회 포스터이다. 다음의 사진들은 〈2015 HIF 박람회〉 한국관 관련 사진들이다.(KOTRA 제공)

COREA
BIENVENIDOS AL PABELLÓN DE COREA
BIENVENIDOS AL PABELLÓN DE COREA
SAMSUNG
Contenido K(Corea)

쿠바리브레

Cuba Libre

chapter 19

쿠바 방문 준비

19 쿠바 방문 준비

1 테마별 사전 문헌조사가 왜 절대적으로 필요한가?

국내 여행이든 해외여행이든 여행은 새로운 지혜를 얻기 위한 교육의 한 과정이다. 그렇기 때문에 여행을 준비하려면 사전에 여행 목적이 있어야 한다. 교육의 현장속으로 들어가기 위해서는 피교육자가 추구하고자 하는 목적에 부합되는 교실로 들어가야 하기 때문이다. 그것을 우리는 흔히 〈테마여행〉이라고 한다.

그 추구하고자 하는 〈테마〉를 미리 조사한 후 현장에 가서 확인하는 여행이어야 그 여행은 내게 〈내 삶의 지혜〉를 풍부하게 해주게 된다. 그래서 쿠바를 여행하는 방문자들은 쿠바를 미리 공부하고 출발해야 한다. 단순한 여행지 찾아가는 길이나 맛있는 음식을 파는 식당을 알려고 하면 그 여행은 실패하게 마련이다.

시중에 쿠바에 관한 서적들이 많이 나와 있다. 참고문헌에도 나와 있듯이 매우 많이 출간되었다. 그러나 그러한 책들은 쿠바라는 외형적인 단어는 사용했어도 한결같이 〈쿠바의 속〉이라는 내면은 다루지 않고 있다.

쿠바까지 도달하는 데에는 소요시간도 길고, 돈도 제법 많이 든다. 그렇기 때문에 자본주의 사고방식을 추구하고 있는 우리들은 경제성, 성과성, 효과성을 따져야만 한다. 소위 비용대비 편익(비용-편익분석)을 따져봐야 한다. 비용에는 시간과 경비가 주요한 요소이다. 이 비용에 비하여 편익(혜택)이 커야만 쿠바 여행결정을 하게 될 것이다.

어떻게 하면 혜택을 비용보다 훨씬 더 크게 할 수 있을까? 〈테마여행〉을 준비하면 된다. 쿠바에 가서 내가 무엇을 확인하고 돌아올 것인가를 조목조목 기록하고 그것을 하나하나 확인한 후 지워나가야 한다. 그러면 무엇을 확인하러 쿠바에 가야하나? 그것을 도와주기 위해서 이 책을 구상하였다.

이제까지 출간된 쿠바관련 서적에서는 볼 수 없었던 풍부한 내용이 수록되어 있다. 쿠바에 가서 선정된 테마를 확인하기

전에 반드시 쿠바의 과거 역사를 파악하고 현재를 확인하여야 쿠바의 미래를 전망할 수 있기 때문이다.

쿠바의 주요 도시를 샅샅이 방문하여 과거와 현재를 파악하기 위해서는 〈테마〉에 따라 1주일, 2주일, 3주일, 한 달, 두 달, 석 달 그리고 반 년 내지 1년을 준비하여야 할 것이다.

일단 쿠바 아바나에 가면 무의식적으로 자연적스럽 눈에 들어오는 것들은 미리 다 익히고 가야 한다. 쿠바 독립전쟁 영웅 호세 마르티 기념탑, 쿠바 혁명의 전설 체게바라의 숨결, 카밀로 시엔푸에고스의 철제 조상, '7월 26일'선전 표어, 스페인식 건물, 1950년대 공동품 자동차(시보레, 크라이슬러, 뷰익등)

쿠바에 체류할 때 유의할 사항으로는 다음과 같은 것들이 있다. 체제관련이나 비난발언 금지, 대사관이 없기 때문에 여권 분실 주의, 신변안전 및 치안 유의, 식수는 반드시 생수 이용, 전압은 110V와 220V 혼합이니 전기기구 사용시 확인 요함, 사용화폐(CUC) 및 환전(화폐 단위) 주의, 택시는 가급적 CUC로 지불하는 OK택시나 PANA택시 이용, 호텔내 식당이나 바 등에는 현지인 출입 가능하나 객실 출입은 금지 및 시가 구매 유도 호객행위 주의 등이다.

쿠바에 있는 주요 호텔(Hotel Melia Cohiba등)에서 인터넷을 사용하는 것이 가능하나 요금이 1시간당 6CUC 정도이고, 비즈니스 센터에는 20분(기본)에 4CUC, 초과 1분당 0.2CUC 정도이다.

2 쿠바로 안내하는 여행사는 어떤 곳이 있나?

INTERCLUB ㈜인터클럽여행사
대표이사 홍순형 010-3745-8467
서울특별시 중구 무교동 32-2 남강빌딩 1302호

3 출국 준비는 어떻게 하나?

여행사를 통하여 가는 것이 가장 안전하고 편리하다. 그래도 준비해야 하는 것은 이용자이기 때문에 중요한 것 몇가지만 제시해 본다.

· 첫째, 비자받기

비자는 출입국카드이다. 쿠바 비자는 상용비자(비즈니스목적)와 관광비자(Tour Card)가 있으나 비즈니스 목적이라고 해도 관광비자로 입국하는 것이 일반적이다. 과거에 미국을 경우해서 쿠바에 갈 때에는 여권상에 쿠바비자가 들어 있으면 미국으로 입국이 거절되기 때문에 별도로 발급받아 소지하고 있어야 한다. 비자는 주한 멕시코 대사관에서 발급 받을 수 있고, 쿠바 아바나국제공항에서 도착비자를 받을 수도 있다. 물론 비자료(20달러~30달러)를 부담해야 한다. 통상 1개월 체류가능한 관광비자를 발급받는다. 이 기간이 넘으면 비자료가 더 비싸진다. 캐나다 토론토-아바나 운행하는 에어캐나다 기내에서 무료로 배포한다.

· 둘째, 여행자 보험 가입하기

비자를 받을 때 쿠바측에서 요구하는 여행자건강보험에 가입하여야 한다. 2010년 5월부터 쿠바 내로 입국하는 외국인에 대하여 하루 3CUC(약 3.24달러)의 의료보험을 부과하고 있는 바, 예를 들어 7일간 체류하는 항공예약이 되어 있는 경우에는 약 21CUC(약 23달러)를 납부해야 입국심사를 통과할 수 있다. 한국에서 여행자보험에 가입하고 가입증명서를 가지고 가면 더 좋다.

· 셋째, 여행자 휴대 반입품목

DVD, 토스터, 비디오게임, 커피메이커 등 전기 사용제품은 세관압류 품목이다. 전기사정이 충분치 않아 전기소모량이 많은 품목을 가지고 입국할 수 없도록 하고 있다. 출국할 때 찾아가면 된다. 간혹 세관원들이 고의적으로 압류품의 분실 등의 이유로 압류물품을 반환해 주지 않는 경우도 있다.

· 넷째, 출국심사에의 주의사항

출국심사시 여권, 입국시 돌려받은 관광비자, 공항세 인지가 부착된 보딩패스(탑승권)를 세관원에게 제시해야 한다. 출국심사 때 쿠바내에서의 불법 민박통제를 위해 숙박지를 물을 수도 있다. 이 때에는 반드시 호텔이나 정부허가 민박주소를 제시해야 한다.

· 다섯째, 출국세(공항 이용료) 확인

출국세는 어디서나 받고 있다. 한국은 항공권에 포함되어 있을 뿐이다. 귀국할 때, 쿠바에서 출국하든 멕시코 경유이든, 미국 경유이든 공항을 이용하면 출국세(공항이용료)를 부담해야 한다. 쿠바 출국세는 25CUC(미국달러 안받는다)이다. 거스름돈을 잘 챙겨야 한다. 공항세 인지가 부착된 보딩패스와 동시에 거스름돈을 확인해야 한다.

· 여섯째, 쿠바에서 항공권 분실의 경우 찾아갈 곳

쿠바 국립호텔(Hotel Melia Cohiba)근처에 있는 Airline 빌딩에 항공사 사무실이 있는데, 거기에 가서 수수료(20달러~40달러)를 내고 변경해야 한다.

· 마지막으로, 쿠바에서 여권분실의 경우 대처

쿠바에서 여권을 분실하면 대한민국 외교부 영사협력기관으로 공식적으로 지정되어 있는 대한무역투자진흥공사(KOTRA) 아바나무역관을 찾아가야 한다. 아직 한국대사관이 없기 때문이다. 쿠바를 관할하는 대사관은 주멕시코 한국대사관이다. 아바나무역관을 찾아 가면 여권발급신청서, 사진, 여권분실 사유서 등을 작성하여 주 멕시코대사관에 보내면 여행증명서를 발급받을 수 있고, 그 기간은 대략 일주일에서 10일 걸린다.

그 외 쿠바 현지관련 정보를 제공하면 다음과 같다.

구분	내용
기후	· 아열대성 기후로 연중 무덥고, 습한 날씨로 말미암아 서쪽보다 동쪽지역(산티아고 데 쿠바, 관타나모)이 무더운 날씨를 보임. · 12월~2월 : 25도~28도정도로 더위가 덜하나 3월~11월은 최고30도~35도로 고온 · 9월~11월 : 허리케인 집중 내습기간으로 연 강우량이 이 기간에 집중됨
시차	· 한국보다 14시간 늦음(한국 낮2시면 쿠바는 전날 밤 10시) · 3월 초부터 11월말까지 서머타임 기간에는 13기간 늦음
근무시간	· 관공서, 국영기업 : 오전 8시 30분~오후 4시 30분 · 은행 영업시간 : 오전 8시 30분~오후 3시 30분 · 국영상점 영업시간 : 오전 10시 ~오후 6시
주요단위	· 기본 도량형 단위 : 미터법 및 kg · 그러나 과거 1959년 혁명 이전 미국의 실질적 영향력하에 있었기 때문에 실제 생 활에서는 파운드가 많이 사용됨 · 농산물 시장에서 채소 및 과일 무게단위는 파운드임 · 전기규격 : 110볼트 및 220볼트 혼용

4 쿠바로 접근하는 길은 어떤 루트가 있나?

쿠바로의 접근 경로	소요 시간
캐나다에서 쿠바	토론토→아바나(에어 캐나다) 주 5일 1일 1회 운항
미국에서 쿠바	아직은 직항 노선 없음. 멕시코, 바하마, 도미니카공화국, 자메이카 경유하여 쿠바로 접근(조만간 마이애미, LA등 미국 공항에서 쿠바로 직항 항공기 및 마이애미항구에서 선박 운항 예정)
멕시코에서 쿠바	멕시코시티 혹은 칸쿤에서 멕시코항공이 매일 2회 운항. Interjet는 매일 1회 운항
유럽에서 쿠바	런던(Virgin Atlantic), 마드리드(Air Europe), 파리(Air France), 암스테르담(Martin Air)모스크바(Aero Flot)노선 가능
파나마에서 쿠바	아바나-파나마시티구간을 Copa Air가 매일 5회에서 최대 9회까지 운항(성수기와 비수기별로 차이가 있음)

5 쿠바에 도착해서는 어떻게 하나?

구분	내용
환전	본문 제7장 경제 환율편 참조
국제 전화	· 호텔에서는 1분당 10달러 정도로 비쌈. 시내에 국제전화용 공중전화가 있으나 대부분 고장난 상태임 · 한국 이동통신사중 KT만 현지 로밍서비스를 실시하고 있나 매우 비쌈 · 쿠바에서 한국으로의 국제전화 : 119-82-지역번호-전화번호 · 한국에서 쿠바로의 국제전화 : 001(또는 002)-53(쿠바 국가번호)-7(아바나지역번호)-전화번호 · 한국에서 쿠바휴대폰으로 국제전화 : 001(또는 002)-53(쿠바 국가번호)-5(쿠바 휴대폰 코드)-전화번호
인터넷	매우 느리고 비쌈(Kotra 아바나 무역관도 홈페이지에서 공공연하게 접근 불가 문구 공시하고 있음)
휴대폰 대여	· 아바나공항에서 휴대폰 대여 가능(단말기 대여료 및 보증금 요구) · 휴대폰 통화는 선불카드(10CUC, 20CUC)사용 · 아바나공항 1층 CUBACEL 영업소에서 대여받음 · 시내 외국기업들이 많이 입주해 있는 Miramar Trade Center의 CUBACEL에서 임대 가능

위험 지역	· 치안은 비교적 양호함 · Habana Vieja, Centro Habana 등 시내 중심가에는 외국인 대상 소매치기 빈발함 · Malacon 방파제에서 불법 시가 판매, 환전, 사기등이 성행 · 영어를 구사하면 친절하게 접근하는 쿠바인은 조심
팁제도	· 외국 관광객들은 보통 10%의 팁을 줌 · 일부 국영 식당의 경우에는 계산서에 별도로 10%의 팁이 포함되기도 함 · 택시 운전수에게는 거스름돈을 팁으로 줌
아바나 무역관	· 한국공관이 아직 없기 때문에 쿠바여행중 문제발생시에 보호받을 유일한 곳임 · Melia Habana 호텔 맞은 편(Edificio Santa Clara, Of. 142, Miramar Trade Center · 전화 : 204-1020, 1117, 1165 · 근무시간 : 월~금 08:30~17:30(무역관장 휴대폰 : (53-5)279-9159

6 쿠바 주요 호텔에는 어떤 곳들이 있나?

구분	이름	주소	전화번호	특징
호텔	Hotel Melia Cohiba(별5)	Paseo y 1ra, Vedado	(53-7)833-3636	요금은 세금과 식을 포함한 정상요금. CUC기준. 미달러 환율은 U$1=0.8CUC
	Hotel Melia Habana(별5)	Ave. 3ra y 80, Palya	(53-7)204-8500	
	Hotel Tryp Habana Libre(별5)	L y 23, Vedado	(53-7)834-6100	
	Hotel Nacional(별5)	O y 21, Vedado	(53-7)873-3564	
	Hotel Panorama(별4)	70 y Ave. 3ra, Playa	(53-7)204-0100	
	Hotel Occidental Miramar(별4)	Ave. 5ta y 72, Miramar	(53-7)204-3584	
	Hotel Comodoro(별4)	84 y Ave. 1ra, Playa	(53-7)204-5551	
	Hotel Presidente(별4)	Calzada y Ave. Presidente, Vedado	(53-7)55-1801	
	Hotel Montehabana(별3)	Calle 70, enter 5ta y 7ma, Miramar	(53-7)206-9595	
	Hotel Vedado(별3)	O, No.244, Vedado	(53-7)836-4072	

7 쿠바 주요 식당은 어떤 곳들이 있나?

	이름	주소	전화번호	특징
식당	Cafe del Oriente (까페 델 오리엔떼)	Oficios No.1112, Habana Vieja	860-2917, 860-6686	서양요리 고급식당. 1인당 평균 30-40달러. 저녁시간에는 피아노 또는 재즈밴드 라이브 공연
	Don Cangrejo (돈 깡그레호)	Ave. 1ra, No.1606, Playa	204-4169, 204-5002	해산물 전문 식당. 바다와 접해 있어 전망이 좋음. 1인당 평균 15달러
	El Aljibe (엘 알히베)	Ave. 7ma. y 24, Miramar	204-1583, 204-1584	닭고기 요리 전문. 1인당 평균 15-20달러. 10인 이상일 경우에는 예약 필요
	El Palenque (엘 빨렝께)	Ave. 17 y 190, Cubanacan	271-8167	생선, 육류, 피자 등 다양한 음식 제공. 현지인들도 많이 찾는 비교적 저렴한 식당. 1인당 평균 10달러 미만
	El Racho Palco (엘 란초 빨꼬)	140 y 19, Cubanacan	202-8382	숲과 쿠바의 전통적 야외지붕이 어우러진 운치 있는 식당. 쇠고기, 닭고기 등이 함께 나오는 세트 메뉴가 주 메뉴. 1인당 평균 20달러
	La Scala (라 스칼라)	Ave. 3ra y 76, Miramar (Hotel Melia Habana내에 위치)	204-8500	이탈리아 식당. 1인당 평균 20-25달러
	La Bodeguita del Medio (라 보데기따 델 메디오)	Empedrado No. 207, Habana Vieja	867-1374	아바나 구시가에 위치한 관광객용 식당. 이 식당을 찾은 유명인들의 서명 및 사진이 걸려 있음. 육류 및 생선 등 다양한 요리. 1인당 10~15달러
	La Cecilia(라 쎄실리아)	110 y Ave. 5ta, Playa	204-1562	넓은 야외식당. 육류 및 생선 요리. 주말에는 살사 밴드 라이브 공연. 1인당 평균 15~20달러
	La Divina Pastora (라 디비나 빠스또라)	Complejo Morro-Cabana, Habana del Este	860-8341	아바나 항구 입구에 위치. 저녁시간에는 아바나시 및 말레꼰의 정취를 만끽할 수 있음. 바닷가재 전문이며, 해물밥도 추천. 1인당 20-25달러

	La Torre(라 또레)	17, Edificio Focsa, No.55, Vedado	832-7306	31층 전망대 식당. 아바나 시내 전체 조망 가능. 점심시간 추천. 생선 및 육류 요리 1인당 평균 20달러. 예약 필요
	TIEN-TAN(띠엔딴)	Zanja No.1, Centro Habana	861-5478	중국식당. 구 차이나타운(Barrio Chino)에 약 20여개의 중국식당이 있음. 저렴한 식당. 1인당 평균 10달러 미만

8 주요 관광명소는 어떤 곳들이 있나?

	이름	주소
관광 명소	플라사 떼 까떼드랄(Plaza de Catedral), 플라사 데 아르마스(Plaza de Armas)	아바나 비에하(올드 아바나) 지역의 주요 관광명소. 식민지 시대의 건물을 그대로 간직한 대성당 주변은 관광객이 가장 많이 모이는 곳이며, 주말에는 수공예품 시장이 열린다. 중고 책 가게도 몇 개 있고, 주말 야외공연도 가끔 열린다.
	혁명박물관(Museo de Revolucion)	1959년 혁명 이전에 대통령 관저로 사용되었다. 현재는 혁명관련 사진, 무기, 의류 등이 전 시되어 있다. 1956년 혁명군이 멕시코에서 쿠바로 타고 왔던 소형 요트 그란마(Granma)를 볼 수 있다.
	혁명광장(Plaza de Revolucion), 호세 마르티(Jose Marti) 기념탑	주요 국경일에 대규모 군중집회가 열리는 쿠바의 대표적 광장이다. 광장 옆 쿠바 내무부 건 물 벽에 체 게바라의 철제 얼굴 모습이 있다. 아바나의 랜드마크 역할을 하는 호세 마르티 기념탑에는 쿠바의 독립전쟁 영웅 호세 마르티 관련 자료가 전시되어 있다. 엘리베이터를 이용해 꼭대기까지 올라가면 아바나 전경을 볼 수 있다.
	전 국회의사당(Capitoilo)	혁명 이전에 국회의사당으로 사용되었다. 현재는 박물관으로 쓰이고 있다. 건물 앞 계단 아래에 100년 된 사진기로 기념사진을 찍어 주는 노인 사진사가 있다.
	국립미술관(Museo Nacional de Bellas Artes)	Victor Manuel, Wilfredo Lam 등 쿠바의 대표적 현대화가들의 작품이 전시되어 있다.

	모로 城(Castillo de los Tres Reyes Magod del Morro), 까바냐(Fortaleza de San Carlos de la Cabana)	아바나 항구의 초입에 위치하고 있다. 모로성은 1959년부터 1630년에 지어진 스페인 식민지 시대의 요새이다. 카리브의 해적(Bucaneros)들이 아바나 항으로 들어오는 것을 감시하기 위해 건설되었다. 당시 사용하였던 대형 대포들이 전시되어 있다. 아바나 시내 맞은 편에 있어 아바나 시내 전망을 보기에 좋다. 까바냐에서는 매일 밤 9시에 식민지 시절 군복의 스페인 병사들이 포를 쏘면서 성문을 닫는 의식을 거행한다.
	헤밍웨이 박물관(Museo Memorial 'Ernest Hemmingway)	아바나 시내에서 택시로 20분 정도 가면 미국 소설가 헤밍웨이가 살았던 집이 있다. 헤밍웨이는 1960년 쿠바혁명 이후 추방당했다. 내부는 당시의 상태를 그대로 보존하고 있고, 타자기, 동물박제, 9000여 권의 장서가 있다.
	바라데로(Varadero) 해변	쿠바의 외국인 관광객 휴양지. 해변을 따라 호텔이 있고, 카리브해의 연녹색 바다색을 볼 수 있다. 쿠바 유일의 18홀 골프장이 있고, 골프장내에서 혁명 전 미국의 듀퐁家 소유였던 별장을 볼 수 있다. 이 별장은 관광객용 호텔 및 식당으로 사용 중이다.
	아바나 공동묘지(Cementerio Colon)	세계에서 3번째로 큰 규모의 공동묘지로서 약 20만기의 묘지가 있다. 쿠바 독립투사 및 혁명열사 묘지를 비롯하여 아름다운 조각을 한 수많은 묘지가 있다.
	비냘레스 계곡	아바나에서 약 2시간 거리에 위치한 "삐나르 델 리오"에 있는 관광명소로, 천연동굴과 동그란 모양의 산, 거대한 벽화가 관광 포인트이다.

참고문헌

· 강태오, 「체 게바라의 나라 쿠바를 가다」, 마루, 2000

· 김동철, 「쿠바의 경제개혁이 북한에 주는 시사점」, KIEP, 2002

· 김영범, 「20세기 가장 완벽한 인간 체 게바라 VS 대륙의 붉은 별 마오쩌둥」, 숨 비소리社, 2005

· 김영범, 「20세기 가장 완벽한 인간 체 게베라 VS 대륙의 별 마오쩌둥」, 숨비소리, 2005

· 마이크 곤살레스(이수현 번역), 「체 게바라와 쿠바혁명」, 책갈피, 2005

· 마크 크래머(박영원 번역), 「쿠바」, 휘슬러, 2005

· 사석원, 「활홀한 쿠바」, 청림출판, 2004

· 요시다 타로(송제훈 옮), 「몰락 선진국, 쿠바가 옳았다」, 서해문집, 2012

· 유제현, 「느린 희망」, 그린비, 2006

· 윤기관, "한-쿠바 FTA체결을 위한 쿠바의 경제 · 무역관계 분석", 국제지역학회 정기학술대회(2006, 11.4, 동국대학교) 발표 논문, 2006

· 이광호, 「쿠바를 찍다」, 북하우스, 2006

· 이미숙 · 김원호, 「남미가 확 보인다」, 학민사, 2001

· 이성형, 「라틴 아메리카 : 영원한 위기의 정치경제」, 역사비평사, 2002

· 이우일, 「이우일, 카리브해에 누워 데낄라를 마시다」, 예담, 2006

· 장 코르미에, 「체 게바라 평전」, 실천문학사, 2006

· 체 게바라, 「체 게바라 자서전」, 화매, 2004

· 최상진, 「카스트로의 장래 : 북한체제에 대한 시사점」, 세종연구소, 1996

· 쿠바상공회의소, Cuba, Foreign Trade」, 각년도

· 힐러리 헤밍웨이,. 칼린 브래넌(황정아 번역), 「쿠바의 헤밍웨이」, media2.0, 2006

· Carlos Lechuga , 「CUBA and Missile Crisis」, Ocean Press, 2001

· Caromen R. Alfonso Hernadez,「100 questions and answers about CUBA 」, Pablo de la Torriente, 2004

· CEPEC, 「Guide of Export Products, Cuba」, 각년도

· Ciro Bianchi Ross, 「mi Guevara」, Prensa Latina,

· Conner Gorry, 「CUBA」, Lonely Planet, 2004

집필후기

저자는 현재까지 전세계 60개국 정도를 여행해 보았으나 아직도 150여 개국이 남았기 때문에 죽기전에 모두 방문하려면 한번 이상 방문한 나라는 제외시킬 수밖에 없다. 그럼에도 불구하고 다시 방문하고 싶은 나라는 바로 〈쿠바〉다.

처음에는 체 게바라에 푹 빠져 사회주의자라고 오해받기 쉬울 정도이었으나 이 책을 저술하면서 미국 오바마 대통령이 왜 쿠바와 화해를 하지 않으면 안 되었는가를 터득하게 되었다.

쿠바는 1인당 국민소득이 2014년 기준으로 6,000달러 정도이니 낮은 편은 아니지만 높은 편도 아니다. 그럼에도 불구하고 교육, 의료, 문화면에서는 높은 수준을 유지하고 있는 안전한 사회이다.

석유가 없어서 전기도 부족하고 비료도 없어서 농작물이 풍족하지도 못하여 삶이 궁핍하지만 생존 비결에는 어느 선진국 못지 않은 높은 교육과 의료체계를 갖추고 있는 나라다.

농산물이 부족하여 육식을 선호하게 된 탓으로 곡물 수입비율이 높은 편이지만 도시에서도 유기채소를 재배하는 도시 유기농업국(Urban Organic Agricultural Country)이다. 쿠바 수도 아바나를 생태도시로 탈바꿈하여 도시농업의 이상향적인 성공모델로 바꾸고, 쿠바 전체를 환상적인 유기농업의 모델국으로 전환하여 선진국처럼 물질의 풍요로움이 없이도 쾌락하고 즐겁게 사는 이유를 찾았다.

미국이 53년 동안 온갖 수단과 방법을 동원하여 스스로 백기를 들고 미국품으로 돌아오기를 기다려 봤으나 모두 헛수고였다는 것을 이제야 깨닫게 한 배경을 찾았다. 조이고 조일수록 더 감기는 자동차바퀴처럼 미국의 봉쇄정책에도 불구하고 쿠바 국민들은 더욱 똘똘 뭉치며 힘의 분출구를 찾았다.

수준 높은 교육을 받은 14세 이상의 모든 쿠바사람들은 다양한 사회공동체에 속하여 자신들의 장점을 살리는 데 몰입할 수 있는 사회분위기를 누렸고, 진정한 사회주의를 실현하는데 동조하였던 것이다. '나라융성'이라는 국가의 이상을 달성한다는 공통된 목표하에서 다양한 목소리를 참여시키는 풀뿌리(Grass Roots)사회주의를 실현시키려고 진정성을 다하고 헌신하였던 것이다.

1492 콜롬부스의 제1차 항해때 쿠바에 처음 발을 딛은 후 스페인 정복자에 의해 원주민은 그렇게 자신들의 삶을 잃었다. 이유없이 팔려 온 아프리카의 흑인들은 낯선 땅에서 모진 세월을 견디다 일부는 스스로, 일부는 정복자에 의해 일부는 그 맥을 이어왔다. 거기에 중국인 노동자들 쿨리, 일부 멕시코를 지나 쿠바 땅으로 갔던 한국인들까지 포함되었다.

쿠바의 최고의 독립 영웅 호세 마르티(1853~1895)는 쿠바의 스페인으로부터 독립을 위해 투쟁하다가 사망하고 쿠바는 드디어 1902년 스페인으로부터 독립하였다. 쿠바가 스페인통치로부터 독립하게 된 배경은 다음과 같다. 1898년 쿠바 독립군을 지원하기 위해 쿠바 아바나항구에 정박해 있던 미국군함(메인호)의 내부 폭발사고가 발생하자 미국은 스페인이 어뢰를 쏘아

맞았다고 주장하여 〈미국-스페인전쟁〉이 시작되었다. 전쟁에서 승리한 미국은 패전국 스페인으로부터 속국이었던 쿠바, 푸에토리코, 필리핀, 괌등을 전유물로 이양받았다. 이 때부터 쿠바는 미국이 지배하게 되었다.

그 후 쿠바는 1902년 미국으로부터 독립하여 초대대통령도 선출하였으나 실질적으로는 미국이 지배하는 신패권주의하에 들어가게 되었다. 쿠바혁명이 1959년에 승리한 후 1962년에 미국으로부터 독립하였다. 그러나 이 때 쿠바가 소련의 미사일 기지를 건설하려 하자 일대 위기〈쿠바 미사일 위기〉에 직면하였다. 가까스로 위기를 모면했으나 이 사건 이후 미국은 쿠바를 봉쇄조치를 내려 오늘날까지 지속되어 왔다.

쿠바는 이와같이 아픔과 고통의 시간을 지나 1898년 스페인으로부터 독립, 다시 미국의 식민지로 지내다 1902년에서야 비로소 진정한 독립을 이루었으나 미국의 봉쇄정책으로 핍박을 받아오다가 2015년 드디어 미국과 쿠바는 서로 화해하고 국교를 수립하는 단계에 도래해 있다.

저자는 쿠바 아바나 방문하여 공식적 행사 목적으로 쿠바 상공회의소, 투자경협부, 무역부, 수출진흥센터, 현지 진출기업(Neneka, Ampelos, 현대자동차 및 현대중공업)그리고 현대중공업 발전기 설치 현장등을 방문하였다.

공식적 행사를 수행하기 이동하는 과정에서와 출국전 돌아 본 역사의 현장을 둘러 보면서 다음과 같은 점을 터득하였고, 이 저서를 집하기 위하여 탐구하는 과정에서 새롭게 터득한 사항을 요약하면 다음과 같다.

첫째, 쿠바와의 수교는 빠를수록 한국에게 유리한 점이 많다.

둘째, 쿠바와의 수교는 북한의 개방화의 시기를 앞길 수가 있는 효과가 있다.

셋째, 쿠바는 찢어지게 가난하지도 않고, 노동자들이 게으르지도 않고, 시가와 야구만 유명하다는 우리의 인식은 잘못 되었다.

넷째, 한류의 바람이 거세게 불고 있어 한국상품에 대한 이미지가 상상보다 높다.

다섯째, 쿠바에 거주하는 한인(애니껭 농장주협회가 모집한 한국 이민노동자)후손 3세, 4세들의 정체성 확립차원에서 한글학교를 세우고 한글을 가르칠 교사를 파견해야 한다.(쿠바 한인회장 안토니오김의 주장)

여섯째, 쿠바에서 한국의 경제발전경험을 전수하는 사업(KSP)과 쿠바판 새마을운동을 전개하는 사업을 벌여야 한다.

일곱째, 한국 국제교류재단과 쿠바 호세마르티문화원이 체결한 협약에 따라 개설한 한국어 강좌에서 한국어를 가르치고, 한국어능력시험(TOPIK)을 응시하기 위한 응시자들에게 〈외국인을 위한 한국어 원어민교사〉(한국인 교사)를 파견해야 한다. 현재는 북한에서 공부한 쿠바인이나 한국에서 공부한 쿠바인이 한국어를 가르치고 있다. 이에 대비하기 위해 저자는 현재 교육부가 감독하는 평생학습기관인 〈배론원격평생교육원〉에서 〈외국인을 위한 한국어 교육〉 과정을 수료하고, 2016년 8월경이면 〈한국어교원 2급 자격증〉을 획득하게 된다. 한국어 석사학위에 해당하는 자격증이다.

여덟째, 국내 대학(원)에서 쿠바시장을 꿰뚫는 쿠바비즈니스전문가를 양성해야 한다.

아홉째, 인천에서 쿠바 직항을 개설해야 한다.

마지막으로 열째, 쿠바 국립 〈아바나대학교〉에 한국어학부를 개설하도록 해야 한다.